مهر
اشرف فروغ
روزهای روشن

روزهای روشن

اشرف فروغ

ویراستار: زهرا زاهدی

مدیر نشر: حمیده میرزاد

صفحه‌آرایی و طرح جلد: وحید عباسی

چاپ اول– ۱۴۰۲، نروژ

شمارگان: نامحدود

شابک: ۹۷۸–۸۲–۶۹۳۳۷۸–۵–۳

Bright Days
Ashraf Frugh
Editor: Zahra Zahedi
Publishing director: Hamide Mirzad
Page layout and cover design: Wahid Abassi
First edition : 2023, Norway
Number of prints: Unlimited
ISBN: 978-82-693378-5-3

www.formbook.net
info@formbook.net

با عشق چه خواهیم کرد؟
- تو گفتی - در حالی که چمدان‌های خود را می‌بستیم
آیا آن را با خود می‌بریم یا در کمدهامان آویزان می‌کنیم؟
گفتم: بگذار به هر کجا که می‌خواهد برود

او از بند ما رها شده و حالا گسترش یافته است

«محمود درویش»

اول

زنگ هشدار تلفن مثل صدای انفجار بمب از خواب بیدارم کرد. برای چندهزارمین بار خودم را فحش دادم که چرا جایی کار می‌کنم که اختیار خواب و بیداری خودم را نداشته و چرا به این برده‌داری مدرن تن داده‌ام. با نارضایتی و بدبختی تمام از جایم بلند شده و از پنجره به بیرون نگاه کرده و زیر لب با خودم گفتم: یک روز کیری دیگر!

یکی دیگر از روزهایی که قبل از باز کردن چشمانت و پیش از آنکه برنامه‌های روزانه‌ات را به خاطر بیاوری، می‌دانی که حال دلت خوش نیست. حس تنهایی آزارت می‌دهد. زخم دهان‌بسته‌ای در گوشه‌ای از روح و روانت سرک می‌کشد و منتظر است که با یک

تلنگر، دهان باز کرده و در چشم به‌هم‌زدنی تو را به گذشته‌ای پرتاب کند که بی‌شباهت به یک میدان ماین‌گذاری شده نیست و هر نقطه‌اش که پایت را بگذاری تکه‌تکه‌ات خواهد کرد.

مدت‌ها بود که من روز را به همان ترتیب آغاز می‌کردم و اگر گاهی در برخورد با یک رفیق، جملهٔ «چه روز خوبی!» بنا بر عادت بر زبانم می‌آمد، از قبلش می‌دانستم دروغ می‌گویم، اما به آن وضعیت عادت کرده بودم و شکایتی ازش نداشتم. هر روز ساعت شش، زنگ هشدار تلفون از خواب بیدارم می‌کرد. بعد از چند فحش و کج‌خُلقی از جایم بلند شده و سر و صورتم را می‌شستم و پس از تعویض لباس‌هایم، طرف دفتر به راه می‌افتادم. وقتی دفتر می‌رسیدم آن‌قدر سرم به کار گرم می‌شد که اصلاً یادم می‌رفت به روزهای کیری، تنهایی و بدبختی‌هایم فکر کنم. شاید هم برای یک آدم تنها و منزوی که هیچ دوستی نداشت و همیشه در لاک خودش فرو رفته بود، روزها همه‌اش یکسان بود و هیچ روزی نمی‌توانست خوب یا خراب باشد.

البته من دوستان فراوانی داشتم که رابطهٔ ما در حد یک احوال‌پرسی فیس‌بوکی و کامنت گذاشتن پای نوشته‌های همدیگر بود و هرچند گاهی و بنا بر ضرورت خاص در پل سرخ و کافهٔ آی‌خانم که پاتوق من بود، همدیگر را ملاقات می‌کردیم و زمانی که به سوی خانه‌های خودمان می‌رفتیم تا مدت‌ها از حال هم بی‌خبر می‌ماندیم.

سهراب می‌گفت: «تو غم‌درون و توهم‌زده شدی بچیم. اولاد غریب ره که خدا زد دچار توهم‌زدگی می‌کنیش. افسردگی و حس تنهایی و

روان‌پریشی و ای گپ‌ها مخصوص آدم‌های جهان اول است، ما فقط توهم ای چیزها ره پیدا می‌کنیم. نصف دخترا و بچای پل سرخ و کارتهٔ چار رفیقت استند. کمی زیادتر همراه‌شان نشست و برخاست کو و از حال‌شان خبر بگیر. از بین ای همه دختر شیک و قندول که می‌شناسی، یک شه رفیق انتخاب کو و خوش بگذران. زندگی همی امروز و امشب است که سپری می‌شه و قرار نیست کدام جشن و عید و برات بیایه و چیزی تغییر کنه.»

در جوابش فقط سرم را تکان داده و لبخند می‌زدم.

فکر می‌کردم تنهایی من چیزی نبود که با ملاقات و حرف‌زدن با چند نفر و پیدا کردن یک معشوقه از بین برود. عصر، عصر تنهایی، اندوه و سکون بود. تنهایی بزرگ، غمگین، سیال و آدم‌خوار. دست‌وپا زدن هم هیچ دردی را دوا نمی‌کرد. آدم‌ها پیش از اینکه غریب و بی‌پول باشند، پیش از اینکه تبعید شده باشند، پیش از خستگی و بیماری و همه درد و رنج‌های ممکن، تنها بودند و تنهایی به شکل وحشتناکی به بدنهٔ زندگی‌شان چسبیده بود.

تنهایی در خانه، تنهایی در خیابان، تنهایی در محل کار، تنهایی در دانشگاه، تنهایی پشت میز کافه، تنهایی با خود و تنهایی میان جمع. اما یک تفاوت وجود داشت. فقط تعداد کمی از آدم‌ها از آن تنهایی بزرگ آگاه بودند و می‌دانستند که تنها استند. اکثریت باقی مانده اگر مشکلی داشتند بی‌پولی بود، نداشتن شغل بود، نداشتن دوست‌دختر و پسر بود و یا هر مشکل دیگر الا تنهایی.

اما آن اقلیتی که آن تنهایی بزرگ را دیده و پنجه‌های هیولایی‌اش را روی گلویشان احساس کرده بودند، کی‌ها بودند؟

همان‌هایی بودند که درهم شکسته بودند، که افسرده بودند، که در خودشان و تنهایی اتاقشان غرق شده بودند، که گاه‌گاهی برای فرار از آن تنهایی اعتماد می‌کردند، که اعتمادشان شکسته می‌شد، که تنهاتر می‌شدند، که کسی آن‌ها را درک نمی‌کرد، که به نوشتن، کتاب خواندن، دیوانگی و تاریک‌ی‌های اتاق‌شان پناه می‌بردند.

سهراب با تمسخر می‌گفت: «بیخی گوزوک! چند تا کتاب خواندی و خیال کردی که دنیا هم مثل همو کتاب‌ها است. چی خوده ده ای اتاق دیوانه‌ات قلف کردی. بیخی یگان دوست‌دختر برت پیدا کو. باور کو یک دوست‌دختر لوکس پیدا کنی، همه تنهایی و گوشه‌نشینی و ای گپ‌های لودگی یادت می‌ره.»

سهراب از آن محدود دوستانی بود که حرف‌زدن و شنیدن حرف‌هایش کلافه‌ام نمی‌کرد. بسیار کتاب‌خوان و باسواد بود، اما او زندگی را به شکل احمقانه‌ای ساده گرفته بود و به ریشش می‌خندید. حرف‌هایش از آن حرف‌های روزمره و پوچی بود که معمولاً شنیدنشان از هر دهن دیگر به جز دهن او حالم را به هم می‌زد.

سهراب آن امتیاز را داشت و در حقیقت او تنها کسی بود که همیشه کنارم بود و بودنش همان‌قدر خوشحالم می‌کرد که شنیدن حرف‌های معمولی و ریشخندش.

گاه‌گاهی با حرف‌هایش موافق بودم. همان‌طور که سهراب می‌گفت

من دوست و رفیق زیاد داشتم، اما آن دوستان و رفقا همه مربوط به دنیای مجازی بودند. کسانی که مرا از طریق نوشته‌هایم می‌شناختند و رفیق صدایم می‌کردند و اظهار علاقه می‌کردند که از نزدیک همدیگر را ملاقات کنیم.

دنیای مجازی بدبختی دیگری بود که برای همیشه لذت‌های معمولی اما ساده‌ای مثل فکرکردن به خود ما و رؤیابافی برای آینده‌مان، ملاقات دیگران، لبخندزدن به روی بیگانه‌ها و حتی عشق‌بازی را از ما گرفته بود.

دنیای مجازی این‌همه خوبی‌ها را از ما گرفته بود و در عوض، فقط توهم سلیبرتی بودن و اینکه این همه رفیق و دوست داریم که برای ما می‌میرند را به ما داده بود. رفقایی که خارج از دنیای مجازی اصلا زنده بودن و مرده بودن ما برایشان اهمیتی نداشت و به‌اصطلاح ما را اندازۀ خایه‌هایشان هم حساب نمی‌کردند.

نمی‌دانم دخترها و خانم‌ها وقتی کسی را اهمیت ندهند و بودن یا نبودن کسی برایشان مهم نباشد، او را اندازۀ کجایشان حساب نمی‌کنند، چون که معلوم است آن‌ها خایه ندارند تا او را اندازۀ خایه‌های‌شان حساب نکنند.

من دوستان بی‌شماری در فیسبوک داشتم که آدم‌های زیادی حسرت داشتن‌شان را می‌خوردند. بعضی‌هاشان را حتی از نزدیک هم دیده بودم، اما دوست مجازی در همان دنیای مجازی دوست است.

وقتی خارج از لایک و کامنت و چت فیسبوکی نفر را روبه‌رویت می‌بینی تازه متوجه می‌شوی که نه تو او را می‌شناسی و نه هم او تو را.

از هر صد نفر، نود و هشت نفرشان با آن نوع ملاقات‌ها و دوستی‌ها مشکلی نداشتند. معمولاً ملاقات اول، ملاقات‌های دوم، سوم و بعدی را به دنبال داشت و رابطه‌ها و دوستی‌ها به همان‌ترتیب شکل می‌گرفت.

من اما در جمع همان دو نفر نفرین شده و بدبخت بودم. نشستن روبه‌روی آدمی که نمی‌شناختم و او مرا نمی‌شناخت و زبانش را نمی‌فهمیدم و او زبان مرا نمی‌فهمید و در دو دنیای کاملاً متفاوت از هم زندگی می‌کردیم، حالم را به‌هم می‌زد. همان بود که هیچ ملاقاتی به ملاقات دوم نمی‌رسید و همان بود که من آدمی شده بودم که تنها می‌توانست به اتاقش یا پشت میزی تنها در کافه پناه برده و تنهایی‌اش را با نوشتن و خواندن شریک بسازد.

در مسائل احساسی هم، روز و حال بهتری نداشتم. گاهی حس می‌کردم یک عشق، یک وابستگی، آدمی که زبان مرا بفهمد و حرف‌زدن بلد باشد، می‌تواند به همهٔ آن تنهایی‌ها، روزمرگی‌ها و سردی‌ها پایان بیخشد، اما آن آدم کجا بود؟ آن آدم که طبیعتاً یک دختر باید می‌بود.

شهر پر بود از دختران زیبا، جذاب، خوش‌استایل و شیک. شمارشان هر روز بیشتر هم می‌شد، اما آن زیبایی‌ها به شدت

غم‌انگیـز بودنـد. غم‌انگیـز و خـالی! از دور زیبـا بودنـد و می‌شـد آرزوی
داشتن‌شـان را کرد. از نزدیـک امـا زار می‌زدنـد و می‌شـد هفته‌هـا بـرای
آن زیبایی‌هـای خـالی و پـوچ گریست.

راستش این موضـوع تنهـا مختص به دختـران نبـود. شـهر پر بـود
از پسـرها و دختـران زیبـا و شـیک و بیسـت و بیست‌وچند سـاله که
زیبـا بودنـد، که رمانتیک بودنـد، که شـیک بودنـد، که حرف‌هـای به
ظاهر قشنگ‌قشنگ بلد بودنـد، که تفنگی در دست‌شـان داشتند و...
وقتی از نزدیک ملاقات‌شـان می‌کردی، بعد از چند دقیقه صحبت با
همان تفنگ یک گلوله به مغز خودشان خالی می‌کردند و تو را با این
حسـرت به جا می‌گذاشـتند که کاش از نزدیـک نمی‌دیدی‌شـان و کاش
آن‌همـه تصـورات و خواب‌هایت در موردشـان از بـین نمی‌رفت.

و عشق‌هـا و دوست داشتن‌ها هم چیزی بهتر از این نبود:

«احمـد عاشـق مریم بـود. مریم کـه در آسـتانهٔ طـلاق و جـدایی از
همسـرش بـود، اعتنـایی بـه عشـق احمـد و گریه‌هایش نداشـت، چـون
او از چندین ماه به این طرف عاشق محمود، خویشاوند دور خودش
شـده و تا هنـوز جرأت نکرده بـود از آن عشـق چیزی به محمود بگوید.
محمـود دیوانـه‌وار، پروانـه، دوست‌دختر قبـلی حامـد را دوست داشـت
و هـر روز پنجـاه نامـه و پیـام برایـش می‌نوشـت، امـا پروانـه همه‌اش را
نادیده گرفته و به عشق حامد پابند مانده و دوبار به خاطر او دست
به‌خودکشـی هم زده بود. حامـد، عاشـق لیلا نامـزد آرش بـود و کوشـش
می‌کرد به هـر ترتیبی شـده میانـهٔ آن دو را بـه هـم بزنـد و آرش هم‌زمان

که نامـزد لیـلا بـود، بـرای آرزو وعـدهٔ عشـق و دوست‌داشـتن ابـدی را داده بـود.»

وسـط آن‌همـه خـر تـا خـری و آن‌همـه شـلوغی حسـرت بـه دل آدم می‌ماند که یک دختر یا پسر که حرف‌زدن را بفهمد، که دوست‌داشـتن را بفهمد، که ماندن را بفهمد، که وقار و شـخصیت را بفهمد، پیدا کرده و چهار دستی بهش چسپیده و هرگز رهایش نکند، اما نبود و اگر بود باید خرشانس می‌بودی که یکی از آن‌ها سر راهت قرار می‌گرفت.

از طرف دیگر آن‌قدر دختران از پسران زخم خـورده بودند، آن‌قدر سم و نفرت و خشـم در روح و روان‌شان تزریق شده بود که پیش‌فرض همه رابطه‌های احسـاسی همـین بود که مردها برای فریب‌دادن و مخزدن رابطه را آغـاز می‌کنند. تقریبـا همـه رابطه‌هـا بـه شـکل یک مسـابقهٔ پنهـانی و رقابت بـرای این کـه بیشـتر از آن رابطه سـود می‌بـرد، آغـاز می‌شـد و فرجامـش هم کـه معلوم بـود به کجا می‌انجامید.

بـا آن‌همـه نفرت و خشـم و انزجـار و فریـب، آن یک‌نفری کـه واقعاً می‌خواسـت کسـی را دوسـت داشـته باشـد و دلـش بـرای یک رابطهٔ پاک و سـاده، اما ابدی لک می‌زد هم می‌سـوخت و کاری از دسـتش سـاخته نبـود، اما بـرای اکثریـت نـود و هشـت درصد قبـلی، همـین وضعیت، ایده‌آل بـود و هیـچ نـوع مشـکلی بـا آن نداشتند.

آن‌ها به سـادگی از آن وضعیت لذت می‌بردند. می‌خندیدند، با هم کافه می‌رفتند، شـاد بودند، عاشـق می‌شـدند، می‌خندیدند، شکست می‌خوردند، شـاد بودند، به هم‌دیگرشـان خیانت می‌کردند، اندوهگین

نبودنـد، دوبـاره عاشـق می‌شـدند، دوبـاره پا بـه فـرار می‌گذاشـتند، دوبـاره خیانـت می‌کردنـد و در فیسـبوک و دیگـر شبکه‌هـای اجتماعـی خوش‌حالی و بی‌خیال‌بودنشـان را جـار می‌زدنـد.

تنهـا همـان اقلیت کوچک دو درصدی از آن وضعیت رنج می‌بردند. تنهـا ما دو درصدی‌هـا بودیم که نمی‌توانسـتیم با آن وضعیت کنار بیاییم. دو درصـد نفریـن شـده، دو درصـد بدبخـت، دو درصـد غمگیـن و دو درصد تنها!

دو درصد در مقابل نـود و هشـت درصد باقی‌مانـده یعنـی که ما راه را اشـتباه می‌رفتیم. یعنـی در توهـم وحشـتناکی فـرو رفته بـودیم. یعنـی کـه خودمـان را خـاص می‌پنداشـتیم. یعنـی کـه احمـق بـودیم. امـا هر حماقـت و دیوانگـی و توهمـی کـه بـود مـن نمی‌توانسـتم بـا آن وضعیت کنـار بیایـم و بـه همـان دلیـل تنهـا و منـزوی شـده بـودم. زبانـم پیـش کسـی کـه حرفـم را نمی‌فهمیـد، بـاز نمی‌شـد.

دوسـتان دنیـای مجـازی بـا کمی تفـاوت مثل پدر و مـادر و خواهـر و بـرادرم بودنـد کـه دوست‌شـان داشـتم، امـا نـه آن‌هـا زبـان مـرا می‌دانسـتند و نـه مـن از آن‌هـا را. مـا بـه حکـم اجبـار و اینکه هم‌خـون بـودیم، همدیگرمان را دوسـت داشـتیم اما زبان و حـال همدیگر را نمی‌فهمیدیم.

و دوسـت‌دختر؟ یکـی دو تجربـهٔ نیمه‌کامیـاب و نـاکام از داشـتن دوست‌دختر داشـتم کـه هیـچ کدامـش بـه دوسـت داشـتن نکشـیده بودنـد. هـر بـاری کـه یـک رابطه را آغـاز کرده بـودم بعد یک ماه سـرم بـه سـنگ خـورده بـود. گنـد می‌زدم، طـرف را از حـال خـودم بی‌خبر

می‌گذاشتم، حالش را نمی‌پرسیدم و خلاصه کاری می‌کردم که طرف مجبور می‌شد با چند فحش آبدار، از تمام شبکه‌های مجازی بلاکم کرده و پی کارش برود.

بعد دیگر هرگز پی آن کار نگشتم.

جایی خوانده بودم که عشق چهار مرحله دارد. آشنایی، عشق، جدایی و... اما مال من هیچ وقت از همان مرحلهٔ اول پیش‌تر نمی‌رفت، زیرا در همان مرحلهٔ آشنایی طرف خودش را می‌کشت و من هم به جز سکوت و یک لبخند زوری، برگ برندهٔ دیگری نداشتم که به زمین بزنم.

ازدواج هم هیچ تفاوتی با همان دوست‌داشتن‌ها و روابط رمانتیک نداشتند. ناگهان چشمت را باز می‌کردی و می‌دیدی که با یک مرد وحشی یا یک زن زبان‌نفهم و احمق در یک بستر خوابیده‌ای که نه تو او را می‌شناسی و نه او زبان تو را می‌فهمد. ازدواج افغانستانی در بهترین حالتش همیشه به همان یک نقطه خاتمه پیدا می‌کرد. زندانی بود که فقط دروازهٔ دخولی داشت و وقتی داخل می‌شدی دیگر راه فراری وجود نداشت.

ازدواج می‌کردی و به جمع میلیون‌ها زن قربانی، بدبخت و افسرده که قبل از تو آن راه را پیموده بودند، اضافه می‌شدی و هیچ‌چیزی در این دنیا غمگین‌تر از موجودیت آدم‌هایی که افسرده و غمگین استند اما خودشان نمی‌دانند، نیست.

ازدواج می‌کردی و به جمع میلیون‌ها مردی که زندانبان بودند و از زجر‌دادن زندانی‌هاشان لذت می‌بردند، اضافه می‌شدی. ازدواج

می‌کردی و با گلوله به مغز همه آرزوها و خواب‌های دخترانه‌ات شلیک می‌کردی. ازدواج می‌کردی و ناخودآگاه به مجسمهٔ خیانت و دروغ و دورویی مبدل می‌شدی.

ازدواج می‌کردی و...

همان بود که من بودم، تنهایی‌هایم، گوشه‌ای خلوت یک کافه و اتاق و کامپیوتر و کتاب‌هایم. البته تنهایی من از جنس آن تنهایی معمول نبود. سهراب که همیشه بود و چند تا دوست دیگر هم داشتم که گاه‌گاهی احوال همدیگر را می‌گرفتیم، کافه می‌رفتم و در گوشه‌ای خلوت کامپیوترم را روشن کرده و می‌نوشتم و گاه‌گاهی هم با یک دوست دنیای مجازی که زیاد بودند، روبه‌رو شده و یکی از آن لبخندهای مصنوعی را با هم رد و بدل می‌کردیم و دست تکان می‌دادیم.

در فیسبوک و دنیای مجازی هم که فعال بودم و همیشه می‌نوشتم و نوشته‌هایم را خیلی‌ها دوست داشتند.

آن تنهایی لعنتی در درونم ریشه دوانده بود و از همان‌جا هر زمان که دلش می‌خواست گلویم را می‌فشرد. تنهایی‌ای که صرفاً خودم می‌توانستم عمق وحشتناکش را درک و پنجه‌های سردش را روی گلویم حس کنم.

همان تنهایی که گاهی آن‌قدر سرم فشار می‌آورد که دلم برای دیدن سهراب می‌تپید و برای آمدنش لحظه‌شماری می‌کردم و همان تنهایی که وادارم کرده بود به سیگار پناه ببرم.

<h1 style="text-align:center">دوم</h1>

بعـد یک روز در مسـنجر فیسـبوکم یک پیـام آمـد: «سـلام، نـام مـه ساراسـت. خیلـی وقت اسـت در فیسـبوک بـا هـم فریند اسـتیم. مـه همیشـه نوشـته‌های شـما ره می‌خوانم و کیف می‌کنم از خواندن‌شـان.» اعتنایـی نکـردم چـون همیشـه سـتایش‌هایی از ایـن قبیـل را در مـورد نوشـته‌هایم می‌شـنیدم. یکـی از آن هـزاران نفـری بـود کـه در فیسـبوک دوسـت بـودیم و همدیگـر را نمی‌شـناختیم. بـه طـور یقیـن یک حسـاب مستعار بـود و اگـر هـم نبـود، من حوصله‌اش را نداشـتم.

چنـد سـال قبـل در مواجهـه بـا چنیـن پیام‌هایـی، ایـن مـن بـودم کـه صحبت را کـش می‌دادم و تمـام تلاشـم ایـن بـود کـه طـرف را وادار کنم از نزدیک همدیگـر را ببینیم کـه البته بیشـتر اوقات موفق هـم می‌شـدم

و بعد چرخهٔ یکی از آن آشنایی‌ها و گاهی دوستی‌های پوچ، بی‌معنا و خسته‌کن آغاز می‌شد. دوستی‌هایی که آن روزها به من حس غرور و افتخار می‌دادند اما بعدها درک کردم که بیهوده‌ترین اتفاق تمام زندگی‌ام همان دوستی‌ها بودند.

با اکراه تمام همان جواب همیشگی را نوشتم: «از آشنایی و دوستی‌ات خوشحالم سارا جان. لطف می‌کنی که می‌خوانی و....»

همان کس‌شعرهای همیشگی. خیلی کم اتفاق می‌افتاد که گفت‌وگو از همان مرحله جلوتر برود، چون طرف متوجه می‌شد من دماغش را ندارم. بعد اسم دیگری به آن لیست طویل و غم‌انگیز پیام‌دهندگان مسنجرم اضافه می‌شد و.... .

حالا اولین اسمی که در ابتدای پیام‌های مسنجرم دیده می‌شد از او بود: سارا!

سکوت برقرار شد. می‌خواستم تلفونم را کنار بگذارم که از رو نرفت و ادامه داد: «مه حتی یکی دو بار به همو کافه‌ای که معمولاً شما می‌روین رفتم و پشت همان میز مخصوص‌تان نشستم و شما ره در حال نوشتن تصور کردم. خیلی جالب بود برم»

حرفش کمی قابل تأمل و مکث بود. یعنی چه که به همان کافه‌ای که من همیشه می‌رفتم رفته بود و پشت همان میز مخصوص من نشسته و مرا در حال نوشتن تصور کرده بود؟

مردد مانده بودم که جوابش را چی بنویسم.

بعد ضربه‌ای دیگری وارد کرد و این بار کاری‌تر: «مه هم گاه‌گاهی

و به طور پراکنده یگان چیزها نوشته می‌کنم. اگر دوست داشتی ای لینک کانال تلگرام مه است.» بعد لینک کانال تلگرامش را هم فرستاد.

تلفون را کنار گذاشتم.

گاه‌گاهی هم اتفاق می‌افتاد که گفت‌وگو و پیامک‌نویسی من با یک دوست فیسبوکی پیش‌تر رفته و مثلاً به آن‌جا می‌رسید که طرف ازم می‌خواست صفحه‌اش را لایک کرده و به کانال یوتیوب یا تلگرامش بپیوندم. آن‌جا دیگر رسماً همه چیز پایان می‌یافت چون من هرگز هیچ صفحه‌ای را لایک نکرده و به هیچ کانالی نمی‌پیوستم، چون آدم احمق و خودخواه و بی‌حوصله‌ای بودم، چون که تنهایی مرا از همه چیز فراری داده بود، چون که محتوای آن کانال‌ها و صفحه‌ها، دنیای ملال‌آوری از کاپی‌پیست‌های پی هم و تکراری‌های خفه‌کننده بودند.

سارا سکوت کرد و من هم خوشحال بودم که پی کارش رفته است، اما مردد بودم که بروم کانالش را ببینم یا خیر. در همان لحظات کوتاه این افکار به سرعت از سرم عبور کرد.

بازش کنم چی؟ یک کانال دیگر پر از چس‌ناله‌ها و شعرهای عاشقانه و جملات انگیزشی و همان حرف‌ها. فوقش یک کلیک می‌کنی و اگر دیدی که چیزی نیست برمی‌گردی!

گاهی تمام زندگی و اینکه ببینی کجای زندگی ایستاده‌ای و رابطه‌ات با زندگی چیست و چقدر به آن‌چه از زندگی می‌خواستی رسیده‌ای یا خیر، برمی‌گردد به یک تصمیم آنی، به محلی رفتن یا نرفتن، به یک

قهر و آشتی بی‌جا، به جواب دادن زنگی که از یک شمارهٔ ناشناس آمده و ملاقات آدمی که پیش از آن هرگز ندیده و نمی‌شناختی‌اش، به یک کلیلک کردن و...

تلفن را برداشتم و رفتم روی لینکی که سارا فرستاده بود، کلیک کردم و داخل کانال تلگرامش شدم. کمی بالا و پایین رفتم و چند نوشتهٔ کوتاهش را خواندم و...

راستش تمام زندگی مدیون خودم استم که آن روز تصمیم گرفتم کانال او را دیده و نوشته‌هایش را بخوانم. اگر یک کار خوب و مفید برای خودم و زندگی‌ام انجام داده باشم، همان دیدن کانال سارا بود.

سوم

جهان موازی سارا

گیج بودم. نه اصلاً جادو شده بودم. جادوی کلمات آن دختر که اسمش سارا بود. او با کلماتش جهان موازی و شگفت‌انگیز دیگری آفریده بود و من بی‌اختیار به دنبال او به جهان موازی‌اش راه افتاده و هرچه بیش‌تر دنبالش می‌کردم، متوجه می‌شدم که بیرون آمدن از آن‌جا برایم ناممکن می‌شد.

در آن جهان موازی او دیگر سارا نبود. گاهی دختری بود که صد سال به عقب گشته و قلادهٔ گرگی در دست، در یکی از خیابان‌های مسکو، در آن سرمای زیر صفر درجه و زیر بارش شدید برف با سرخوشی قدم می‌زد و برف را زیر پاهایش لگدمال می‌کرد و از

خوش‌حالی زیاد به هـوا می‌پرید.

گاهی زنی بود در آفریقا که در یک مزرعهٔ نیشکر به اتفاق شوهرش کار می‌کرد و شب‌ها در کلبه‌ای چوبی‌اش و زیر نور مهتاب به آغوش شوهرش خزیده و وحشیانه با هم عشق‌بازی می‌کردند.

گاهی دختر هفده‌سالهٔ انتقام‌جویی بـود در جنـوب افغانسـتان کـه یک شب با خنجر، گلوی شوهر پنجاه ساله‌اش را بیخ تا بیخ می‌برید و بعد در دل شب و تاریکی برای همیشه ناپدید می‌شد و بعد از آن، همهٔ دختران هفده ساله گلوی شوهران‌شـان را به انتقام زندگی‌های از دست رفته‌شـان بیخ تا بیخ می‌بریدند.

گاهی یک رقاص خیابانی بود، در پل سرخ کابل که هنگام بانگ اذان و تاریکی شب شروع به رقصیدن کرده و هنگام سپیده به منزل خودش برمی‌گشت تا برای یک شب رقص دیگر آماده باشد.

نمی‌توانستم آنچه را که می‌خواندم باور کنم. آن دختر، خدای کلمات و رقصـاندن آن‌هـا بـود. کلمـات در آن کانال کوچک که به شمـول مـن سی نفر بیشتر دنبال‌کننده نداشت، زیر انگشتان سارا می‌رقصیدند. کلمات در آن کانال با آتش، طوفان، خشم و خـون آمیخته شده و با ویرانگـری تمـام خودشـان را به قلب ادبیـات، تاریخ، جنـون، عشـق و دیوانگی زده و همـه چیز را ویران کرده بودند.

من وحشت‌زده به آن کلمات نگاه می‌کردم. کلماتی که تمام عمرم شنیده و همراه‌شان سر و کار داشتم، اما هرگز نمی‌دانستم چنان ویرانگر استند و بـه آن زیبـایی و افسـونگری می‌توانند برقصند. او به کلمه‌ها

جـان و روح تـازه داده بـود. در جهـانی کـه حـرف نـزدن و کمبـود کلمـه، مشکل اسـاسی همـه آدم‌هـای روی زمـین بـود، او دنیـای شگفت‌انگیزی از کلمـات رقصـان، ویرانگر و تباه‌کننده را بـا خـودش داشـت.

جهـان مـوازی سـارا بـه انـدازه‌ای جـادویی و زیبـا بـود کـه داخـل شـدن در آن همان بـود کـه گم‌شـدن. نمی‌توانسـتم بـاور کنم آن کلمـات از خـودش بودنـد. زیـر لب بـا خـودم زمزمه می‌کردم: «چطور ممکن است ایـن جمـلات، ایـن دنیـای شگفت‌انگیز و ایـن همـه جنـون و دیوانگـی از مغـز ایـن کوچولـوی فسـقلی تـراوش کرده باشـد؟»

و چرا فسقلی صدایش زده بودم؟ شتاب‌زده فیسبوکم را بـاز کردم و حسـابش را دیـد زدم. عکسـی از خـودش را کـه بلور شـده بود و صورتش را واضح نشـان نمی‌داد گذاشـته بود امـا معلوم بـود که خـودش بـود. سـارا بـود و بـه هیچ‌وجـه نمی‌توانسـت یـک موجـود خیـالی و سـاختگی باشـد. خـدای من! همان‌طور کـه حدس زده بـودم و همان‌طور کـه آن عکس نشـان می‌داد، نمی‌توانسـت فسـقلی و کوچولو نباشـد، اما چطور امکان داشـت؟ کـی بود این دختر؟ واقعاً کـی بـود؟ چی بود این دختر؟

برگشـتم بـه کانال سـارا و بـه خواندن یکـی از نوشـته‌های دنباله‌دارش شـروع کردم:

«اتـاق سـرد و بزرگی‌سـت. پنجـره شکسـته شـده است و انگار کـه آن بیـرون بچه‌هـا بـازی کرده بـوده باشـند. انگار کـه قبـلاً این‌جـا کسـی زندگی کرده بـوده است. یک اتـاقِ بـزرگ با دیوارِ رنگ و رو رفته! تختی کـه روتختی‌اش از خـاک و چـرکِ زیاد رنگ اصلی خـودش را باخته

و خاکستری شده. آن‌طرف‌تر پردهٔ بسیار نازک و سپید بر پنجرهٔ شکسته آویخته شده است. باد که می‌وزد، می‌بینم که تکهٔ پرده، لای شیشهٔ خوردشدهٔ پنجره گیر می‌کند و رها می‌شود، هی باز گیر می‌کند و رها می‌شود، صدای خش‌خش کشیده شدن برگ‌ها بر روی زمین از بیرون می‌آید. دم غروب است. وسط اتاق چند کتابِ باران‌خورده و کهنه افتاده است، انگار چند سال بوده باشد که کسی دست‌شان نزده، کتاب‌ها با صفحات زرد، آن وسط، دهان‌شان باز مانده است. هیچ نشانی از بود و باش آدمی‌زاد در آن‌اطراف احساس نمی‌شود، سکوت است و صدای ساعت. به اطرافم نگاه می‌کنم.

عصبی می‌شوم.

کنجکاوم.

این صدای ساعت از کجا می‌آید؟

یعنی چه؟

این اتاق که سال‌ها روی آدمی را بخود ندیده چگونه می‌تواند ساعتی داشته باشد؟ آخر این صداها از کجا می‌آید؟ تیک‌تاک! تیک‌تاک!

تیک‌تاک! صداها گاه ضعیف‌تر می‌شوند، ولی من باز هم شنیده می‌توانم. نزدیک پنجرهٔ شکسته می‌روم و به بیرون نگاه می‌کنم. باد می‌وزد و برگ‌ها خش‌خش خش‌خش؛ بر روی زمین گش می‌شوند. ناگهان دستی از پشت، وسط موهایم می‌رود، با وحشت صورتم را که برمی‌گردانم از خواب می‌پَرم، تیک‌تاک تیک‌تاک تیک‌تاک!

ساعت بالای سرم چهار صبح را نشان می‌دهد، به تاریخ نگاه می‌کنم و قلبم از ترس تیر می‌کشد. تاریخ برگشته است، دقیق به روز تولدم در بیست و چند سال پیش. دقیقاً همان پنجشنبه‌ای که متولد شدم، چشمانم را می‌بندم و تلاش می‌کنم از خواب بیدار شوم، اما نمی‌شود، این یکی خواب نیست. دستم را دندان می‌گیرم، نمی‌شود. پاهایم را توی شکمم جمع می‌کنم و می‌خواهم کوچک شوم، نوزاد شوم، جنین شوم، نمی‌شود.

از جایم بلند می‌شوم و وقتی بیرون می‌روم، پیرزنی به طرفم نگاه کرده می‌گوید: جهان به پایان رسیده است، ما فقط خوابیم، یک خواب بد و ناراحت‌کننده! زیاد نترس. تو تازه تولد شده‌ای.»

مشتم را محکم به دیوار کوبیدم. دردم آمد و با دست دیگرم شروع کردم به آهسته مالیدنش. خیلی‌ها نوشته‌هایی از آن دست را دوست نداشتند و کلمات سارا برایشان مفهومی نداشت. آن‌ها جزو آن نود و هشت درصد جامعه بودند و کلمه و جادویش برای آن‌ها بیگانه بود. اما این سارا؟ آیا او همان یک درصد باقی‌مانده نبود؟ یک درصدی که کنار من آن پازل صد تکه را تکمیل می‌کرد؟

چه چیزی باعث شده بود که آن همه جنون، دیوانگی و شور و اندوه در وجود آن دختر نوزده بیست ساله خانه کرده و بعد به صورت واژه‌ها مثل یک آتشفشان به بیرون فوران کند و هر آن روحی را که با دیوانگی و جنون و تنهایی پیوندی داشت، آتش بزند. مطمئن بودم

بیست و نه نفری که در آن کانال حضور داشتند هیچ‌کدام هدفش را از آن نوشته نفهمیده بودند. اما من؟ دلم می‌خواست گریه کنم. بالاخره یک نفر پیدا شد بود که دست روی آن تنهایی بزرگ و آن زخم ناسورم بگذارد. او زبان زخم‌ها و تنهایی بزرگ را می‌دانست و در کمال تعجب حس می‌کردم نصف آن‌همه درد و تنهایی و اندوه از روی شانه‌هایم برداشته شده بود.

می‌دانستم که هدف او از آن نوشته، گیرماندن و گم‌شدن در هزارتوی زمان و بسته‌شدن به عقربه‌های ساعت بود.

او هم در همان تنهایی سیال و وحشتناکی که من در آن گیر مانده بودم، دست و پا می‌زد و این چیزی بود که تمام نوشته‌های آن کانال به وضوح فریاد می‌زدند. به خواندن ادامه دادم:

«هیچ ساعتی ندارد. چرا این همه تاریک و نم‌دار است؟ آه! این‌جا کجاست؟ چرا این پیرزن مزخرف می‌گوید؟ چه تازه متولد شدنی؟ من فقط خوابیدم چون می‌خواستم به حرف او گوش کنم، همین. گذاشتم ساعت‌های دستم را در بیاورد و بعد چیزی نفهمیدم. بعد رؤیا دیدم و رؤیا دیدم و رؤیا... وقتی هم که بیدار شدم، برگشته بودم به بیست و چند سالِ قبل. این پیرزن کیست؟ چرا این‌جاست و چرا جملهٔ او را دوباره برایم تکرار می‌کند؟ چرا می‌گوید ما همه خوابیم؟ این که خواب نیست، هست؟ کجایش خواب است؟ من درد می‌کشم، انسان در خواب نیز درد کشیده می‌تواند؟ با این شدت؟ چرا پس اگر خواب هستم، این درد بیدارم نمی‌کند؟ سوال پشت سوال. چقدر دیگر

باید منتظر بنشینم تا پیرزن برگردد؟ اصلاً من حالا چند سالم است؟ ساعت چند است؟ چقدر شده که من مُرده‌ام – تولد شده‌ام؟ چقدر می‌گذرد از آخرین شبی که میانِ تیک‌تاک‌های ساعت می‌گریستم؟ چرا هیچ‌کس این‌جا جوابگو نیست؟ دستانم را دور بازوانم می‌پیچانم و احساس می‌کنم سردم شده است. دلم می‌خواهد نزد ساعت‌هایم برگردم. مچ دست‌هایم خالی شده‌اند. کم‌کم به ترسیدن شروع می‌کنم، می‌خواهم گریه کنم، ولی به خود می‌گویم حرفی نیست. آرام باش! این‌بار که پیرزن برگشت از او می‌خواهم برایم سی، چهل دانه ساعت بیاورد. همه‌جا بر در و دیوار بیاویزد. همه‌جا! با این فکر و تصور، قطرات داغ اشک در چشمانم از راهِ آمده برمی‌گردند و خودم را تسلی می‌دهم.»

گلویم را بغض گرفته بود. دلم می‌خواست شروع کنم به زار زار گریه‌کردن. من هم مثل سارا در یک جهان بدون ساعت گیر مانده بودم. جهانی که در آن به جای ساعت، ملال و تنهایی حکومت می‌کرد و شب‌ها و روزهای تیره و تار. من هم دیوانه‌وار می‌خواستم به دنیایی که در آن صدای تیک‌تاک ساعت‌ها به گوش می‌رسد برگردم، اما هیچ راهی پیش روی خودم نمی‌دیدم. هیچ دستاویزی به جز شب و روزهای پر از ملال و تاریک نداشتم. پیرزنی هم نبود که دست به دامنش شوم که برایم ساعت بیاورد یا حداقل دستم را بگیرد و مرا از دنیای بدون ساعت بیرون بکشد.

آیا سارا همان پیرزن نبود؟ همان پیرزن اسرارآمیز و جادویی که

آمده بود دستم را گرفته و مرا با خودش به دنیایی که در آن از تاریکی و ظلمت خبری نبود و صدای تیک و تاک ساعت‌ها از همه‌جا به گوش می‌رسید ببرد.

امکان نداشت. امکان نداشت سارا دختری که مطمئن بودم هفت هشت سالی ازم کوچک‌تر بود، دختری که هنوز در سایه و تاریکی می‌زیست و فقط نوشته‌هایش را خوانده بودم، نجات‌دهنده و همان دست غیبی باشد که دیوانه‌وار در ناخودآگاهم قرن‌ها بود، منتظرش بودم.

سلسله نوشته‌های سارا در مورد آن دنیای عجیب و غریب بدون ساعت ادامه داشت، اما من با سهراب قرار داشتم که بعد از ظهر در کافه همدیگر را ببینیم. کمی زودتر از سهراب رسیدم. کافه مثل همیشه پر بود از زوج‌های دو نفری خوشبخت که دو طرف یک میز نشسته و حرف می‌زدند، می‌خندیدند و آنانی که شیداتر بودند دستان همدیگرشان را در دست‌هایشان گرفته و راز و نیاز می‌کردند.

دستانی که وقتی نگاهشان می‌کردم از بیچارگی و بیهودگی و پوچی زار زده و هیچ حرفی برای گفتن نداشتند. سهراب می‌خندید و می‌گفت: «تو بی‌وجدان هنوزم باور داری که دست‌ها زبان دارند و تو زبان‌شان ره می‌فامی؟» می‌گفتم: «ها! دست‌ها زبان دارند. هموطور که چشم‌ها زبان دارند. باید زبان‌شان ره بفهمی. باید به حرف‌هایشان گوش بدهی.

سهراب اما آن حرف‌ها را نمی‌فهمید و مسخره‌ام می‌کرد. دستان

خودش را طرفم دراز کرده و می‌گفت: «خی گپ بزن همراه دست‌های
مه.»

دستانش را در دستانم گرفته و بعد از اینکه چند لحظه به گوش‌هایم
نزدیک‌شان می‌کردم دوباره رهایشان کرده و می‌گفتم: «میگه مه متعلق
به یک آدم لوده استم که دنیا ره آب بگیره از او ره تا بند پایش است.
هیچ خریتی سرش نمی‌شود و همیشه خوشحال و دل زنده است.»
می‌خندید: «دیدی که گفتم لودگی است ای گپ.»
راست می‌گفت. هرکس دیگر هم اگر جای او بود فکر می‌کرد
دیوانه استم. حالا چشم یک حرفی اما دست‌ها چگونه می‌توانستند
زبان داشته باشند؟ اما من سرسختانه معتقد بودم که دست‌ها زبان
داشتند و اگر زبان‌شان را می‌دانستی هر کدام حرف‌های بی‌شماری
برای گفتن داشتند.

یکی دیگر از آن تراوشات ذهن مالیخولیازده و اندوهگینم!
سهراب کمی دیرتر آمد. نشستیم و چای فرمایش دادیم. سهراب
طبق معمول شروع کرد به قصه کردن حوادث روزمره و درجه چندم
که سابق بر این با علاقه شنیده و با قسمت‌های خنده‌دارش
می‌خندیدم. امروز اما دل و دماغش را نداشتم. آتش یک هیجان و
شور پنهانی در درونم شعله‌ور شده بود و بی‌قرارم می‌ساخت که زودتر
از جایم بلند شده و دوباره به سوی اتاقم بدوم. خوب بدوم که چکار
کنم؟ حتی از جواب دادن به آن سوال در ذهن خودم هم می‌ترسیدم
و واهمه داشتم. در حضور سهراب نمی‌توانستم از تلفون استفاده کنم

چون او از دستم قاپش می‌زد و تا وقتی در کافه بهم بودیم بهم پس نمی‌داد.

سهراب متوجه حالتم شده بود و سرش را تکان داد و گفت: «بچیم امروز هیچ ده فکر نیستی. چی شده؟»

راستش مرا چی شده بود؟ چی بر سر من آمده بود؟ می‌ترسیدم اسم سارا بر زبانم بیاید. اصلاً خودم هم به این یقین نرسیده بودم که خارج از ذهن سودازده و مجنون من سارایی وجود داشته باشد. سارا هنوز هم در همان دنیای ساعت‌های گم شده قرار داشت و نمی‌توانستم او را به عنوان یک موجود حقیقی به سهراب معرفی کرده و بگویم که او دلیل بی‌قراری‌ها و این که فکرم سر جایش نبود، بود. لبخند بی‌مزه‌ای بر لبم آورده و جواب دادم: «گپی نیست بچیم. به نظرم کمی کسل استم.»

سهراب پیگیر نشد و به سخنانش ادامه داد. در سکوت چایم را نوشیدم. هرچه زمان بیشتر می‌گذشت احساس می‌کردم راستی راستی کسل شده و هوای کافه برایم خفه‌کننده می‌شد. گیلاس خالی چایم را روی میز گذشته و پرسیدم: «نرویم؟»

«برویم؟»

«ها! برویم بچیش.»

«چرا ای‌قدر عجله داری؟ بگیر یک گیلاس دیگر هم بخور باز می‌ریم»

از جایم بلند شده و گفتم: «نی بریم. یک رقمک کسل استم و حوصله ندارم»

حساب را پرداخته و از کافه بیرون آمدیم. سهراب همان دم در کافه صورتم را بوسیده و خداحافظی کرد. شاید درک کرده بود که نیاز به تنها بودن داشتم. مسیر راه کافه تا اتاقم را نفهمیدم که چگونه طی کردم. نیاز شدیدی به یک دوش آب سرد داشتم اما پایم طرف حمام پیش نمی‌رفت. کنار پنجره نشسته و بیرون خیره شدم. چکار می‌خواستم بکنم و چرا آن‌همه زود به خانه برگشته بودم؟ با تردید تلفنم را از جیبم بیرون کشیده و بعد... سارا!

آره خودش بود. نمی‌خواستم قبول کنم اما آن آتشی که درونم شعله‌ور شده بود، سارا نام داشت. همان آتشی که اجازه نداد در کافه بمانم و مرا به سوی اتاقم کشیده بود. دوباره رفتم و کانالش را باز کردم و رفتم به دنیای جادویی بدون ساعت سارا:

«پیرزن برنگشت، اتاق سردتر شد. تاریکی تا روحم رفت. اتاقک نمور پنجرهٔ کوچکی داشت. از پنجره هم تاریکی می‌آمد، سردی، وحشت. آهسته بر دیوار تکیه دادم، سرم را پایین انداختم، با انگشت‌هایم ور می‌رفتم. طبق معمول همیشه کیفی داشتم همراهم تا محکم بگیرمش، این‌جا اما هیچ کیفی با خود آورده نتوانستم. فرصت نشد اصلاً. من کی این‌جا آمدم؟ چرا قبلاً هیچ‌کس هیچ‌چیز درمورد این سفر به من نگفته بود؟ یعنی چه؟ این چه بی‌برنامه‌گی و وقاحت است که آدمی را از وسط زندگی‌اش، از ساعت‌های محبوبش جدا بکنی و بیاوری پیش یک پیرزن دیوانه؟! از عصبانیت پوست لبم را می‌جوم. صدایی توی سرم می‌گوید تیک‌تاک تیک‌تاک! آه که که

چقدر پشتِ عقربه‌ها دلتنگ شده‌ام. ساعت چند است؟ چرا صبح نمی‌شود؟ چرا شب این همه طولانی شده است؟

چند سال می‌شود که منتظرم. انتظار! اول‌های راه، ازین انتظار نفرت داشتم، حالت تهوع داشتم، انتظار را بالا می‌آوردم، توی دستشویی، وسط راهروهای مدرسه. عین تدریس استاد در صنف، وقتی مادر برایم غذا می‌پخت، یا وقتی او اولین بار دستانم را گرفت، انتظار را بالا می‌آوردم. عق می‌زدم! بعد از شدّت بالا آمدنِ آن حجم از مواد موجود در معده‌ام به طرف بالا، از حس کردن مزهٔ تلخ اسید در دهان، لذت می‌بردم.

چند سال که گذشت به فکر عشق‌بازی با زمان افتادم و آن‌شب ساعت را دیدم.

ساعت پشت پنجره‌ام آمده بود، تیک‌تاک می‌گفت، تیک‌تاک! ها می‌کشید، پنجره بخار پیدا می‌کرد، می‌زد با عقربه‌هایش به شیشه! خواب را از من گرفته بود. خیلی زیبا بود، آن‌قدر که باید اعتراف می‌کردم، موجودی به زیبایی او هرگز ندیده بودم.

ساعت آمد و زندگی راحت‌تر شد با صدای تیک‌تاک تیک‌تاک تیک‌تاک!»

سیگاری آتش زدم. هضم نوشته‌های آن دختر دیوانه برایم مشکل بود. چه نوع تعامل بیولوژیکی در مغزش صورت گرفته و از کدام تونل زمان عبور کرده بود که آن همه درد، دیوانگی، عصیان و جادو در نوشته‌هایش موج می‌زدند؟ چی چیزی او را قادر ساخته بود که

کلمات را به آن شکل شگفت‌انگیز با درد، عشق، فلسفه، تنهایی و جنون بیامیزد و جهانی به آن اندازه وهم‌آلود و زیبا بیافریند؟ می‌دانستم تنهایی و زخم چنان قدرتی را داشتند که کلمات را رام و مسخر آدم‌ها بکنند، اما او چه نوع تنهایی را تجربه کرده و چند دانه زخم بر بدنش داشت؟ کدام تنهایی روح آن دختر را در چنگال وحشی‌اش می‌فشرد و زخم‌ها با روح او چکار کرده بودند؟

پکی به سیگار زدم. گیج بودم و جواب هیچ سوالی پیشم نبود. به خواندن ادامه دادم:

«هوا روشن شده بود، پیرزن جلویم نشسته بود، لباس‌هایش خیلی کهنه‌تر از چیزی بود که در تاریکی با چشمان نیمه‌بازم دیده بودم. سرفه پشت سرفه... اما در چشمانش، در چشمانش مقاومت بود. ایستادگی، انگار که بخواهد بگوید به ظاهرم نبین! اگر قصد کنم می‌توانم صد و بیست سال دیگر نیز زندگی کنم. به طرفش با دقت می‌نگریستم. حالم داشت به هم می‌خورد، هیچ‌چیز را درک نمی‌کردم، هوا به خواست خودش روشن و تاریک می‌شد، هیچ‌کس هم هیچ توضیحی به من بدهکار نبود. دستم را بردم لای موهایم، چشمانم را بستم و درشت شدن موی رگ‌های پشت پلک‌هایم را احساس کردم. داشتم خودخوری می‌کردم، این از اختطاف شدن بدتر بود، از گرسنه ماندن، از...»

بالاخره همانطوری که جلوی رویم به دیوار مقابل تکیه داده بود، گلویش را صاف کرد و پرسید: تلخ است نه؟ باید خیلی حس

وحشتاکی باشد. من می‌دانم، می‌دانم چه فکر می‌کنی! تو خیلی می‌ترسیدی گم شوی! آخر هم همان شد که ازش می‌ترسیدی. گم شدی!

تو گم شدی، چون خودت خواستی گم شوی. هر آدمی که گم می‌شود، خودش در آن گم شدن نقش دارد. همهٔ عمر جلویت چراغ‌ها را گذاشته بودند، فانوس‌ها برای تو می‌سوختند، تمام این مدت می‌خواستند، رهنمای سفرت باشند، نگذاشتی. تو خود هم می‌ترسیدی و هم دوست داشتی تا گم شوی!

بالاخره هم گم شدی! حالا هم خیلی کنجکاو ساعت نباش! این‌جا هیچ خبری از ساعت نیست. اصلاً این‌جا زمان وجود ندارد. زمان یک خیال است. زمان واقعیت ندارد، مثلاً تو فکر می‌کنی شاید دیروز بوده که با یک خواب وحشتناک از اتاقت دزدیده شده‌ای. ولی متأسفم که باید بگویمت دقیقاً هفت سال و سه ماه است که دیگر وجود نداری! تو تولد شدی، دوباره آمدی، اما این‌بار هیچ ساعتی در کار نیست. خانه‌ای نداری! مادر پدری نداری! آینده‌ای نداری! گذشته‌ای نداری! تو خودت خواستی خودِ لعنتی‌ات.

چادرش را که خاک‌پر شده بود تکاند و با دامن چین‌دار افغانی‌اش، اتاق سرد و تاریک را ترک گفت و رفت. به مچ دست‌هایم نگاه کردم. اوه! هفت سال و سه ماه! هفت سال و سه ماه! تاریخ چند است؟ ساعت چند است؟ خانم؟ آقا؟ این‌جا چه خبر است؟»

تلفون را کنار گذاشته و سیگار دیگری آتش زدم. به تصادف و

قسمت باور ندارم. باور به تصادف و قسمت ما را جبرگرا بار می‌آورد. آن‌وقت است که هر کثافت و لجنی را که زندگی به خورد ما داد به عنوان تقدیر و قسمت پذیرفته و دم نمی‌زنیم.

او از کدام هفت سال حرف می‌زد؟

درس‌های دانشگاهم که آغاز شد ناگهان حس کردم زندگی زیر یک سقف، کنار بابا و مامان کم‌کم تحمل‌ناپذیر می‌شود. شوق رهایی و فرار به سرم زده بود و بدون آن هم داشتن یک اتاق مجردی یکی از اهداف بلندمدت زندگی‌ام بود. اوایل درس را بهانه کرده و هفته‌ای دو سه شب به خوابگاه می‌رفتم اما بعدها انگار غیابت من در خانه به یک امر عادی مبدل شد چون کسی پرسان نمی‌کرد که چرا شب‌ها به خانه نمی‌آیم.

حقیقت این بود که پیش از من و بعد از من شش پسر و دختر دیگر خانه را اشغال کرده بودند و کمبود و نبود من خیلی کم احساس می‌شد. مخصوصاً اینکه من اهل کار و پول در آوردن نبودم و هیچ یک از معیارهای یک پسر نمونه را که پدرها و مادرها به آن افتخار می‌کردند هم نداشتم.

سال دوم دانشگاه بودم که همراه همکلاسی‌ام یک اتاق به کرایه گرفتیم و بعد که دانشگاه تمام شد و همکلاسی‌ام به ولایت خودش برگشت و من صاحب کار و درآمد شدم، تصمیم گرفتم اتاق را همچنان برای خودم حفظ کرده و به خانه برنگردم. تصمیمی که بر پدر و مادر گران آمد و با اشک و نفرین و خشم و نفرت بدرقه‌ام کردند. معلوم

بود که تصمیم من با چنان عکس‌العملی از طرف بابا و مامان روبه‌رو می‌شد چون که من حکم قطعه‌ای ارزشمند و حاصل‌خیزی را داشتم که از بدنهٔ امپراطوری قدرتمندشان جدا می‌شد.

رابطهٔ پدر و مادرها در افغانستان با فرزندان‌شان همیشه یک فرمول از قبل مشخص شده است. تا یک سن و سالی پدر و مادرها شب و روز زحمت می‌کشند، شب‌ها به خواب نمی‌روند، از دهان خودشان بیرون کشیده و به دهان فرزندان‌شان می‌دهند که بزرگ شوند و صاحب کمال و هنر و ثمر. بعد از آن نوبت خودشان می‌رسد که تا زنده استند به ازای آن لقمه‌هایی که به دهان فرزندان‌شان داده‌اند آزادی، اراده، اختیار و آرزوهای فرزندان را از آن‌ها گرفته و حساب‌ها را با هم برابر بسازند. آن‌ها در بدل عشق و محبتی که در خردسالی نثار فرزندان‌شان می‌کنند، در جوانی و بزرگ‌سالی چنان پدری از آن‌ها درمی‌آورند که فقط با خون می‌توان شرح حال آن پدر در آوردن‌ها را نوشت.

من اما آن دور باطل را برهم زدم. بعد از ختم دانشگاه، هم اتاق مجردی‌ام را حفظ کردم و هم با هزار چال و نیرنگ دل پدر و مادر را به دست آوردم که به خاطر آن کارم محکوم و مجازاتم نکنند.

چهار سال دانشگاه و بعدش هم این سه سال و چند ماه دیگر که جمعا همان هفت سال و چند ماهی بود که سارا در موردش حرف زده بود.

دوران دانشگاه پسر شوخ و فعالی بودم. روابط اجتماعی فراوانی

داشتم و نصف بیشتر شب‌ها و روزهای آن چهار سال به پارتی‌بازی و شب‌نشینی‌های پسرانه سپری شده بود. بعد آن، سه سال بدبخت و سیاه از راه رسید. سه سالی که در همان ابتدایش ناگهان به سرم زد و توهم برم داشت که نودوهشت درصد آدم‌های دنیا یک طرف قرار دارند و دو درصد باقی‌مانده در یک طرف دیگر و قسمت غمگین ماجرا این بود که من فکر می‌کردم میان آن اقلیت دو درصدی قرار دارم.

به دنیای خودم فرو رفتم. تنهایی را مثل شال نرم و ابریشمین کمرنگی به دور خودم پیچیدم. از آدم‌ها فاصله گرفته و به همان اتاق مجردی پناه بردم و چهار دیوار مستحکم و پولادین از تنهایی و سکوت احاطه‌ام کردند.

آن سه سال وحشتناک و غمگین.

اما حقیقت قضیه همین بود که من صبح اولین روزی که در خوابگاه از خواب بیدار شده و دریافتم که خودم باید برایم صبحانه تهیه کنم و دیگر از نوازش‌های مادر خبری نیست، تنهایی و درون خودم فرو رفتن و گم شدن را انتخاب کرده بودم.

هفت سال و چند ماه و چند روز از اولین روزی که ترک خانه و آغوش پدر و مادر کرده بودم می‌گذشت. هفت سال از آن تنهایی بزرگ و یا هم از آن حسی که مرا تنها و بی‌پناه این سوی دیوار و همه آدم‌های دیگر را آن‌سوی دیوار قرار داده بود. حسی که حالا هرقدر احمقانه بود این را به مغزم فرو برده بود که من از همه آدم‌هایی که

می‌شناسم متفاوت‌تر و خاص استم و جوش خوردن با آن‌ها را نوعی اهانت به خودم می‌دانستم. حسی که این روزها قیمتش را با آن تنهایی تلخ که مجبورم می‌کرد گاهی با خودم حرف بزنم، می‌پرداختم. راحت بودم یا حداقل فکر می‌کردم راحت استم.

اما حالا این دخترک یک وجبی آمده بود تا به همه اعتقادات و باورهایم به شکل وحشتناکی ریشخند زده و وادارم کند که پی هم از خودم بپرسم کی استم و چکار می‌کنم و با زندگی‌ام چکار کرده‌ام و آن سوال وحشتناک دیگر:

«تو کی استی؟»

«از کجا آمده‌ای؟»

«از جان من چه می‌خواهی؟»

«تو واقعاً تو استی؟»

همه چیز نمی‌توانست یک اتفاق باشد. سارا نمی‌توانست یک اتفاق و تصادف محض باشد، پیدا شدن ناگهانی‌اش نمی‌توانست یک اتفاق ساده و محض باشد و آن حرف‌هایش...

حرف نبود. رقص وحشتناک و دیوانه‌کنندۀ واژه‌ها بود. به راستی آدم‌ها اگر حرفی برای زدن و دیوانگی‌ای در سر نداشته باشند، پس موجودیت‌شان در این جهان خاکی به چه دردی خواهد خورد، مخصوصاً اینکه آدم‌ها و موجودیت‌شان در همین جمله «حرف می‌زنم پس استم» خلاصه می‌شود.

او اما نه تنها جهانی از حرف و دیوانگی بود که واژه‌ها را تسخیر

هم کرده بود. واژه‌ها در دستانش مثل موم بودند و او هرطور که دلش می‌خواست آن‌ها را شکل می‌داد و میان انگشتانش می‌رقصانید. واژه‌ها خدایان بی‌شماری داشت که از برکت وجود آن‌ها تا هنوز زندگی و عشق و امید پا برجا مانده بود و سارا یکی از آن خدایان بود. سارایی که تا هنوز از نزدیک ندیده بودم اما هر لحظه که می‌گذشت، حس می‌کردم دلم برای دیدنش مالش می‌رود.

با خودم می‌اندیشیدم که نمی‌تواند هجده نوزده سال بیشتر داشته باشد. یک هجده نوزده ساله سانتی‌مانتال، جنون‌زده، دیوانه و شاید هم افسرده و همیشه غمگین. شاید هم دختر بزرگ‌سالی بود. یکی از آن بزرگ‌سال‌های شکست‌خورده، ناامید، سرخورده و دارای ده‌ها تجربهٔ تلخ و اندوهگین از عشق، نفرت، آدم‌ها و زندگی. شاید هم اصلاً دختری در کار نبود و...

نه دختر که صد در صد دختر بود. یک پسر نمی‌توانست صاحب چنان افکار لطیف و جادویی باشد و جنس دیوانگی‌هایی که در آن نوشته‌ها دیده می‌شد هم به هیچ‌وجه مال یک پسر نبود. حالا چرا وسوسه شده بودم که از نزدیک ببینمش؟

اگر از نزدیک نمی‌دیدمش او می‌توانست یک سارای دیوانه باشد، یک سارای عاشق، یک سارای جنون‌زده، یک سارای جادویی، یک سارای عاشق، یک سارای به شدت زیبا، یک سارای افسرده و غمگین و من هم می‌توانستم تمام آن ساراها را بستایم، در خلوتم با تک‌تک آن ساراها حرف بزنم، دوست‌شان داشته و شاید عاشق‌شان

شوم.

چرا می‌خواستم از نزدیک ببینمش و با دستان خودم بکشمش؟ چرا می‌خواستم از نزدیک ببینمش و بعد متوجه شوم که او فقط یک نفر است و یک چهره دارد و بعدش هم او خودش را جلو چشمان من بکشد؟

جواب آن‌همه سوال را نمی‌دانستم اما هرچه بود دیوانه‌وار می‌خواستم سارا را از نزدیک ببینم. باید از نزدیک می‌دیدمش و مطمئن می‌شدم که او یک موجود حقیقی بوده و روح و سحر و جادو نیست. باید می‌دیدمش و مطمئن می‌شدم که او همان یک نفر باقی مانده از صد نفر است. همان یک نفری که با من این‌طرف دیوار ایستاده بود و آن جای خالی را که من فکر می‌کردم همیشه خالی می‌ماند پر می‌کرد. اما چطور می‌توانستم بهش بگویم که دوست دارم رو در رو ببینمش؟

چطور می‌توانستم بهش بگویم که میل دیدنش مثل یک چاقوی دو سره درون پوست و گوشت و استخوانم راه پیدا کرده بود. هر لحظه عمیق‌تر فرو می‌رفت و زخمی که از خودش به جا می‌گذاشت هم عمیق‌تر و خون‌چکان‌تر می‌شد.

نمی‌توانستم بهش بگویم که دوست دارم ببینمش. مغرور بودم؟ نبودم، اما دیوار امنی را که آن‌همه سال به دور تنهایی‌ام کشیده بودم چنان ضخیم و مستحکم شده بود که دیگر فرو ریختاندنش کار من نبود. گذشته از آن همیشه دیگران از من تقاضای ملاقات می‌کردند

نه من. اگر ازش می‌خواستم که ببینیم و او هم می‌پذیرفت چه قیامتی می‌شد و اگر رد می‌کرد چه قیامت دیگری.

باز هم حرف زدیم و این بار وسواس بیشتری در انتخاب کلمه‌ها به خرج دادم: «سلام! خوبین سارا؟»

پیش از آنکه دکمهٔ ارسال را فشار بدهم به فکرم رسید که «خوبین» خیلی رسمی است و سارا بدون جان هم خیلی خودمانی و صمیمی. پاک کرده و دوباره نوشتم: «خوبی سارا جان؟»

جواب داد: «ها خوب استم شکر. می‌گذره دیگه.»

راحت و خودمانی حرف می‌زد. با کمی احتیاط از نوشته‌هایش تعریف کرده و ازش خواستم به نوشتن ادامه بدهد. در جوابم فقط یک ایموجی قلبک فرستاد.

- «مصروف چی کارها استی سارا جان؟»

به همان اندازه که من محتاط و با وسواس حرف می‌زدم او راحت بود. انگار با خودش حرف می‌زد: «گپ خراب است. دانشگاه لعنتی ما شروع شده و یک هفته دیگه هم درس بخوانیم، امتحان فاینل سمستر ما شروع می‌شه. کد ای‌قدر تشویش و اضطراب درس کجا خوانده می‌شه. هم به امتحان آمادگی ندارم و هم سگ‌واری منتظر شروع شروع شدن دانشگاه استم. فردا هم باید ننگرهار بروم.»

بر خلاف نوشته‌هایش، زبان پیام‌نویسی و حرف زدنش خیلی عادی و عامیانه بود. اما ننگرهار چرا؟

و همان سوال را پرسیدم: «چرا ننگرهار؟»

- «ما خو از ننگرهار و پشتون استیم.»

تمام وجودم شروع کرد به لرزیدن. یک دختر پشتون چطور می‌توانست سواد فارسی‌اش آن‌همه خوب باشد و چرا به عوض پوهنتون دانشگاه می‌گفت. چطور یک دختر پشتون می‌توانست با وجود آن‌همه قیدوبندی که در پای‌شان است و آن‌همه زن‌ستیزی مردان پشتون، آن‌همه آزادمنش، یاغی و دیوانه بار آمده بود. دختران پشتون که همیشه در تاریکی زیسته و اسرارآمیزترین و ناشناخته‌ترین قشر جامعهٔ افغانستانی بودند.

آب دهانم را فرو برده و نوشتم: «چه خوب والا. نمی‌فامیدم که از ننگرهار استین.»

متوجه شدم که بی‌اختیار و بدون آنکه خودم بخواهم کوشش می‌کردم مطابق میل او حرف بزنم و آهسته‌آهسته نقاب آن پسرهای مخزن را به چهره می‌کشیدم.

به راستی چه خوبی و مزیتی در این که او از ننگرهار بود وجود داشت و اگر آن موضوع را از قبل می‌فهمیدم چه می‌شد؟ نفس عمیق کشیده و بعد پرسیدم: «پل سرخ نمی‌آیی ای روزها؟»

- «نمی‌فامم. از ننگرهار پس بیایم، حتما یک روز می‌آیم و می‌بینیم. تو اگر آمدی یک پیام بده و مه اگر بودم حتما خوده می‌رسانم.»

- «خوب است سارا جان.»

باز هم به جوابم فقط یک قلب آبی فرستاد و حرفی نزد. رفت و مرا با جهانی از سوالات پاسخ نیافته تنها گذاشت.

با خودم زمزمه کردم: «تو هر کسی استی و از هر جنسی استی من

یک روز تو را بالاخره از نزدیک دیده و نقاب از چهره‌ات برخواهم کشید. یک روز از نزدیک تو را خواهم دید و آن‌وقت معلوم می‌شود که تو هم خواب و افسانه‌ای بیش نیستی و من به ناحق در ذهن خودم چنین هیولایی ازت در ذهن خودم ساخته‌ام. تو نمی‌توانی یک موجود زنده و حقیقی باشی. وقتی از نزدیک ببینمت به خودی خود، خودت را خواهی کشت و من باز هم تنها و بی‌کس این‌سوی دیوار باقی خواهم ماند و جست‌وجویم برای یافتن آن یک نفر دیگر هنوز هم ادامه خواهد یافت.»

برگشتم تا آخرین قسمت تراوشات ذهن دیوانه‌اش را در مورد دنیای جادویی ساعت‌ها بخوانم:

«فکر کردن به اینکه جایی که آمده‌ام، خانهٔ جدیدم، اقامتگاه تنگ و تاریکم هیچ ساعتی نخواهد داشت، ناراحت‌کننده بود. به کلی ناامید شده بودم، یاد حرف‌های پیرزن افتادم. حرف‌هایش حرف‌هایش... نمی‌شود گفت پیرزن بدجنسی‌ست. بالاخره او و تنها موجود زنده‌ایست که این دور و اطراف می‌چرخد، که می‌داند چقدر از گم شدن می‌ترسم، که می‌فهمد من نیمهٔ دیگر ساعتم. صورت نسبتاً چین و چروک‌داری داشت. وقتی حرف می‌زد، با چنان اعتماد به نفسی روی کلمه‌هایش تأکید داشت گویی تمام این مسیر را با من هم‌قدم بوده، گویی بداند که من و ساعت با هم رابطه داریم، گویی می‌فهمد که چقدر از مچِ خالی‌ام خار می‌خورم. نه! بدجنس بوده نمی‌توانست. بیشتر شبیه یک پیرزن احمق بود که تمام واقعیت‌ها را می‌دانست. کسی که واقعیت‌ها را می‌داند یک خودآزار است و

حتی اگر آن‌ها را بر زبان نیاورد، باز هم از طرف مردم طرد می‌شود. باز هم بد دیده می‌شود، من می‌دانستم، درک می‌کردم. که نگفتن واقعیت و ندانستن آن به درد چیزی نمی‌خورَد. آه ساعت‌های عزیزم! کاش حداقل یکی از شماها با من بودید، تا این احمق را شرمنده می‌ساختید، زنده بودن مرا ثابت و قلبم را آرامش می‌بخشیدید.

این احمق باور نمی‌کند که خودش دروغ است. خودش خیال است، خودش وجود ندارد! مثلاً می‌خواست باورهای غلط خودش را توی ذهن من فرو کند. دیوانه است او! پیرزن دیوانه! پیرزن دیوانه! چرا مرا این جا آورده‌اند اصلاً؟ که این مزخرفات را به خوردم بدهند؟ کوچک‌تر که بودم، وقتی هنوز ساعت را ندیده بودم، اطرافیانم می‌گفتند لحظهٔ مرگ خیلی جادویی است. می‌گفتند فردی که می‌میرد نمی‌داند که می‌رود یا می‌آید، از بس رفتنِ ازین دنیا شبیهِ آمدن به دنیای دیگری‌ست! می‌گفتند مرگ خیلی شیرین است. مثل خواب می‌ماند! خواب را ببین چقدر شیرین است، دلت نمی‌خواهد تمام شود، مرگ هم همان طوری‌ست می‌گفتند. ازهمین‌روست که آدمی‌زاد در طولِ زندگی‌اش با اخذ تصمیم‌های آگاهانه، با اختیار و ارادهٔ خود طعمِ مرگ را می‌چشد! چون اگر بیند که تاب دردِ شیرینی را که به جانَش می‌دهد دارد، پس از سر، پس از سر، هر بار با طریقه‌های متفاوت می‌میرد و بعد می‌خندد! آزاد، رها، بی‌باک. من نمی‌دانم، نمی‌دانم که رفته‌ام یا آمده‌ام! فقط می‌دانم که دلم برای دقیقه‌ها و ثانیه‌هایم تنگ شده است. که دلم می‌خواهد ساعت‌هایم را به آغوش بکشم.»

چهارم

ننگرهار لعنتی شاید اینترنت نداشت یا او نمی‌خواست از اینترنت استفاده کند، چند روزی بود که کاملاً غیبش زده بود. گاهی می‌خواستم خودم را بی‌تفاوت بگیرم و اصلاً بهش فکر نکنم. به خودم نهیب می‌زدم: لوده تو را چی شده؟ چرا این همه بیچاره و احمق شده‌ای؟ به ناحق از او یک موجود رؤیایی و افسانوی نساز. وقتی از نزدیک ببینی‌اش خواهی دید که او هم فقط یک دختر است مثل همه دخترهای دیگر. وقتی از نزدیک ببینی‌اش بعد پنج دقیقه او خودش و این تصویری که تو ازش هی در حال ساختن استی را هزار تکه خواهد کرد. راحت باش پسر جان! یک دختر که این همه هیجان و بی‌قراری کار ندارد. دیوار امن و امانت را نشکن. نگذار کسی از آن عبور کند. تنهایی

خودت را در آغوش بگیر و نعمتی را که این‌همه سال برای به دست آوردنش زحمت کشیده و خون دل خورده‌ای، این‌همه مفت و ارزان از دست نده.

تنهایی اغوا کننده است و باعث می‌شود آدم به احمقانه‌ترین کارها دست زده و به بیهوده‌ترین آدم‌ها دل ببندد و من سال‌ها بود که تنها بودم. آیا تنهایی باعث نشده بود که در آن مدت کوتاه از سارا در ذهن خودم بتی بسازم که کم‌کم شکستنش ناممکن می‌شد؟

آن حرف را می‌زدم و کمی خودم را آرام می‌کردم اما مگر امکان داشت؟ هرکاری می‌کردم و هر عملی انجام می‌دادم که بهش فکر نکنم، دو برابر بیشتر به او فکر می‌کردم. تا تلفون را به دستم می‌گرفتم که مثلاً فیسبوکم را چک کنم یا به کسی زنگ بزنم یا سایتی را چک کنم، یک وقتی متوجه می‌شدم که یک ساعت تمام است بی‌اختیار به کانال سارا رفته و به نوشته‌هایش چشم دوخته‌ام.

پدرم یکی از آن سیگارکش‌های قهار بود که در اوج روزهای سیگار کشیدنش دو بسته سیگار را در یک روز دود می‌کرد اما تا روزی که بالاخره سیگار را ترک کرد به دلیل وابستگی‌اش به سیگار و اینکه مرد زن‌ذلیلی هم بود، یک روز هم خیر و برکت سیگار کشیدن را ندید. یا مادر برایش پول سیگار را نمی‌داد، یا در شب‌های سرد زمستان مجبور می‌شد بیرون از خانه سیگارش را دود کند و یا هم مادر کاری می‌کرد که سیگار کشیدن را زهر پدر کند. به همان دلیل زمانی که من شروع به سیگار کشیدن کردم، تصمیم گرفتم آن وابستگی پدر را هرگز نداشته

باشم. یک بسته سیگار می‌خریدم و گاهی همان یک بسته یک ماه تمام دوام می‌کرد.

تعداد دفعاتی که سیگار می‌کشیدم نظر به زمان و مکان فرق می‌کرد. تنها که بودم هر روز فقط یک نخ سیگار می‌کشیدم، با سهراب دو تا، پل سرخ که می‌رفتم سه چهار تا، غمگین که بودم حسابش از دستم می‌رفت. بعد که سارا آمد و با چشم‌سفیدی تمام و به زور خودش را قاطی زندگی‌ام کرد، انگار می‌خواستم جای خالی او را با سیگار پر کنم که یک لحظه سیگار از دستم دور نبود. اما جای خالی او را مگر می‌شد با سیگار پر کرد؟

سهراب می‌گفت: «کدام گپ شده؟»

خجالت می‌کشیدم حرفی را ازش پنهان کنم. با کمی تردید و دو دلی جواب دادم: «ها والا.»

- «چی گپ است؟ چی شده؟»

- «سارا!»

- «سارا؟»

- «نامش ساراست.»

- «کی است؟ دیدیش تا هنوز؟»

- «ندیده‌ام، اما باید ببینمش.»

- «چطور آشنا شدی همراهش؟»

- «فیسبوک.»

لبخندی زد که معنی‌اش را ندانستم و سرش را تکان داد. حق

داشت مسخره‌ام کند. حق داشت تعجب کند. این چند سال اخیری که مرا توهم برداشته بود و فکر می‌کردم هیچ دختری ارزش این را ندارد که آدم بخواهد برای آشنایی و احیاناً مخ‌زدنش وقت خودش را تلف کند، سهراب کنارم بود و همیشه افسوس فرصت‌هایی را می‌خورد که به سادگی از کنارشان می‌گذشتم و فحشم می‌داد. سابقه نداشت که پای دختری در میان باشد و بی‌قراری، بی‌خوابی، دیوانگی و سیگار یکی پی دیگری بر من هجوم بیاورند.

گفت: «لودگی نکو بچیم. فقط در یک صورت ببینیش که مخ شه بزنی، اما اگر باز هم همو موضوع سلام و علیکم و چطور استی و مهربان استی بانو فلانی و قربانت و این گپ‌ها است تیر ته بیار. بانش که در همو فیسبوک باقی بمانه و از گپ زدن همراهش لذت ببر.»

بعد ناخودآگاه حرفی را بر زبان آورد، ترسی را یادآور شد که سال‌ها بود گلوی همه رابطه‌های احساسی‌ام را پیش از آنکه آغاز شوند بریده بود.

،- «باز خودت خو می‌فامی که از هر صد نفر نودوهشت تایش فقط در همو فیسبوک و از دور خوب و دوست‌داشتنی استند. از نزدیک که ببینی باز دلت ره از زندگی سیاه می‌کنند.»

آن ترس ازلی و همیشگی! ترس اینکه آدم‌ها تنها از دور دوست‌داشتنی و قابل ستایش بودند. ترس اینکه هر سلام و آشنایی آغاز یک جدایی بود و ترس اینکه سارا هم به سادگی می‌توانست

یکی از همان آدم‌ها باشد، اما سارا از آن دسته آدم‌ها نبود. سارا چیز دیگر و از جنس دیگر بود. حس ششمی‌ام، آتشی که آن چند روز مرا از درون سوختانده بود، سیگارهایی که پی هم کشیده بودم، اضطرابی که بعد از آشنا شدن با او به قلبم پنجه انداخته بود، همه فریاد می‌زدند که این سارا همه خوبی‌ها و معجزات عالم را در خودش دارد و چیز دیگری است و به همان دلیل باید می‌دیدمش. می‌دیدمش تا به خودم ثابت می‌کردم که در مورد او اشتباه نکرده‌ام، اما چگونه می‌توانستم آن حرف‌ها را به سهراب بگویم و بعد مورد استهزا و تمسخرش قرار نگیرم. او نمی‌توانست چیزی را که من حس کرده بودم و می‌فهمیدم بفهمد و تا جایی حق هم داشت. سارا چیزی بود که مثل یک طوفان و یک صاعقه تنها بر من اتفاق افتاده بود و هیچ‌کس جز خودم اثرات ویرانگرش را دیده نمی‌توانست.

راستش سهراب حق داشت مسخره‌ام بکند. در هر منطق و هر حالتی مسخره بود که آدم به کسی که تا هنوز او را از نزدیک ندیده است، آن‌همه فکر کند و بی‌قرارش باشد. تنها با خواندن چند نوشته‌اش فکر کند که «آن‌چه خوبان همه دارند او تنها دارد..»

با وجود آنکه مردان شرقی بزرگ‌ترین جلادان زن در تمام دنیا استند و همیشه زن را موجود پست و درجه دو می‌پندارند، اما هنوز هم نهایت آرزو و هدف‌شان به دست آوردن یک یا چند تا زن است. در این میان ملا، مولوی، داکتر، انجنیر، شاعر، نویسنده، فیلسوف، قاضی، رئیس، وزیر و وکیل، اصلاً تفاوتی از همدیگر ندارند. همه‌شان

یکسان در پی زن و یا بهتر است بگویم در پی کُس سرگردان استند. من یک مرد بودم. مردی از شرق.

دست اتفاق مرا با دختری به اسم سارا روبه‌رو کرده بود که فکر می‌کردم جادویی‌ترین دختر تمام دنیا است و شاید می‌توانستم تمام عمر دنبالش بدوم و از بودن کنارش احساس خستگی نکنم. در آن صورت چه عیبی داشت که آن‌همه به او فکر کرده و بی‌قرار دیدنش باشم؟

گره کور ماجرا اما در این بود که من با آن صاعقه و طوفان روبه‌رو نشده بودم. آن طوفان که اسمش سارا بود فقط از کنارم گذشته بود و آن‌همه ویرانی از خودش به جا گذاشته بود. حالا این من بودم که پی آن طوفان به راه افتاده بودم و می‌خواستم به قلبش زده و قدرت ویرانگری حقیقی‌اش را از نزدیک تماشا کنم و ویران‌تر شوم.

اما او کجا بود؟ کجا بودی دیوانه؟ دو هفته‌ای بود که جبههٔ سارا در سکوت مطلق قرار گرفته و هیچ خبری ازش نبود. از آن سکوت‌های ترسناک. مثل سکوت و آرامش قبل از طوفان و یا هم آرامش موقتی در یک جبههٔ جنگ.

مشکل کار در این بود که تنها من سهمگینی آن‌همه ترس و اضطراب و وحشت را بر دوش خودم می‌کشیدم. من در مسیر طوفان قرار گرفته بودم، جنگ تنها مرا هدف قرار داده بود. سارا میان چند میلیون نفر آمده بود تنها ظرف مرا بشکند. تنها من سارا را دیده بودم. در فیلم آواتار جیمز کامرون (نایتیری) چندین بار (جیک‌سالی) را

مخاطب قرار داده و به او می‌گوید من تو را می‌بینم و بعد هم توضیح می‌دهد که هدف از دیدن در آن جمله دیدن با دو تا چشم نبود، بلکه من تو را می‌بینم یعنی من تو را درک می‌کنم، من تو را می‌شناسم. من تو را می‌بینم یعنی روح تو را دیده و لمسش کرده‌ام. توهم بود یا هر دیوانگی دیگر، من سارا را دیده بودم. همان‌طور که نایتری، جیک‌سالی را در فیلم آواتار می‌دید، اما او کجا بود؟

بعد فیسبوک نوتیفیکیشن داد که سارا صفحهٔ خودش را به روز کرده است. نوشته بود دوباره به کابل زیبا و دوست‌داشتنی برگشته است. دست و پا و تمام زندگی‌ام می‌لرزید. بی‌معطلی برایش نوشتم:

«سلام سارا جان. خوبی؟ بخیر آمدی؟»

- «ها شکر خوبم. زنده باشی.»

- «سفر بخیر گذشت؟ خوب بود؟»

- «خیلی خوب بود. خوب است که هرچند وقت آدم از همی لاک خودش بیرون شوه و ببینه که دنیا چقدر عجیب و غریب و غمگین و خاک‌به‌سر است. البته دنیای ما بیچاره‌ها خو نهایتش تا همو ننگرهار و مزار و هرات است.»

خیلی معنی و درد داشت آن حرفش. چطور می‌شد دنیای او هم‌زمان آن‌همه بزرگ و آن‌همه کوچک باشد، اما من در آن لحظه تنها به یک چیز فکر می‌کردم. یکی از سخت‌ترین سوال‌های زندگی‌ام را پرسیدم: «چه وقت ببینیم؟»

- «هر وقت که پل سرخ آمدی برم پیام بته مه میایم.»

می‌خواستم بنویسم که همین الان پل سرخ می‌آیم، اما آب دهانم را فرو برده و نوشتم: «خوب است خی. که آمدم برت پیام میتم.»

- «خوب است.»

همان لحظه تصمیم گرفتم صبح اولین کاری که بکنم رفتن به پل سرخ خواهد بود.

پنجم

روزهای روشن

پشت میزی در آی‌خانم، پاتوق همیشگی‌ام نشسته‌ام و هر چند لحظه تلفنم را برمی‌دارم و دوباره سر جایش می‌گذارم. مردد استم. اگر برش پیام می‌دادم و می‌گفتم که پل سرخ استم چه فکر می‌کرد. آیا همان‌طور که گفته بود هر زمانی که پل سرخ بودم و برش پیام می‌دادم واقعاً خودش را می‌رساند؟ کار و درس و زندگی نداشت؟ اگر پیام می‌دادم و نمی‌آمد چی؟

به سال‌های هجده‌سالگی و دیوانگی‌های بی‌حد و مرزش برگشته بودم و دلم همان‌طور دیوانه‌وار می‌زد که دل یک پسر هجده‌ساله برای دیدن معشوقش. معشوق که معشوق من نبود. معشوق که اصلاً

هیچ چیز من نبود. من هم هیچ چیز او نبودم، اما از وقتی که نوشته بود هروقت پل سرخ آمدی برم پیام بده مه میایم، تمام ذرات بدنم پل سرخ و دیدن او را می‌خواستند. چه‌کار کنم؟ چه‌کار باید می‌کردم؟ الان اگر سهراب این جا بود چی کار می‌کرد؟ سهراب اگر می‌بود بی‌معطلی تلفونش را برمی‌داشت و خیلی ساده و بدون هیچ ترس و اضطراب به جانب مقابل پیام می‌داد که بیاید. من سهراب نبودم اما تلفون در دستم بود و می‌توانستم برایش پیام بنویسم.

دو میز آن طرف‌تر یک دختر و سه پسر با هم نشسته و روی موضوعی با صدای بلند حرف می‌زدند و می‌خندیدند. به آن دختر که تنها نیمرخش را می‌توانستم ببینم نگاه کرده و بعد مسنجر را باز کرده و به سارا پیام نوشتم: «سلام! مه آی‌خانم استم. یک دختر چند میز او طرف‌تر شیشته که یا تو همو دختر استی و یا هم اگر نیستی انگار خواهر دوقلویت باشد از بس نیمرخش به تو شباهت دارد..»

یکی از آن دروغ‌ها! حالا من سارا را کجا دیده بودم و چطور می‌توانستم بگویم که فلان دختر به او شباهت دارد؟

انگار تلفون به دست منتظر پیامم بود چون سه ثانیه بعد جوابم را نوشت: «الو سلام. نی مه نیستم، اما باش همون جا. چند دقیقه بعد می‌رسم.»

نمی‌دانم آن چند دقیقه‌ای که گفته بود چطور گذشت و چطور داخل کافه شده و چطور مرا که در جای همیشگی‌ام نشسته بودم، پیدا کرد. سرم را که بلند کردم دیدم که بدون هیچ تعارفی مقابلم

نشسته بود. نسیم ملایمی می‌وزید و با یک دسته موی پریشانش که بر صورتش ریخته بود بازی می‌کرد. نوزده بیست سال بیشتر نداشت. خرمنی از موهای خرمایی روی شانه‌ها و کمرش ریخته بود.

خدای من! زیبا بود. خیلی زیبا بود. به طرز وحشتناکی زیبا بود. از آن زیبایی‌های کشنده و مرگبار. طی آن سال‌های کافه‌نشینی آن‌قدر صورت مصنوعی و زیبای زشت دیده بودم که تعریف زیبایی به کلی از پیشم گم شده بود، اما آن دختر بدون برو برگرد زیبا بود. چشمان سیاه و بزرگی داشت که آن زمان که خودش از حرف زدن باز می‌ایستاد آن دو چشم شروع به حرف‌زدن می‌کردند. کومه‌های گلابی‌اش تناسب خاصی با بینی عقابی و بلندش به وجود آورده بود. و لب‌هایش! یک جفت سکسی‌ترین و بوسه‌خواه‌ترین لب عالم را مقابلم می‌دیدم. لب پایینی‌اش کلفت‌تر بود و جان می‌داد برای مکیدن و دندان گرفتن. بی‌اختیار آب دهانم را فرو بردم.

شاید نوزده بیست سال بیشتر نداشت، اما من یک زن بالغ و یک اندام کاملاً زنانه را مقابلم می‌دیدم. از همان لحظه‌ای که روبه‌رویم نشست شروع کرد به حرف‌زدن. ماشین حرف‌زدن بود و حافظه‌ای عجیبی در به یادآوری جزئیات کوچک داشت.

- «مه از طفلی بین کتاب و نوشتن کلان شده بودم. پدرکلانم بزرگ‌ترین و قیمتی‌ترین کتاب‌خانه تمام کابل و افغانستان ره داشت و مه از روزی که تانستم اولین قدم‌های مه بردارم همه‌اش میان همو کتاب‌ها می‌لولیدم چون که در او خانه کدام آزادی و تفریح دیگه

نبود (با یک لخند زهرناک). مه بودم و همو کتاب‌ها. یادم است که یک روز یکی یکی از کتاب‌های پدرکلان مره گرفته و تمام صفحه‌های شه یکی‌یکی پاره کرده و به دست باد رهایش می‌کردم. بعد مادرم آمد و با وحشت همه اوراق پاره شده ره جمع کرد و داخل چاه خانه ما انداخت و تا امروز هیچ‌کس راز مفقود شدن او کتاب پدرکلان ره که از قضا خیلی قیمتی هم بود، به جز مه و مادرم نمی‌فامه. همیشه یک پایم ای‌طرف دروازه بود و پای دیگه مه او طرف دروازه. از خانه ما فراری بودم و ازی که بیرون بروم هم وحشت داشتم. روح مه از همو طفلی دو نیمه شده بود. نصفش داخل خانه بود و نصفش بیرون از خانه. بزرگ شدم اما روح مه هموطور باقی ماند. نه او نیمه داخل خانه موفق شد که سر او نیمه بیرون از خانه مه زور شوه و نه ای نیمه بیرون خیال سرخم کردن ره داره. مه استم و همی روح سرگردان و فراری از آدم‌ها. دوست و رفیق زیاد ندارم چون با هرکس رفیق و دوست می‌شم، یکی از نیمه‌های روح مه او ره حتماً پس می‌زنه. در جنگ بین دو نیمه روحم، خودم همیشه زخمی استم، خانواده ره زخمی می‌کنم، آدم‌هایی ره که به مه نزدیک می‌شه زخمی می‌کنم و خلاصه همی‌طور بدبختی و لجن‌بازی در زندگی مه جریان داره و...»

انگار یک قرن تمام مهر سکوت بر لبانش زده بودند که حرص و ولع او برای حرف‌زدن تمامی نداشت. مثل طفلی که بی‌گناهی خودش را برای آدم بزرگ ثابت کند یکریز حرف می‌زد. هر چند دقیقه برای لحظه‌ای خاموش مانده و با لبخندی ازم می‌پرسید: «خیلی گپ می‌زنم

نی؟»

بعـد بدون اینکه منتظر جواب مـن بماند دوباره شـروع می‌کرد به حرف‌زدن. از مکتبش، از دانشگاه، از دوستانش، از کابل و آدم‌هایش، از علاقه‌اش بـه ادبیات و نوشتن و مـن مـات و مبهـوت بـه صورتـش نگاه می‌کردم.

مهدی موسوی در قسمتی از کتاب هزار و چند شبش نوشته بود: «هوش، واقعی‌بودن و دیوانگی سـه ضلع مثلث جذابیت استند.»

همـان چنـد لحظۀ کوتـاه و شـنیدن حرف‌هایـش کافی بـود تا بفهمم که با وجـود آن سن و سـال کمـش مثل زاغ هوشیار بـود و بـه راحتی می‌توانسـت مـن و ده تـا امثـال مـن را تشنه تـا لـب چشـمه بـرده و تشـنه برگردانـد. واقعی و طبیعی بـود. تظاهـر نمی‌کرد. خودش بـود و بـا حرف‌هایـی کـه می‌زد هیـچ فرقـی نداشت.

همان‌طـور کـه حـرف می‌زد مـن بـه صـورت و اندامـش خیره شـده بـودم. بـه جـز یـک رژ لـب کمرنگ و یـک سـایۀ چشـم دیگـر هیـچ آرایشـی بر چهره نداشت. کامـلاً غیرمسلح آمده بـود و هیچ‌گونه نقابی بـه نـام آرایـش بـر چهره نداشت. ابـروان پرپشـتش اصـلاً دسـت نخـورده بـود و در تمـام زندگـی‌ام جلدی بـه آن صافی و شـفافیت ندیـده بـودم. نگاهـم را کمـی پاییـن‌تـر لغزانیـدم و بـه گـردن سـفید و درازش نگاه کردم و اینکه می‌شـد یک هزار سـال آن گردن سـفید را مکید و کبودش کرد. بـا بلوزی کـه پوشـیده بـود چـاک پسـتان‌هایش بـا سـخاوت تمـام بـه چشـم می‌خـورد. پسـتان‌هایش بـرای دختـری بـه آن سـن و سـال کمی

بزرگ‌تر بودند و مـن همـان لحـظه او را در حـال دویـدن و لرزش‌های دیوانه‌وار پستان‌هایش تصور کردم و بر خودم لرزیدم. وزنـش ایده‌ال نبود و کمـی بـه چـاقی می‌زد، امـا هرچـه بـود مـن در مقابل چشمانم زیباترین و دوست‌داشتنی‌ترین چهـره و انـدام دنیـا را می‌دیدم.

من حساسیت احمقانه‌ای در مقابل بعضی از اعضای بدن دخترها داشتم. برای من زیبایی یک ردیف دندان سفید و مرتب بود و یک جلد شفاف و آرایش ناشده و یک دست و پای ظریف و کوچولو.

وقتی حـرف می‌زد و می‌خندید دندان‌های منظمـش از سفیدی برق می‌زدند. جلدش آنقدر شفاف و نـازک بود که مطمئن بـودم با یک دست کشیدن کبود می‌شد. پاهایش آن‌قدر ظریف و کوچولو و خشگل بودند که من متحیر بودم چطور آن‌همه ظرافت بدنی به آن سنگینی را می‌توانستند حمـل کنند. پاهایی کـه دوست داشتم سال‌ها در بغلم گرفته و نوازش‌شان کنم.

بیست سال بعـد شاید انـدام او به طرز فاحشی تغییر می‌کرد. پستان‌هایش بزرگ‌تر و افتاده‌تر می‌شدند، چاق‌تر و سنگین‌تر می‌شد و جلدش هم شاید به آن اندازه شفاف نمی‌بود، اما آن حالت چهـره و آن نگاه و آن طبیعی‌بـودن هرگـز تغییـر نمی‌کرد. مطمئن بـودم بیست سـال بعـد هـم کـه می‌دیدمـش همـین انـدازه طبیعی و زیبا و دوست‌داشتنی می‌بود.

او هم چنان حرف می‌زد و من به سه ضلع آن مثلث جذابیت فکر می‌کردم. ((هوش، واقعی بودن و دیوانگی.))

آیا او دیوانه بود؟ با خواندن نوشته‌هایش حدس زده بودم که با
یک موجود غیرطبیعی و نیمه‌دیوانه روبه‌رو بودم اما الان که روبه‌رویم
نشسته بود و باد با گیسوانش بازی می‌کرد و او یک‌ریز حرف می‌زد
مطمئن شده بودم که نیمه‌دیوانه نه که دیوانهٔ مطلق بود. او حرف
می‌زد و من می‌توانستم او را در حال انجام دادن همه دیوانگی‌های
ممکن تصور کنم. می‌توانستم تصور کنم که او در مسجد آواز بخواند
و در خیابان رقصیده و پسری را ببوسد و یک ساعت تمام زیر باران
و تگرگ بایستد و تمام شب روی برف بخوابد و بدون هیچ بهانه‌ای
ساعت‌ها گریه کند و روزها قهر کند و ماه‌ها ناپدید شود و...
بر علاوهٔ آن سه ضلع مثلث جذابیت این حرف‌زدن بود که مرا
بیشتر مجذوب او و همه آدم‌های دنیا که حرفی برای زدن داشتند،
می‌کرد.
به نظر من هر آدمی که زنده بود باید حرف می‌زد. البته منظورم
از حرف‌زدن، آن حرف‌ها پوچ و احمقانه در مورد مد، فیشن، سینما و
دوست پسر و دوست دختر و این حرف‌ها نبود.
وقتی برای اولین‌بار نوشته‌هایش را خواندم حدس زده بودم با
موجودی روبه‌رو استم که اگر هیچ‌چیز دیگر نه، حداقل گپ‌زدن
را یاد داشت. الان که روبه‌رویم نشسته بود با دهان باز می‌دیدم و
می‌شنیدم که او خدای حرف‌زدن بود. درست سر جایش ننشسته
بود که شروع کرده بود به حرف‌زدن و به جز مواقعی که من دهان
باز می‌کردم و با جملات کوتاه جواب سوال‌هایش را می‌دادم، بدون

وقفه حرف زده بود. هر چند دقیقه لبخند زده و می‌پرسید: «خیلی گپ می‌زنم نی؟»

این را که می‌پرسید فکر می‌کردم ساکت شده و دیگر حرف نخواهد زد، اما او بدون هیچ وقفه‌ای دوباره شروع می‌کرد.

حرف‌هایش هم آن حرف‌های هیچ و پوچ و ریشخند نبود. انگار برای یک جمع بزرگ سخنرانی می‌کند و یا هم مثل پرفسوری که شاگردانش را نصیحت کند، از چیزهای بزرگ بزرگ حرف می‌زد. از عشق، خیانت، فریب، فقر، سنت، دین، مذهب و والدین، سیاست و ... .

فارسی را با لهجۀ کندهاری حرف می‌زد و به راحتی می‌شد حدس زد که فارسی زبان اولش نبود. خدای من! حرف‌زدن او حرف‌زدن نبود بلکه شراب چند هزار ساله بود و سکس بود و هم‌آغوشی بود. حرف‌زدنش حرف‌زدن نبود بلکه همه ملودی‌های عاشقانۀ دنیا بود. حرف‌زدنش وزش نسیم در یک روز گرم تابستان بود و بوی نان بود بعد از یک گرسنگی طولانی و آب بود بعد یک از قرن تشنگی. آن‌هایی که از سکسی‌بودن زبان فرانسوی و اسپانوی حرف می‌زنند به یقین هرگز فارسی حرف‌زدن یک دختر ننگرهاری با لهجۀ کندهاری را نشنیده‌اند.

نتوانستم جلو خودم را بگیرم و پرسیدم: «ای موضوع زبان تو چطور است سارا؟»

لبخندی بر لب آورده و گفت: «پدرم پشتون ننگرهاری است.

مادرم فارسی‌وان کندهاری. خودم ده ایران به دنیا آمدم و همون‌جا بزرگ شدم. دیگه اینالی خودت بفهم که چرا و به چه دلیل فارسی ره با ای لهجه و صدا حرف می‌زنم.

بعد ناگهان ساکت ماند و گفت: «خوب بچیم مه باید بروم.»

از خواب بیدار شدم. روبه‌رویم نشسته بود و گیلاس جوسی که سفارش داده بود هنوز نیمه بود. نگاهش کردم. لباس سیاه بلند و گشادی بر تن داشت که به زمین کشیده می‌شد و حجابی هم بر سر. با آن لباس مسخره کوچک‌ترین حدسی نمی‌شد در مورد بدن و اندامش زد. آن‌طور که لباس پوشیده بود فقط صورت و کف دو دستش را می‌شد نگاه کرد.

با وارخطایی پرسیدم: «کجا میری. هنوز خو خیلی وقت است.»

لبخند تلخی بر لبانش نشست و گفت: «نی بچیش از مه همی آخرین سرحد بیرون بودنم است. هنوز ناوقت هم شده.»

از آن «بچیم» و «بچیش» گفتنش لذت می‌بردم.

سرم را تکان داده و پرسیدم: «چطور؟»

- «به خاطری که از مه هم زمان و هم مکان بیرون بودنم یک سرحد مشخص داره. مه امروز هر دویش ره به خاطر تو نقض کردم.»

نتوانستم جلو زبان خودم را بگیرم: «چرا ده خانه مشکل داری؟ قیدگیر است فامیل‌تان؟»

سرش را تکان داد و با همان تلخی جواب داد: «می‌فامی بچیم همی

موضوع چیزی است که مه دوست ندارم هیچ‌وقت در موردش گپ بزنیم. حالی که پرسیدی فقط یک چیز برت می‌گم.»

کمی مکث کرده و ادامه داد: «شعر «کمونیست مزخرف» رامین مظهر ره خو حتما خواندی؟»

- «ها چرا نی. کی او غزل ره نخوانده!»

بعد آهسته زیر لبم شروع کردم به خواندن بیت اول همان غزل رامین مظهر:

- «کمونیست مزخرفی هستی، پدرت یک قبیله اخوانی»

با لبخندی همراهی‌ام کرد:

- «در جهانی که جاهلان جمع‌اند، احمق که کتاب می‌خوانی؟»

منتظر ماندم که توضیح بدهد.

گفت: «یک بیت دیگهٔ غزل است که میگه: «پدرت دشمنت شده گرچه، خون دل خورد تا کلانت کرد/ او که از حال تو نمی‌داند، تو که از حال او نمی‌دانی»

آن غزل رامین مظهر را از حفظ بودم و به همان دلیل سرم را تکان دادم.

ادامه داد: «جواب سوال تو و همه چون و چرای زندگی و رابطه مه همراه فامیلم همی یک بیت غزل رامین است.»

ساکت ماندم. جواب محکمی بود و جای هیچ گونه سوال دیگری را باقی نمی‌گذاشت.

گفت: «به همی خاطر مه باید بروم که سرم دیر شده، اما راستی

شماره مره بگیر و اگر خواستی در انیستا هم همدیگر ره فالوو کنیم.

شماره‌اش را ثبت کردم و تلفنم را به دستش دادم که خودش حساب انیستاگرامش را برایم پیدا کرده و فالوو کند. حساب انیستایش محدود بود و پنجاه نفر بیشتر فالوور نداشت.

تلفنم را دوباره به دستم داد و از جایش بلند شد. دستش را روی شانه‌ام گذاشت و پرسید: «خی اجازه است که بروم؟»

سرم را دور داده و به دستش نگاه کردم. آن لحظه مهربان‌ترین و ظریف‌ترین و سخن‌گوترین دست عالم روی شانه‌ام بود. آن دست کوچولو به سویم لبخند زده و گفت:

«عزیزک من! چقدر خوب شد که آمدی. می‌دانی که من از دنیای دیوانگان آمده‌ام و در آن دنیا تنهایی و انزوا حرف اول را می‌زند. نمی‌آمدی من این‌همه غم و اندوه تلنبارشده در دلم را کجا می‌بردم. من در این دنیایی که نظام پدرکلان و درامهٔ روستا و شهر همیشه بر آن حاکم بوده، تنهای تنها بودم. تو در مورد نظام پدرکلانی چیزی می‌دانی؟ بگذار برایت توضیح بدهم. صدها سال قبل پدربزرگی بوده که بر یک خط مستقیم حرکت کرده و زندگی‌اش براساس یک سری اصول و موازین خاص استوار بوده است. بعد فرزند پدرکلان هم مجبور بوده درست در همان خط پدرکلان حرکت کرده و دقیقا از همان اصول و موازین پیروی کرده و یک قدم بر خلاف آن نگذارد. بعد نواسه هم مجبور بوده که همان راه را ادامه بدهد و این سلسلهٔ عجیب و غمگین برای همیشه ادامه پیدا کرده است. البته در هر عصر و

زمان پسران و دخترانی وجود داشته که علیه خط پدرکلان شورش کرده و راه خودشان را رفته و دشمنی تمام خانواده و قبیله را به جان خریده‌اند. حالا پسرها گاه‌گاهی می‌توانند دست به شورش زده و هیچ تاوانی نپردازند، اما برای یک دختر سرپیچی از قوانین پدرکلان همیشه مساوی به مرگ و مردن است. تو در مورد درامهٔ خونین شهر و روستا چه می‌دانی؟ در مورد آن تقابل خونین و ابدی میان شهر و روستا؟ تقابلی که همیشه و آخر ماجرا فقط یک برنده دارد و آن برنده هم فقط روستاست. می‌دانی که شهر سال‌ها قربانی داده و خون دل می‌خورد تا از زیر یوغ روستا خارج شده و راه خودش را برود اما همیشه روستا با یک یورش دوباره شهر را با همه قربانی‌هایش به بیست سال عقب برده و تابع خودش می‌سازد. حداقل در این کشور بدبخت که همیشه قضیه همین‌طور بوده است و همیشه شهر تابع روستاست. بعد قضیه شهر و روستا در مورد سیستم پدرکلان هم صدق می‌کند. یعنی در تقابل میان پدرکلان‌ها و پدرها در یک سو و فرزندان در سوی دیگر، برنده همیشه پدرکلان‌ها و پدران استند و آن‌که تنها و غمگین و شکست‌خورده از میدان نبرد بیرون می‌شوند فرزندان استند. من هم علیه سیستم پدربزرگکلانی شورش کرده و مسیر دیگری را برای خودم انتخاب کردم. می‌پرسی شکست خوردم نه. می‌پرسی از راه خودم برمی‌گردم نه، اما تاوان بزرگی را می‌پردازم. همان‌طور که شهر در مقابل روستا قربانی می‌دهد و همان‌طور که پسران در مقابل پدران همیشه شکست خورده و به زمین می‌افتند.

تـو کـه ایـن حرف‌هـا را می‌فهمـی نـه؟ می‌دانسـتم کـه ایـن حرف‌هـا را می‌فهمی. سیسـتم پـدرکلان و درامۀ شـهر و روسـتا را بلـد اسـتی و مطمئن اسـتم تـو هـم از خط پدرکلان عدول کرده‌ای و تنهـا اسـتی و زبان آدم‌هـای تنهـا را می‌دانی. خوب اسـت کـه پیدایت کردم. از این بعد به عـوض یـک دیوانۀ تنهـا، دو تـا دیوانۀ خوشـحال کنار هـم می‌باشـیم. از دنیـای ایـن آدم‌هـای احمـق شـاد خـود مـا را دور نگه می‌داریـم و کسـی چـه می‌دانـد شـاید یـک روزی بـر سیسـتم پدربزرگی فایـق بیاییـم.»

دستش هنـوز روی شانه‌ام بـود. دسـتی کـه اگر روزی میان دسـتانم قرار می‌گرفت بـا آن می‌توانسـتم تـا آسمان‌هـا پـرواز کنـم و تمـام عمـر ادعـا کنـم کـه خوشبخت‌ترین دسـتان عـالم را داشـته‌ام. می‌خواسـتم دسـتم را روی دسـتش گذاشـته و بگویـم خداحافظ امـا نتوانسـتم.

حجابـش را جمـع و جـور کـرده و در یـک چشـم به‌هم‌زدن از کافـه خـارج شـد و مـرا دیوانـه، مبهـوت و عاشـق بـر جـای خـودش گذاشـت.

تو کـی بودی سارا؟ چی بودی سارا؟

خدای من چه روز روشن و خوبی بود.

ششم

سهراب با صدای بلند خندید: «عاشق شدی؟»

با اندوه گفتم: «آره.»

– «گفتی که شش سال ازت جوان‌تر است؟»

سرم را تکان دادم: «آره تقریباً.»

– «گفتی که تمام مدت حرف زد و تو فقط بهش گوش دادی؟»

می‌دانستم برای یک تهاجم بزرگ آمادگی می‌گیرد و همین الان است که مرا زیر رگبار کلمات خودش بگیرد. سرم را تکان دادم. چند لحظه ساکت ماند و بعد لبخندی زده و گفت: «ببین بچیم ای چیزی که تو می‌گی عشق خو صد در صد نیست که مه میگم خایه تام نیست.»

جدی بود.

«فکر شـه بکو که همـراه یـک دختر از طریـق دنیـای مجازی آشـنا شـده و بعد از یک‌بار دیدن عاشـق و دیوانه‌اش می‌شی. دختـری که ای‌قدر تفـاوت سـنی همـراهت داره، از قرار معلـوم خـوب صحیح کلان کار و تخیـل‌زده و سـانتی‌مانتال اسـت و بالاخـره اوغـان هـم که تشـریف داره. البته مه واقعاً نمی‌فامم که ای سـارا چی قسـم دختر اسـت و چه خـوی و خـواص داره و بایـد از نزدیـک ببینمـش و بعد ازو حکم صـادر کنم، اما گپ ای است که ای چیزی که تو فکر می‌کنی عشـق است، عشق نیست.

- «چی است خی؟»

- «ای یک لودگی خطرناک و مزمن است که معمولاً نام عشـق ره سرش می‌مانند اما عشق نیست. تو هم عاشق نشدی. بیست سی بار که ببینی‌اش، همـراهش گپ بـزنی، از یگان خـوی و عادتش خبر شـوی و بفامی که در زندگی‌اش چه می‌گذره، زندگی گذشته‌اش چی بوده، کی است و فامیلش چی قسـم آدم‌ها است، او وقت اگر گفتی عاشقش استی شاید یک چیزی باشه، اما فعلاً لودگی مطلق است.

خنـده‌ای کـرده و گفتـم: «قرا بـاش کشـاد. تـو ای چیـزا ره چی می‌فامی!»

- «صحیح اسـت مـه نمی‌فامـم امـا تـو که می‌فامی امیدوار اسـتم نافت به خاطر ای عشـق و عاشـق لودهات نروه. گپ مه ای است که هـر کار می‌کنی بکو، اما فکرت باشـه که همی زندگی آرام تـه گوی

در گوه نکـنی.»»

– «مه نمی‌فامم سهراب. تو بودی که همیشه می‌گفتی از لاک خود بیرون شده و به خودم رفیق پیدا کنم. اینه پیدا کردم. خی مشکل ده کجاست؟»

– «مشـکل در ای است کـه تـو عاشـق شـدی و او هـم کامـلاً فکر ناکده و بـدون حسـاب و کتاب و ای بسـیار رنجـت خاد داد.»

جوابش را ندادم. او سارا را ندیده بود. او آن موجـود دیوانه و بی‌قرار را ندیده بود. به چشـمانش نگـاه نکـرده بـود و بـا دست‌هایش حـرف نـزده بـود. او نمی‌توانسـت بی‌قراری و جنـون مـرا ببیند و آتشی که وجود را می‌سوزاند، درک کند.

«او را ببخـش سـارا! او تـو را ندیـده اسـت. او تـو را نمی‌فهمـد. او نمی‌دانـد کـه دیـدن تـو بـا قلب مـن چـه کرده است. البته سهراب حـق دارد در مـورد تـو تردیـد داشـته باشـد. خـودم هـم ابتدا مشـکوک بـودم و از خـودم می‌پرسـیدم واقعی اسـتی یا تصور و خیـال یک ذهن دیوانه و مریض، اما وقتی دیدمت، روح دیوانه و مجنونت را در آغوش کشـیدم، زخم‌هایت را که هنوز خون تـازه از آن‌ها جـاری بـود دیدم و بـا دسـت‌های کوچولـو و مهربانت حرف زدم فهمیـدم کـه واقعی اسـتی و خـواب و رؤیـا ندیـده‌ام. همان‌قدر واقعـی کـه می‌شـود روبه‌رویـت نشسـت و بـه چشـم‌هایت خیـره شـد و تاریـخ جنـون و دیوانگی و همـه زخم‌هـای آدمیـان را از آغـاز تاریـخ تـا امـروز یکی‌یکی از ورای زخم‌هـا و چشـم‌هایت مطالعـه کـرده و بـرای تک‌تک‌شـان گریسـت و عـزاداری

کرد. لطفاً او را ببخش سارا!»

سهراب نمی‌دانست وقتی دیدمش دوباره تولد شدم. نمی‌دانست که آمدن او آمدن همه‌چیزهای خوب بود. نمی‌دانست وقتی دیدمش همه آدم‌هایی که تا آن روز دیده بودم و همه آدم‌هایی که بعد از آن روز قرار بود ببینم پیش چشمم رژه رفتند و همان لحظه تصمیم گرفتم که اگر دنبالش نروم، اگر بگذارم از پیشم در برود، اگر دامنش را دو دستی محکم نگیرم بقیه زندگی ول معطل استم و باخته‌ام. دیدمش و دانستم که تا امروز هر آن چیزی را که به نام عشق و دوست‌داشتن انجام داده بودم ضیاع وقت بوده و فقط زندگی را حرام کرده بودم.

او نمی‌دانست که سارا بزرگترین کشف زندگی من بود. نمی‌دانست من مونالیزای شرقی و گمنام‌ترین و دیوانه‌ترین سلیبرتی دنیا را که می‌شد در موردش کتاب‌ها نوشت و هزار سال در موردش حرف زد کشف کرده بودم و از خوشی در لباس خودم جای نمی‌شدم. دختری که یک هزار از آن سلیبرتی‌های انستاگرامی و فیسبوکی در جیب او بودند و انگشت دست چپش هم نمی‌شدند. دختری که به شکل معجزه‌آسا آمده و میان هزاران نفری که در صف ایستاده بودند، ظرف مرا برای شکستن انتخاب کرده بود.

او نمی‌داند که تو برگ برندهٔ همهٔ قماربازان عالم استی که تا آخرین لحظه در آستین‌شان نگه داشته و بعد برای جبران همه باخت‌های‌شان آن را به زمین می‌زنند. سهراب را ببخش چون که او نمی‌داند تو کی استی و چی استی. راستی یاد خودم هم رفت ازت بپرسم که تو کی

استی سارا؟ کی بـودی تو؟ صاحب نام‌هـای بی‌شماری مثل سارا، دیپیکا، مونالیـزا، آناکارنینـا، اسکارلت و مادام بـواری؟ یک زخـم کـه ادامهٔ زخم‌هـای همـه زنان دنیـا بـود؟ یک روح سـرگردان و غمگیـن؟ دختری از جنـوب و برخواسته از میان قبایل بدوی افغانستان؟ روحی کـه بـرای همـه دختران غمگین دنیا گریسته بـود؟ جسم خسته‌ای کـه کـه آوارگی و محرومیت زنان ننگرهار، هلمند، بامیان، زابل، بلخ و غزنی را بـا همـه پوسـت و گوشـتش لـمس کـرده و بـرای ظلم‌هـایی کـه بر زنان لاهور، کلکته، تهـران، کیپ تاون، مسکو و تکزاس در طول قرن‌ها رفته بـود، بغـض کـرده و ضجه زده بـود؟

تـو کـی بـودی سارا؟ سـارای یاغـی و دیوانهٔ قـرن بیسـت و یکـم؟ آخرین بازمانده از نسـل زنانی کـه کرگدن شدن را یاد گرفته و شکوه تنها زیسـتن را لـمس کـرده بودنـد؟ آخرین دختـر از نسل دخترانـی کـه بعد از یک بار مردن دوبـاره زنده شده‌اند، بعد از سقوط دوبـاره اوج گرفته‌اند، آن‌قـدر پنجـه بـر زخم‌هایشـان کشیده‌اند کـه دیگـر هیـچ خنجـری قـادر نیسـت زخم تازه‌ای بـر بدن‌شـان بـه وجـود بیاورد و بـه‌خوبی آموخته‌اند کـه زندگی در تاریکی و حاشیه‌های دور دورش هـم لطف و خوبی‌های خـودش را دارد.

کـی بـودی ای روح سـرکش و انتقام‌جـو و ترسناک؟ آمده بـودی تا انتقـام همـه زنـان شکست‌خورده در عشـق و همـه زنانی کـه آرزوهایشان را از دسـت داده بودنـد را بگیری؟ احمـد ظاهـر هـم شـاید همـین مشکل مـن را داشـت و نمی‌دانست کـه تـو کـی اسـتی:

چه گرمی، چه خوبی، شرابی؟ چه هستی؟

بهاری؟ گلی؟ ماهتابی؟ چه هستی؟

لب تشنه‌ام از تو کامی نگیرد

فریبی، دروغی، سرابی، چه استی؟

تو را از تو می‌پرسم ای خوب خاموش

چه هستی؟ خدا را جوابی! چه هستی؟

اما نه! من می‌دانستم که تو کی بودی. من تو را دیده بودم. من تو را کشف کرده بودم. زخم بودی به وسعت و عدد همه زخم‌های جهان. طوری که گاهی فکر می‌کردم اگر بیشتر بهت نزدیک شوم و لمست کنم جوی خون از آن زخم‌ها جاری شود و هرگز بند نیاید.

یک آدمک ساخته‌شده از یک پازل هزار قطعه‌ای بودی که می‌ترسیدم با یک تکان کوچک به زمین بیفتی و دیگر هرگز آن قطعه‌های زمین افتاده را نتوانم روی هم سوار کنم. بعد درمان بودی. درمان همه زخم‌ها و ناتوانی‌ها و اندوه همه آدم‌های دنیا. خنده‌هایت درمان بود، نگاه‌هایت درمان، دستان کوچولو و مهربانت درمان، نوشته‌هایت و حرف‌ها و خنده‌هایت درمان. عاقل بودی مثل آدمی که همه سرد و گرمی‌های روزگار را چشیده و همه چیزهای تجربه‌شدنی را یک‌بار تجربه کرده باشد.

و دیوانه بودی. خدای من آن‌همه دیوانگی و جنون چطور می‌توانست در وجود یک نفر جمع شود؟ دیوانهٔ مطلق. روح سرگردان و شورشی و خط آخر همه دیوانگی‌های عالم. من آن دیوانگی تو را از

نزدیک دیده بودم، به چشمانش زل‌زده و در مقابل عظمت و شکوه و زیبایی‌اش زانو زده و به احترامش کلاه از سر برداشته بودم. مهم‌تر از همهٔ این‌ها تو واقعی بودی. خود خودت بودی بدون اینکه هیچ‌گونه نقابی بر چهره‌ات داشته باشی و کدام آدم احمق می‌توانست عاشق یک چهرهٔ بی‌نقاب نشود.

سهراب با صدای بلند می‌خندید: «می‌فامی بر علاوه نادانی و جهل یک چیز دیگه که ننه نود درصد نفوس ای مملکت ره در طول تاریخ گاییده چی است؟»

بدون اینکه اجازه بدهد حرف بزنم خودش جواب خودش را می‌داد:

– «توهم است، توهم بچیش. تا چشم برهم بزنی می‌بینیم که توهم وردار ما کرده و بعد ازو دیگه یک لشکر هم جلودار ما شده نمی‌تانه. یکی ما توهم دانایی می‌زنیم و بعد ازو دیگه تمام فیلسوف‌ها و دانشمندهای دنیا را پشم هم حساب نمی‌کنیم که همی خطرناک‌ترین نوع توهم است. یکی ما توهم خود بزرگ‌بینی می‌زنیم و دیگه به جز خود ما هیچ‌کس را آدم حساب نمی‌کنیم. گاهی توهم مظلومیت می‌زنیم و فکر می‌کنیم همه دنیا ظالم استند و این ما استیم که همیشه مورد ظلم و ستم قرار گرفته‌ایم و همی‌طور در عشق هم دچار توهم می‌شویم.»

منتظر ماندم که بیشتر توضیح بدهد:

– «یک نفر ره می‌بینیم و در جا توهم می‌زنیم که عاشقش شده

و بیشتر از هرکس دیگه در دنیا می‌شناسیمش و درکش می‌کنیم و برایش می‌میریم و خاص است و هیچ‌کس مثل او نیست و تا آخر عاشقش می‌مانیم و اگر دوست‌مان هم نداشته باشد دوستش می‌داشته باشیم و همی‌طور گپ‌های لودگی دیگه..»

من نمی‌دانستم مشکل سهراب با عشق و روابط احساسی از کجا سرچشمه گرفته و نظر به این که من خودم هم سال‌ها با او هم عقیده بودم، بهش حق می‌دادم که از اینکه یک‌شبه یک‌صدوهشتاد درجه تغییر فکر و مسیر داده بودم بهت‌زده و عصبانی شود، اما موضوع این بود که او سارا را ندیده بود. او سارا را نمی‌شناخت و مثل من خوشبخت نبود که سارا ظرف او را برای شکستن انتخاب کرده باشد. این مشکل او بود و به من ربطی نداشت. من سارا را دیده بودم. من به چشمانش نگاه کرده بودم و با دست‌هایش حرف زده بودم. من یکی از روشن‌ترین روزهای زندگی‌ام را با او سپری کرده بودم. من عاشق سارا شده بودم. من دوستش داشتم. دوستش داشتم.

دوستش داشتم و انگار جادویی در آن جمله نهفته بود که هر بار که بر زبان می‌آوردمش حس می‌کردم کم است و باید بیشتر دوستش داشته باشم. گاهی که نیمه‌شب‌ها به یادش می‌افتادم از آن‌همه عشق و جنونی که نسبت او داشتم می‌ترسیدم. چطور ممکن بود آدم بتواند کسی را آن‌همه دیوانه‌وار دوست داشته باشد؟ آیا فرجام آن‌همه عشق، دیوانگی و شکست و افسردگی و غم و اندوه نبود؟ دوستش داشتم و حاضر بودم به خاطر آن دوست‌داشتن هر گوهی را بخورم و

تن به هر نوع ذلت و خفت و خواری بدهم.

من قبل از سارا عاشق کسی نشده بودم (اگر هم شده بودم آن نوعش نه) و هیچ نوع تجربه‌ای نداشتم و به همان دلیل مدت زمانی که سارا را می‌شناختم اصلاً برایم مهم نبود. همان یک روز و یک دیدار کافی بود که یک‌هزار سال عاشقش بمانم و برایش بمیرم و پروانه‌اش شوم. سهراب سارا را نمی‌دانست و هر آدمی که سارا را نمی‌دانست چه طور امکان داشت عشق را بفهمد. من اما عاشق سارا شده بودم. پر شده بودم از سارا. سارا به تمام زندگی و روح و روانم چسپیده بود. اصلاً خودم سارا شده بودم.

آهسته‌آهسته همه چیزم به سارا تبدیل می‌شد. تلفنم پر شده از نامه‌ها و نوشته‌های مربوط به سارا. پست‌های فیسبوک و انستاگرامم فقط و فقط در مورد سارا بود و کانال تلگرامم را به او اختصاص داده بودم. مثل یک سگ شکاری منتظرم بودم که برایم پیام بنویسد و یا هم معجزهٔ رخ داده و ازم بپرسد که فلان روز و فلان ساعت می‌شود ببینیم. دیوانه بود مگر؟

کافی بود که او روز روشن، شب تاریک، وسط ساعت کاری دفتر، هنگام یک ملاقات رسمی یا غیررسمی یا هر گورستانی که بودم، فقط پیام بدهد که: میشه ببینیم؟ و من دیوانه‌وار دست از پا نشناخته به سویش بدوم. عاشق برف و هوای بارانی بود و من احمقانه آروز می‌کردم برف و باران ببارد و در یک روز بارانی بتوانم ملاقاتش کنم.

هفتم

من زودتر رسیده بودم. روزهایی که از شب قبلش قرار می‌گذاشتیم من همیشه زودتر می‌رسیدم اما در دیدارهای آنی او زودتر می‌آمد و بعدش هم به من پیام می‌داد که فلان جا است و من هم مثل باد و برق به سویش می‌دویدم.

بعد ناگهان دستی از پشت سر روی شانه‌ام قرار گرفت و سرم را دور دادم و فهمیدم که دست او بود. دستی که همه خوشبختی‌ها و خوشی‌های دنیا در آن قفل شده بود و با آن می‌شد به راز و رمز همه خوشی‌های دنیا پی برد. دستی که پر بود از حرف و فریاد و دیوانگی و شعر و جنون. دستی که من یک هزار سال دیگر هم جرأت نمی‌کردم میان دستان خودم بگیرم و گرمایش را حس کنم. او

اما وسواس عجیب و غریبی داشت که هرگز هیچ قسمت وجودش به وجودم تماس پیدا نکند. حداقل در آن محوطهٔ جغرافیایی و محیط فرهنگی که ما زندگی می‌کردیم دست دادن میان یک دختر و پسر تقریبا عادی بود. حالا من هم از آن مردهایی نبودم که با دست‌های یک دختر خودم را ارضا کنم. من عاشق خود او بودم و یک هزار سال می‌توانستم تنها به چشم‌هایش نگاه کرده و فقط به سخنانش گوش بدهم و هیچ توقع دیگری ازش نداشته باشم. من دست‌های او را عاشقانه دوست داشتم. برای من آن دست‌ها نشان بزرگی و جنون و دیوانگی و عشق بودند.

سهراب می‌گفت: «معلوم است که دوستت نداره بچیم. تا جایی که مه می‌فامم دختران امروز و به‌خصوص دختران پل سرخ به همو سطح از آزادی و ذهنیت رسیده‌اند که اگر کسی ره دوست داشته باشند سر سرک پیش چشم پدرشان و مردم و ملا و مولوی و طالب در آغوشش گرفته و ماچش می‌کنند اما چون که ای دختر تو ره دوست نداره عارش میایه که دستش به دست تو تماس پیدا کنه.»

گاه‌گاهی کنایه‌ها و زخم‌زبان‌های این‌چنینی سهراب مرا به فکر فرو می‌برد. بالاخره این سارا کی بود؟

در حساب انستایش که من و یک تعداد آدم‌های محدود دیگر شانس بودنش را داشتیم، او دختری بود پر از زرق و برق و فیلمی و سریالی. هرگز چادر بر سر نمی‌کرد، لباس‌های بدن‌نما بر تن می‌کرد و هرگز باکی نداشت که آن گردن سپید و بلوری و گاهی هم چاک

سینه‌هایش به چشم بخورد، پاچه‌هایش را بالا می‌زد، آواز می‌خواند، می‌رقصید و دیوانگی می‌کرد.

در فیسبوک او یک دختر موقر و به شدت جدی بود که هرچند گاهی مطالب جالب می‌نوشت و گاه‌گاهی هم نوشته‌های مفید و خواندنی دیگران را شریک می‌کرد و با هیچ‌کس شوخی و مزاق نداشت.

در تلگرام پر از نوشتن و دیوانگی و جنون بود و همان دختر رؤیایی که مرا اسیر خودش کرده بود. همان دختر بلندپرواز، فیلسوف، شاعر، انقلابی و جنون‌زده که خیال‌پردازی‌ها و وسعت جنونش هیچ حدومرزی نداشت. همان دختری که کمونیست بود و علیه پدر و پدربزرگش جبهه گرفته بود و در مسجد می‌رقصید و در خیابان معشوقش را در آغوش می‌گرفت و می‌بوسید و برای آزادی همه زنان و دختران در بند می‌جنگید.

بین جامعه و مردم و درس و کافه و دانشگاه یک زندانی و اسیر به تمام معنی بود. دختری که مجبور بود همیشه آن لباس و حجاب‌های مزخرف و بدشکل را بر تن کند، برای آمدن به کافه و دیدن من و بقیه دوستانش هی به فامیلش دروغ گفته و بهانه بتراشد و محدودهٔ جغرافیایی مشخصی داشته باشد که خارج از آن محدوده اجازه نداشت پایش را یک قدم جلوتر بگذارد.

وقتی هم کافه می‌آمد هنوز پنج دقیقه از آمدنش نگذشته بود که هی تلفونش زنگ می‌خورد و او هم می‌گفت که در راه است و یا هم

چنـد دقیقـه بعـد حرکت می‌کنـد و دروغ‌هـایی از ایـن قبیـل. امـا زمـانی که تنهـا می‌شـدیم و از چشـم آدم‌هـای کنجکاو و فضـول دور می‌شـدیم، دوبـاره دیوانگی به سرش می‌زد و شـروع می‌کـرد به دویدن، جست‌وخیز زدن، رقصیدن و دیوانه‌وار سیگار کشیدن. چنان با لاقیدی و بی‌پروایی رفتـار می‌کرد کـه مطمئن می‌شـدم اگـر در آن حـالت معشـوقش کنـارش بـود بی‌اختیـار خـودش را در آغـوش او انداختـه و بوسه‌بارانش می‌کـرد.

حرف همیـن جا بـود. بایـد معشـوق می‌بـود کـه نبـود و مـن هـم اصلاً نمی‌دانسـتم در آن وسـط چکاره بودم. مجمـوع آن حـالات و وضعیت‌هـای عجیب و غریبش را کـه کنار هـم می‌گذاشـتی به راحتی می‌شد به ایـن نتیجه رسـید کـه اگـر او می‌خواسـت به راحتی می‌توانسـت با مـن دسـت داده و اجـازه بدهـد کـه گاه‌گاهـی پوسـت دسـتان نـازک و کوچولویـش را لمـس کنـم و خوشبخت باشـم.

بعـد بـرای اینکه خـودم را تسـلی بدهـم با خـودم زمزمـه می‌کردم: «او متعلق به یک خانـواده پشـتون و ظاهراً به شدت مذهبی اسـت و همین کـه توانسـته خـودش را از زنـدانی بـه نـام خانـه بیـرون کشـیده و درس بخوانـد و دانشـگاه بـرود و کافه بیایـد و دوسـت و رفیق پسـر داشـته باشـد در نـوع خـودش یک انقلاب تمـام عیـار اسـت. بایـد بـه احترام این‌همـه شـهامت و دلیری‌اش سـر خـم کـرد. این کـه یـک دسـت دادن را ازم دریـغ می‌کنـد فـدای سـرش.»

روبـه‌رویـم نشسـت و لبخنـدی بـه رویـم زد و پرسـید: «چطـور اسـتی عزیـزم؟»

به چشم‌هایش نگاه کردم. در خیابان سرخ مسکو بودیم و در حالی‌که دستش را در دستم گرفته بودم و بعد هرچند لحظه نفسم گرمم را بهش می‌دمیدم که گرم شود. شانه به شانهٔ هم قدم می‌زدیم. برف به شدت می‌بارید و او هر چند لحظه دستش را از دستم بیرون کشیده و زیر برف شروع می‌کرد به جست‌وخیز زدن و رقصیدن و نگاه حیرت‌زده و متعجب عابرین روسی را به دنبال خودش می‌کشید.

روح بی‌قرار او با آرامش و سکون میانهٔ خوبی نداشت. او دختر جنگل و باران و برف و شب دیوانگی و بی‌قراری بود. همان‌طور که آدم‌ها در حالت سکون و یک‌جا میخکوب شدن پوسیده شده و هرگز به تکامل نمی‌رسند، او هم بدون دیوانگی و بدون ماجراجویی پژمرده شده و از بین می‌رفت.

انگار برای اولین بار برف را دیده باشد، میان برف می‌لولید و برف را به هوا می‌انداخت و صورتش را به سوی آسمان گرفته و دهانش را باز می‌گرفت و من از تماشای او لذت می‌بردم.

در آن لحظه او آناکارنینایی بود که علیه کلیسا و مذهب و رسم و سنت‌های هزار ساله قیام کرده بود و به ریش همه می‌خندید.

از مقابل قبر لنین گذشتیم. دستش را روی سینه‌اش گذاشته و سرش را به نشانه احترام خم کرد و با صدای بلند فریاد: «درود بر تو ای رهبر همه سوسیالیست‌های جهان و ای آن‌که صدهزار مجاهد و ملا و مولوی فدای یک تار ریش فرانسوی‌ات.»

دستش را کشیدم و داخل فروشگاه بزرگ و با شکوه گوم که

در بخش شرقی میدان سرخ قرار داشت شدیم. ساختمان با شکوه که بیشتر از صد سال قدامت داشت و معماری رنسانسی و قصر مانندش از دورها توجه را به خودش جلب می‌کرد. صدها فروشگاه بزرگ و کوچک زیر سقف گوم وجود داشت که بهترین و گران‌ترین برندهای دنیا در آن دیده می‌شد. چیزی خوشش نیامد اما به اصرار یک دستمال گردن سرخ برایش گرفتم و از آن‌جا بیرون شدیم. دستمال را دور گردنش پیچید و با قدرشناسی نگاهم کرد و دستم را محکم میان دستانش فشرد. برف هم‌چنان می‌بارید و قدم‌زنان به کلیسای سنت باسیل رسیدیم. پرسیدم: «می‌خواهی داخل برویم؟»

با لبخندی گفت: «البته که می‌روم. باید ببینم که خرید و فروش ملاهای این‌ها از ملاهای ما چه تفاوت داره..»

داخل کلیسا شدیم. بر درب ورودی آن یک تابلو نصب شده بود که در آن نشان می‌داد با چه نوع لباس‌هایی نمی‌شد داخل کلیسا رفت.

داخل دهلیز دکان کوچکی بود که در آن شمع و یک تعداد وسایل دیگر که برای من ناشناخته بودند، فروخته می‌شد. کف کلیسا با سنگ‌های سفید و طلایی مرمری فرش شده بود و عکس‌هایی از مسیح و مریم مقدس بر دیوار آویخته شده بود. عده‌ای از مؤمنین در حال شمع افروختن و دعا در مقابل آن تمثال‌ها بودند و بر سینه‌هاشان صلیب می‌کشیدند. توقع داشتم در آن‌جا هم شروع به دیوانگی و داد و فریاد کند اما نکرد. آرام بود و زمانی که مقابل تمثال اصلی و

بـزرگ مسـیح رسـید، چنـد لحظـه متوقـف شـده و بـه آرامـی بـه آن نـگاه کـرد. نمی‌دانسـتم در آن لحظـه در مخیله‌اش چـه می‌گذشـت و حقیقت بیشتر کارهایی را که انجام می‌داد، نمی‌دانستم. فقط عاشقانه نگاهش می‌کردم و از دیدن آن‌همه زیبایی و دیوانگی و جنون، لذت می‌بردم.

از کلیسـا بیـرون شـدیم. هـوا تاریـک شـده بـود و هنـوز هـم بـرف می‌بارید. چراغ‌های میدان سرخ روشن شده بود و زیبایی وحشتناکی بـه میـدان و کلیسـا و دیگـر بناهای تاریخی مدرن آنجا بخشیده بـود.

ناگهـان و بی‌مقدمـه پرسـیدم: «نظـرت در مـورد عشـق و دوسـت داشـتن چـی اسـت؟»

دسـتش را آهسـته بـه روی میـز کوبیـد و گفـت: «مطلـق ریشـخندی اسـت بچیم. بین کتاب‌ها و شعرها درست اما از کتاب و شعر که برآیی دیگه همه‌اش ریشـخندی و لودگی، دروغ و خیانت است. یک دفعه سـر ته دور بتی و ای مرغ‌های عاشق در ای کافه ره ببین باز می‌فامی کـه عشـق و دوسـت داشـتن چـی اسـت.»

نیـاز بـه ایـن کـه سـرم را دور بدهـم نبـود چـون از همـان جـایی کـه نشسـته بـودم، می‌توانسـتم تقریبـاً تمـام کافـه و دخـتران و پسـرانی را کـه دسـت‌هایشان بـه همدیگـر قفـل شـده بـود و آهسـته در گـوش هـم زمزمـه می‌کردنـد را ببینـم. لبخنـدی زده و چیـزی نگفتـم. او ادامـه داد:

«خـوب دیگـه همـهٔ این‌هـا ظاهـراً عشـق و دوسـت داشـتن اسـت و خیلـی هـم رمانتیک و رؤیـایی، اما دقت که کنی و کمی عمیق‌تر داخل قضیه شـوی می‌بینی که همه‌اش فقط و فقط موضوع سکس و پیسـه

است و همی جفت‌های به ظاهر عاشق مثل سگ به همدیگرشان دروغ می‌گویند و خیانت می‌کنند و از پشت به همدیگرشان خنجر می‌زنند. در ای وضعیت به گفتهٔ طاهره خنیا مه چه گوه اضافی بخورم که به عشق باور داشته باشم.»

پشتم لرزید. نه تنها به عشق و دوست داشتن باور نداشت که به نظر می‌رسید از آن مضمون متنفر هم بود. آب دهانم را فرو برده و سرم را تکان دادم: «راست می‌گی والا. ای گپ خو است.»

چایش را نوشید و یکی دیگر از آن لبخندهای کشنده‌اش را به سویم شلیک کرد و با آن چشمان سیاه و بزرگش طرفم نگاه کرد و هر زمانی که این کار را می‌کرد قلبم از حرکت باز می‌ایستاد و می‌مردم. قدرت حرکت از دست‌ها و پاهایم فرار می‌کردند و حرف زدن را فراموش می‌کردم.

در یک خلسه و کُما رفته بودم و صدایش را از پشت هفت کوه و یک قرن می‌شنیدم: «چی می‌کنی ای گپ‌ها ره بچیم. ما مردم بیچاره که از پس فامیل و قید و بندهایشان، ای جامعه کثیف و آدم‌های کثیف‌ترش و بالاخره از پس ای همه قید و زنجیر به نام دین، سنت، افغانیت و اسلامیت برآییم، هفتاد پشت ما ره بس است.»

برف می‌بارید و ما هم بی‌اعتنا به آن هم‌چنان به قدم زدن ادامه می‌دادیم. او دیوانه بود و عاشق برف و سفیدی و من هم که کنار او برف چه، که طوفان و سیلاب را هم فراموش می‌کردم.

بعد ناگهان ایستاد و بدون مقدمه ازم پرسید: «تو مره دوست داری

نی؟» تکان خوردم و از حرکت باز ماندم. به چشمانم نگاه کرده و گفت: «ها می‌فامم که دوستم داری و باید هم داشته باشی چون که امکان نداره کسی مره ببینه و دوستم نداشته باشه و راستش خیلی خوشحالم که دوستم داری.»

این مگر چه سوالی بود لعنتی؟ معلوم بود که دوستش داشتم و برایش می‌مردم اما هرگز نمی‌خواستم همان‌طور بدون هیچ مقدمه و سر راهی بگویم که دوستش دارم. من برای اینکه بگویم دوستش داشتم یک هزار مقدمه و برنامه چیده بودم. می‌خواستم طولانی‌ترین نامه عاشقانۀ دنیا را برایش بنویسم و بگویم که دوستش دارم. در مزدحم‌ترین نقطۀ شهر تابلو نصب کنم و بگویم که دوستش دارم و می‌خواستم از طریق مشهورترین شبکۀ تلویزیونی فریاد بزنم که دوستش دارم.

با دستپاچگی یکی از مزخرف‌ترین جواب‌های دنیا را در جواب سالش دادم:

«خوب دوست داشتن کار ساده نیست سارا. یک مسئولیت بسیار بزرگ و کمرشکن است. کسی ره که دوست داری باید مواظب صحت، مریضی، خواب، بیداری، خوش بودن، غمگین بودن، چیزهایی که دوست داره، از چیزهایی که متنفر است و خلاصه مواظب همه زوایای زندگی و شخصیتی‌اش باشی. به نظریاتش احترام بگذاری و مهم‌تر از همه او ره بشناسی و بلد باشی چون که به نظر مه هشتاد درصد دوست داشتن همی بلد بودن و شناختن است.»

و فوراً پشیمان شدم. خدای من! این چه جواب احمقانه‌ای بود که بهش دادم؟ چرا همان‌جا زانو نزده و دستش را در دستم نگرفته و بهش نگفتم که آری دوستش دارم و مثل دیوانه‌ها دوستش دارم و برایش می‌میرم. چرا دهانم قفل شد و فریاد نزدم که آری دوستت دارم.

تلفونش زنگ خورد. نگاهی به آن انداخته و سرش را تکان داده و گفت: «باش جواب بتم که مادرم است.»

ـ «الو مادر! سلام... اینه میایم. از پل سرخ برم کتاب گرفتم. ده راه استم.»

تلفونش را گذاشت و گفت: «مه بروم بچیم که اگر پنج دقیقه بعد خانه نرسم باز ریشخندی و جنجال شروع می‌شه.»

نمی‌دانستم در آن خانه و خانوادهٔ لعنتی و مخوف او چه جریان داشت. دروغ نمی‌گفت و بهانه نمی‌آورد. می‌توانستم درکش کنم که آن وضعیت چقدر ناراحتش می‌ساخت و غرورش را جریحه‌دار می‌کرد. مطمئن بودم میان همه دوست‌ها و همصنفی‌ها و دختران قوم و خویش و محله‌شان تنها دختری بود که برای هر بار بیرون رفتنش باید به خانواده توضیح می‌داد و دلیل می‌آورد و اجازه نداشت بیشتر از زمان معین در بیرون از خانه سپری کند. در آن وسط نمی‌خواستم با پرسیدن ای‌که در خانه‌شان چه جریان داشت و خانوادهٔ لعنتی‌اش از جان او چه می‌خواست، اذیتش کرده و آن بدبختی بزرگش را به یادش بیاورم.

اما هنوز هم آن موضوع برای من یک معما بود که قرار نبود

به آن زودی‌ها حل شـود. یک جاهایی و در یک وضعیت‌هایی او چنان رفتـار می‌کرد کـه انگار در قلب اروپا زندگی می‌کند و هیـچ بشری نمی‌تواند جلودارش باشد. بعد در مقابل آن آزادی، وقتی آن همه محدودیت و مظلـوم بودنـش را می‌دیدم، مغـزم از کار می‌افتـاد و واقعاً دیگـر نمی‌دانسـتم آن دختـر کی بـود و از کجا بـود.

از جایش بلند شد و باز هم دستش را روی شانه‌ام گذاشت و من مثل همیشه به دستش نگاه کردم و مُردم و دوباره زنده شدم. گفت: «خی مه رفتم بچیم. مواظب خود باش. مه حساب می‌کنم.»

وسـواس و اصرار عجیبی در پرداخـتن پـول قهوه و غـذایی که می‌خوردیم داشـت. یعنی اگـر یک بار من می‌پرداختم دفعـه بعدی دیگر با زور تفنگ و چمـاق هـم نمی‌توانسـتم راضی‌اش کنم که باز هـم من بپردازم. با وجود اینکه می‌دانسـتم وضعیت جیبـش چندان خـوب نبـود، اصراری نمی‌کردم. موجـود بـه شـدت مغرور و کله‌شـخی بـود و وقتی تصمیم به انجام کاری می‌گرفت، دیگر کسی مانعش شده نمی‌توانسـت.

ناله کردم: «نرو!»

با دستش آهسته به شانه‌ام کوبید و گفت: «نمی‌تانم بچیم. می‌فامی دیگه وضعیت ره.»

تا هنگامی که از در کافه بیرون نشده بود با نگاهم دنبالش کردم. بعد من ماندم و جای خالی او در آن‌طرف میز و فکر کردن به اینکه چقدر آدم‌هایی که با او در یک خانه زندگی می‌کردند و حتی اشیای

اتاقش خوشبخت بودند و آرزوی این که کاش یکی از آن آدم‌ها یا اشیا بودم. سخنانش در گوشم زنگ می‌زد: «تو مره دوست داری نی؟»

البته که دوستش داشتم. معلوم بود که دوستش داشتم. او سرزمینی بود که تا پیش از دیدن او هرگز نداشتم. او روشن‌ترین روزهای زندگی را برایم به ارمغان آورده بود و کور می‌شدم اگر مثل نان و نمک دوستش نمی‌داشتم.

آدم‌ها بالاخره یک روز به خودشان می‌آیند، بعضی‌ها زود و بعضی‌ها هـم کمی دیـر، کـه زندگی در کل یک دور باطـل است و هیچ‌چیـز تازه‌ای در آن وجود ندارد. یک روز از خواب بیدار می‌شوند و متوجه می‌شـوند کـه کار کردن، کار نکردن، خـوردن و خوابیـدن، کافه و پارتی رفتن و حتی سفر، یک چرخهٔ باطل زندگی آدم‌ها بوده و قرار نیست هیچ کمکی بـرای فـرار از آن پوچی و تنهـایی عظیم کـه دامنگیـر همـه آدم‌های دنیا است، بکنند.

آن‌وقت از خودشان می‌پرسند:

– الان دیگه چی؟

و هیچ جوابی برای این سوال وجود ندارد. تنها عشق

می‌تواند آن چرخهٔ باطل را بشکند و به همهٔ پوچی‌ها و تنهایی‌ها پایان ببخشد.

سارا را دیدم و فهمیدم که برای همیشه، زندگی‌ام به دو قسمت کاملاً مجزا تقسیم شده بود. پیش از سارا و بعد از سارا. سارا تولد تازه بود. با سارا دیگر، من برای یک هزار سال آینده هم برنامه و هدف داشتم.

برای حداقل پنجاه سال تولدش، پنجاه والانتاین، برای دو هزار و ششصد هفته‌ای که ملاقاتش می‌کردم، برای سفرهایی که با هم می‌رفتیم، برای خالکوبی‌های مشترک ما، کتاب‌هایی که با هم می‌خواندیم، کتاب‌ها و نامه‌هایی که برایش می‌نوشتم، دیوانگی‌هایی که با هم قرار بود بکنیم، فیلم‌ها و سریال‌هایی که باید با هم تماشا می‌کردیم، عشقبازی‌هایی که باید می‌کردیم، مسیرهای خلافی را که با هم می‌پیمودیم و اینکه دقیقا چه کارهایی را برای خوشحال ساختنش انجام بدهم و چطور کمکش بکنم که به آرزوهایش برسد، برنامه چیده بودم.

غلو نبود. من واقعاً برای پنجاه سال آیندهٔ خودم و سارا برنامه چیده بودم و می‌دانستم فلان روز و فلان ساعت دقیقاً چه کاری را انجام خواهم داد. غلو نبود اما دیوانگی؟ خوب من دیوانه شده بودم و قبول داشتم آن دیوانگی و دیوانه بودن را.

با سارا دیگر هیچ روزی ملال آور و تکراری نبود. چشمم را که باز می‌کردم اولین اسمی که بر زبانم می‌آمد سارا بود و وقتی می‌خواستم

بخوابم، آخرین اسم و چهره‌ای که پیش چشمانم رژه می‌رفتند، باز هم فقط و فقط سارا بود. کار من شده بود لحظه‌شماری برای آمدن پیام و زنگش و روزهایی که خوشبخت بودم، دیدنش.

شب بود و کتابی در دستم. از وقتی دیده بودمش کتاب‌ها را تنها ورق می‌زدم و لابه‌لای ورق‌هایش نشانه‌هایی از او را جست‌وجو می‌کردم. بعد پیامش آمد: «هی راستی فردا صبح زود وقت داری که ببنیم و صبحانه بخوریم؟ مه کمی زودتر از خانه می‌برآیم و پل سرخ میایم. باز بعد از دیدن تو دانشگاه می‌رم.»

خدای من! شوخی‌اش گرفته بود؟ می‌خواست صبح زود مرا ببیند و برای اولین بار با من صبحانه بخورد آن وقت می‌پرسید وقت داشتم یا نه. بابا جان تو وقت داری حالا من چه سگی استم که وقت نداشته باشم. تو وقت داری من چه گوه بخورم که وقت نداشته باشم. می‌خواستم این همه را برایش بگویم اما می‌ترسیدم اعصابش خراب شود. نوشتم: «البته که وقت دارم. فقط برم بگو چند بجه و کجا؟»

– «همو جای همیشگی دیگه. هفت و نیم هشت بیا مه خوده می‌رسانم.»

– «درست است چشم.»

صحبت‌های ما ادامه یافت اما من دیگر روی زمین و روی پاهای خودم نبودم. نمی‌دانستم چرا فکر می‌کردم دیدار فردا کمی بیشتر از دیدارهای قبلی خاص و عاشقانه‌تر بود. شاید به دلیل این که ما تا قبل از آن همیشه بعد از ظهرها دیده بودیم و شاید هم به این دلیل

که اولین باری بود با هم صبحانه می‌خوردیم. تمام شب نخوابیدم و به او فکر کردم و دعا کردم هر آینده‌ای خوش و غمگینی در انتظارم است، سارا قسمتی از آن آینده باشد. به امید این که خواب ببینمش چشمانم را بستم اما خوابم نبرد و اگر هم برد او را ندیدم.

صبح زود دوش گرفتم و بعد به رئیسم زنگ زدم که به خاطر مریضی نمی‌توانم سر کارم حاضر شوم.

نیم ساعت زودتر از قراری که گذاشته بودیم به کافه رسیدم. بعد از چند بار دیدن و آن همه پیامی که با هم رد و بدل می‌کردیم، دیدنش نباید آن همه وارخطا و دست پاچه‌ام می‌کرد اما آن طور نبود. هر باری که او را می‌دیدم، تمام بدن و زندگی و جهانم از شدت شور و هیجان و ناتوانی می‌لرزید و در او محو می‌شدم و تمام کلمه‌های دنیا به سرعت باد و برق از مغزم فرار می‌کردند و من بی‌کلمه‌ترین آدم دنیا می‌شدم. هر باری که می‌دیدمش، من بودم و دو دستی که انگشتانش به هم حلقه شده بر سر میز قرار می‌گرفتند، یک دهان نیمه‌باز و دو چشم سرگردان که گاهی به چشم‌هایش خیره شده و فوراً با خجالت تمام به میز دوخته می‌شدند. حالا خوب بود که او یک ماشین حرف‌زنی تمام عیار بود و گرنه من زمانی که مقابل او قرار می‌گرفتم، کلمه‌ها از ذهنم فرار می‌کردند و هیچ حرفی برای زدن نداشتم و زمانی که می‌رفت همه زندگی و توان حرکت و خوشی و لبخند را هم با خودش می‌برد. یک ترس عجیب و احمقانه وجودم را فرا می‌گرفت. فکر می‌کردم پایش را از کافه بیرون بگذارد دیگر هرگز دیده نمی‌توانمش

و برای همیشه ناپدید خواهد شد. نمی‌دانستم آن ترس از کجا ریشه گرفته بود اما حالت مرد غریب و مفلوکی را داشتم که گنج گرانبهایی را یافته و می‌داند که نمی‌تواند آن را صحیح و سلامت تا خانه برساند و وسط راه از چنگش بیرون خواهند کشید.

از چه می‌ترسیدم؟ ده‌ها احتمال وحشتناک و ترس‌آور یکی پی دیگر از فکرم عبور می‌کردند. نکند حین عبور از خیابان موتر بزندش، نشود دفعتاً آن فامیل لعنتی و دیوانه‌اش تصمیم به ترک این سرزمین بگیرند، برای عروس شدن که جوان بود و می‌دانستم در آن سن و سال هرگز قصد عروسی کردن را نداشت اما می‌ترسیدم نشود یک شبه آدمی از راه برسد و او را چنان محو و مجذوب خودش بکند که به جز او کس دیگری را نبیند و...

یک ساعت دیرتر از زمانی که قرار گذاشته بودیم رسید. یک دوستش هم همراهش بود. گفت که اول دانشگاه رفته و بعد پیش من آمده بودند و به همان دلیل دیرشان شده بود. روبه‌رویم نشست. آن روز کمی آرایش کرده بود. پشت چشم‌هایش را سیاه کرده و لب‌سیرین سرخ رنگی بر لبانش دیده می‌شد. به لب‌هایش نگاه کردم. دستش را پشت سرش برده بود و در چشم‌هایش شیطنت و خباثت بزرگی موج می‌زد. خوشحال بودم که هیچ افغانستانی‌ای در آن خیابان و آن شلوغی وجود نداشت و سارا هم سکسی‌ترین لباس تمام زندگی‌اش را بر تن کرده بود. یک بلوز سفید نسبتاً گشاد و یقه‌باز بر تن داشت و یک پطلونک کوتاه که ران‌های سفید و گوشتی‌آلودش

از آن بیرون افتاده بود. دستمال سرخی را هم بر کمرش بسته بود که پستان‌هایش را برجسته‌تر از آن‌چه بودند نشان می‌داد. لبخندی زده و سرم را تکان دادم:

- «چی است؟»

- «هیچ چیز.»

- «خی چرا خنده می‌کنی؟»

کمی نزدیک‌تر شده و بعد گفت: «ازی خاطر.»

بعد بدون این که مهلتم بدهد حرف بزنم، دست‌هایش را که پر از رنگ بودند جلو آورد و تمام آن رنگ‌ها را به صورتم زد و به آن اکتفا نکرده و کف دستانش را به سر و لباسم مالید. چند لحظه هک و پک نگاهش کردم و گفتم: «شروع کدی؟ خی بگیر دیگه.» فرار کرد و من هم دنبالش دویدم. در هر کوچه و خیابان، زنان و مردان بی‌شمار هندو به گروه‌های کوچک و بزرگ جمع شده و به صورت و لباس‌های همدیگر رنگ می‌پاشیدند. صدای موسیقی و شور و هلهله از همه خیابان‌های شهر به گوش می‌رسید. هولی یا همان جشن معروف رنگ‌پاشان هندوها بود و من سارا را در امتداد یک خیابان شلوغ شهر ممبی تعقیب می‌کردم. در یک کوچه مزدحم کنار در یک خانه گیرش کردم و از دستش محکم گرفتم. همان دستان کوچک و معصومش را. لبخندی زده و گفتم: «چطور است؟» با تضرع گفت: «خیر است نکو.» قصد نداشتم صورتش را رنگی بسازم. فقط دستانش را محکم گرفته بودم و به صورت و چشم‌هایش نگاه می‌کردم.

جمعیت هندوهایی که رنگ پاشان از کنار ما می‌گذشتند هرلحظه به ما تنه زده و سر و صورت‌های ما هم از رنگ‌هایی که مشت مشت به همدیگر می‌پاشیدند، بی‌نصیب نمی‌ماند. رخوت و سستی عجیبی آهسته‌آهسته وجودم را فرا می‌گرفت. بدنش به بدنم چسپیده بود و نفس‌هایش را روی صورتم حس می‌کردم. دیگر موضوع اینکه به صورتش رنگ بپاشم یا نه در میان نبود. چیزی در حال اتفاق افتادن بود که نه او و نه من مانع شده نمی‌توانستیم. آن‌قدر صورتش نزدیک شده بود که پیشانی‌های ما به هم تماس پیدا کرده بود و... بعد در یک چشم به‌هم‌زدن کسی از آن بالا سطلی پر از آب رنگی را به روی ما ریخت و تا سرهای‌مان را بالا کردیم، چهار پنج سطل دیگر هم یکی پی دیگر روی سر ما ریختند. محکم‌تر در آغوشش گرفته و سرش را در بغلم پنهان کردم.

هر دوی ما کاملاً خیس شده بودیم. بلوز سفید او به کاملاً به تنش چسپیده بود و کوچک‌ترین جزئیات بدنش دیده می‌شد. در کشوری که بزرگ‌ترین دمکراسی جهان را داشت، روز هولی، آدمی که یک سارای آرام و خیس را در آغوشش داشت و بعد نمی‌بوسیدش چه بود؟ خوب هرچه بود همان آدم من بودم. چند بار صد دل را یک دل کردم سرم را جلو برده و لبم را روی لبش بگذارم اما نتوانستم. آره همان نتوانستن کلمهٔ درستی بود. واقعاً نتوانستم ببوسمش و گرنه کی نمی‌خواست یک سارای دیوانه را در چنان موقعیتی ببوسد. در عوض دستمال سرخش را از کمرش باز کرده و طوری به گردنش آویختم که

آن قسمت عریان پستان‌هایش را می‌پوشانید.

لبخندی زده و گفت: «بچیم یک دفعه که فیلمی شدی و به چرت رفتی دیگه گپ ره هم نمی‌شنوی.»

تکان خورده و پرسیدم: «مه نمی‌شنوم؟»

ـ «نی خی مه. ده دقیقه است که می‌پرسم چه می‌خوری و چه فرمایش بتیم مگر خوابت برده. کجا بودی؟»

ده دقیقه را که غلو می‌کرد اما واقعاً کجا بودم من؟ نگاهش کردم. همان لباس بلند سیاه لعنتی به تنش بود. آن‌طرف میز نشسته بود و برای دیدن چاک پستان‌هایش نمی‌دانستم چند میلیون مایل فاصله را پیموده و چند قرن منتظر می‌ماندم. لبخندی زده و گفتم: «همین جا بودم. ها فرمایش دادم الان می‌آورند.»

پرسید: «تو بهترین دوست و رفیق و رازدارت کی است و چی نام داره؟»

جواب دادم: «نامش سهراب است و اتفاقاً خیلی دوست داره تو ره یک روز از نزدیک ببینه.»

گفت: «خو یک روز بخیر می‌بینیم. ای ره ازی خاطر پرسیدم که برت بگویم همی مریم به مه مثل سهراب تو است. بهترین و یگانه رفیق تمام زندگی‌ام.»

همان جا بود که تصمیم گرفتم مریم را هم تمام زندگی‌ام دوست داشته و خاطرش را بخواهم چون او سعادت و خوشبختی این که همیشه کنار سارا باشد را داشت. سعادتی که من ظاهراً ازش بی‌نصیب بودم.

اظهار خوشحالی کردم. او هم با لبخندی جوابم را داد. تصمیم گرفتم در ملاقات‌های بعدی شمارهٔ تماس و آی دی فیسبوکش را بخواهم. کمی بعد گارسون صبحانه را آورد. من که از شب قبل غذا نخورده بودم با ولع و اشتیاق شروع کردم به خوردن اما او و دوستش فقط چند لقمه گرفته و دست کشیدند. پرسیدم: «چرا؟» نگاهی به سوی دوستش انداخته و گفت: «اینی دیوانه گشنه شده بود و به همو خاطر ما ده دانشگاه یک چیزی خوردیم.»

آب دهانم را فرو برده و لبخند زدم و چیزی نگفتم. کمی آرام و بی‌قرار بود و بر خلاف دیگر روزها زیاد حرف نمی‌زد و همان حرف نزدنش مرا می‌کشت. شاید به دلیل اینکه دوستش همراهش بود یا هر دلیل دیگر اما آن سارای هر روزی نبود. رویش را طرف دوستش دور داد و گفت: «خی برویم دیگه.» از جایم نیمه‌خیز شده و پرسیدم: «کجا؟ همی حالی آمدین.»

ــ «نی برویم بچیم که یک خروار درس داریم. اینه خوب شد که تو ره هم دیدیم.»

می‌خواستم در دلم زارزار گریه کنم و ازش بخواهم که نرود. می‌خواستم در دلم دست‌هایش را گرفته و التماس کنم کمی بیش‌تر بماند و حرف بزند اما فقط در دلم. لبخندی زده و سرم را تکان دادم: «درس دارین و می‌روین شله نمی‌شم. خیلی خوش شدم که دیدمت.»

از جایش بلند شده و کیفش را به شانه‌اش آویخت و راه افتاد که برود. بعد هم به همان عادت و رسم همیشگی‌اش دستش را به به

علامت خداحافظی روی شانه‌ام گذاشت. با غمگین‌ترین صدای ممکن که تنها خودم شنیدم گفتم: «لطفا نرو.»

اما رفت و مرا با همه غم‌ها و ناراحتی‌هایم تنها گذاشت. نمی‌شد دوباره دفتر برگردم و نمی‌شد سهراب را زنگ بزنم که بیاید چون مطمئن بودم آن‌وقت روز مصروف بود. تنها و بدبخت و فلک زده و غمگین و ناراحت پشت همان میز نشستم. تمام شب گذشته را با این فکر بیدار مانده بودم که امروز حداقل چند ساعتی می‌بینمش و با هم حرف می‌زنیم و می‌خندیم، اما این دیدنش خوشحالم نکرد هیچ که ترسی را هم در دلم انداخت که نمی‌دانستم که از کجا ریشه می‌گرفت. هیچ توجهی به اطرافم و دختر پسرانی که کنار هم نشسته بودند نداشتم. بالاخره طاقت نیاورده و برایش پیام نوشتم: «خوبی سارا؟ چرا ای‌قدر زود رفتی؟ همه چیز خوب است؟ نگران شدم به خدا.» کمی بعد جواب داد: «دیوانه خوب است همه چیز. درس داشتیم ازو خاطر برآمدم. دیوانه استی که نگران شدی. مه و تو یک خروار و سال‌ها کار و برنامه و آرزو داریم که آهسته‌آهسته همه‌شان می‌شه. بسیار بد کردی که نگران شدی.»

ضربان قلبم کم‌کم به حالت عادی برگشت و لبخندی کم‌رنگی بر کنج لبانم نشست. گارسون را صدا زده و سفارش یک قهوه دادم. زندگی خوب بود. زندگی زیبا بود. شبِ همان روز، سارا مرا از تمام شبکه‌های اجتماعی که با هم بودیم بلاک کرده و کاملاً ناپدید شد. دیوانه‌وار کوشش کردم بهش زنگ زده و پیدایش کنم اما فایده‌ای

نداشت چون شماره‌اش خاموش بود. رفتم که کانال تلگرامش را چک کنم اما آن یکی را هم حذف کرده بود. تا صبح و بعدش تا شب و بعد تا صبح و بعد تا شب منتظر ماندم. فکر می‌کردم، حالا هر قدر احمقانه، با من شوخی کرده است برخواهد گشت، اما او شوخی نکرده بود. سارا بدون اینکه کوچک‌ترین رد پایی از خودش به جا بگذارد، چنان ناپدید شد که انگار اصلاً دختری به اسم سارا وجود نداشته است و من هم تمام آن‌مدت فقط در خواب دیده بودمش.

نهم

مرثیه‌ای برای شکست‌خوردگان

یک ساعت شده بود زیر دوش آب سرد ایستاده بودم و اصلاً سرما و هیچ‌چیزی را احساس نمی‌کردم. شاید فکر می‌کردم آب می‌تواند غم و اندوه را با خودش ببرد. به راستی می‌توانست؟

سهراب محکم به در زده و فریاد زد: «او بچه چی گوه می‌خوری ده اون‌جا؟ یک ساعت شد. بیرون می‌شی یا مه داخل شوم؟»

شیر آب را قید کرده و لباسم را پوشیدم و از حمام بیرون شدم. سهراب از ماجرا خبر شده بود و می‌دانستم توپش کاملاً پر است. می‌دانستم که خطابهٔ غرایی را آماده کرده است که بگوید احمق بودم و به حرف‌هایش گوش نداده بودم و همه تصوراتم در مورد سارا غلط

بوده است اما همین که به صورت و چشم‌هایم نگاه کرد هیچ حرفی نزد و فقط در آغوشم گرفت و من هم شروع کردم به گریه کردن.

چطور می‌توانستم گریه نکنم که گریه آخرین پناهگاهی بود که در آن وضعیت می‌توانستم به آن پناه ببرم و چطور می‌توانستم گریه نکنم که یک شبه همه خواب‌ها و آرزوها و خوشی‌هایم را از دست داده بودم. خواب‌ها و آرزوها و خوشی‌هایی که مثل یک معجزه و بدون آنکه خودم بخواهم مقابلم سبز شده و مرا با خودش به آسمان‌ها کشیده و بعد همان‌جا رهایم کرده بود... طوری تکه و پارچه شده بودم که مطمئن بودم ده سال دیگر هم نمی‌توانستم خودم را جمع و جور کنم. ناپدید شدنش به آن شکل، چنان ناگهانی و عجیب و شوک‌آور بود که با وجود گذشت یک هفته هنوز هم نتوانسته بودم پنج دقیقه خودم را سر پا نگه داشته و افکارم را جمع و جور کنم.

فردای ناپدید شدن سارا به سهراب پیام گذاشتم که ناپدید شده است و او خندیده بود و گفته بود: «کون لقش که گم شده. هر آدمی که همو طور از راه پیدا شوه دوباره گم می‌شه دیگه. چرت ته خراب نکو. هر سنگ ره بالا کنی چهل تا سارا زیرش خو کرده.»

بعد از آن هرچه پیام گذاشت و زنگ زد جواب ندام و آن‌قدر جواب ندادم که خودش آمده بود تا از نزدیک ببیند چه بر سرم آمده است. درد آن‌قدر بزرگ و سنگین بود که هرگز نمی‌توانستم از گریه کردن در آغوش سهراب یا هر آدم دیگر خجالت بکشم. بالاخره زمانی که آرام شدم، سهراب اشک‌هایم را پاک کرده و به آرامی گفت:

«این‌الی مثل آدم برم بگو که چرا رفت و چطور رفت و کجا رفت؟»

دوباره بغضم ترکید و با گریه گفتم: «به خدا نمی‌فامم. همه چیز خوب و عادی بود. هیچ گناه و اشتباهی ازم سر نزده بود که بگویم به او خاطر رفته است. روز آخر هم که دیدیم خوب و خوشحال از پیشم رفت.»

لحظه‌ای چشمانش را بست و بعد گفت: «ای گپ که است خی همو روز آخر که پیشت آمده بوده به همی قصد آمده بوده که باز بعدش بروه و گم شوه.»

«اما چرا؟ مه خو هیچ‌کاری نکرده بودم که ناراحت شوه و تصمیم بگیره که ای قسمی و بی‌خبر گم شوه.»

آهی کشید و گفت: «حالی دیگه فایده نداره که بگوییم چرا رفت و مه مثلاً خوار و مادر شه برت تلک و ترازو کنم که چی رقم دختر بود. بیا به خاطر که دل تو زیادتر نشکنه فرض ره بر ای می‌گیریم که سارا یک دختر شکسته و غمگین و زخم‌خورده بود و دختری که چنین مشخصات ره داشته باشه هرکاری ازش توقع می‌ره. آمد خانه‌اش آباد و ای قسمی هم که رفت خدا پشت و پناهش. گپ ای است که تو فراموشش کو دیگه. برآی ازی حالت رمانتیک‌زدگی و ازی ماتم و عزا. مشکل تو ای است که تو فقط همو یک سارا ره دیدی و ای‌طور خوده غرق ساختی و او سارا ره ده فرقت بالا کردی. چشم ته باز کنی و بیرون برآیی دنیا پر از ساراهای رنگارنگ و هزار مرتبه خوشگل‌تر و دیوانه‌تر ازو سار است.»

نالیدم: «کاشکی می‌بود. کاشکی کاشکی!»

اما فقط یک سارا وجود داشت و متأسفانه سهراب یا هیچ آدم دیگر این را نمی‌دانست. سهراب هر تجربه‌ای را که پشت سر گذاشته و از هر عینکی که به عشق نگاه کرده بود، هرگز نمی‌توانست چیزی را که من حس می‌کردم و دردی که تمام استخوانم را شکسته بود حس کند. سهراب شدت دیوانگی و عشق مرا نسبت به سارا نمی‌دانست و به همان دلیل بعد ازکمی دلداری و نصیحت پی کارش رفت و دوباره مرا با آن زخم بزرگم که سارا نام داشت تنها گذاشت.

نمی‌دانستم چکار کنم. گیج بودم و حساب زمان و زندگی از پیشم رفته بود. بعد از شاید هزار زنگ بدون جواب و چک کردن پیام‌هایم دیگر مطمئن شده بودم که سارا ناپدید شده و دیگر هرگز برنمی‌گردد.

نبرد غمگینی میان من که می‌خواستم به خودم آمده و تکه‌های زمین افتادهٔ وجودم را جمع و جور کرده و قبول کنم که سارا رفته است و باید فراموشش کنم و سارا آغاز شده بود اما او برنده بود. یک لحظه هم اجازه نمی‌داد از فکر کردن به او و این که چرا رفت و کجا رفت غافل شوم. یک لحظه اجازه نمی‌داد بغض راه گلویم را باز کند، یک لحظه اجازه نمی‌داد خواب به چشمم راه پیدا کند. مثل همیشه دفتر و کافه دیدن رفقا می‌رفتم اما من در هیچ یک از آن جاها نبودم. من در یک دنیای موازی خودم را می‌دیدم که دیوانه‌وار سارا را جست‌وجو می‌کردم و دنبال این بودم که او کی بود و چرا آمد و چرا رفت.

اما او کجا بود؟ چرا نمی‌توانستم همان‌طور که سهراب می‌گفت

بی‌خیالش شده و فراموشش کنم؟ من که چند بار بیش‌تر ندیده بودمش. نگفته بودم دوستش دارم و او هم هرگز کاری نکرده و حرفی نزده بود که نشان بدهد دوستم دارد؟ پس چرا یک لحظه از خیالش غافل نبودم و از درد به خودم می‌پیچیدم؟ او کجا بود؟ آن مادر همه جنون‌ها و دیوانگی‌های عالم کجا بود؟ آن زمان که من از درد به خودم می‌پیچیدم و مشغول چه کار بود؟ جهان و افغانستان و کابل که سر جای خودش، حتی در همان پل سرخ و کارته چهار هم جست‌وجو کردن و یافتنش ناممکن بود. چطور می‌توانستم دختری را که چند جلسه بیشتر ندیده بودم و آدرس منزل‌شان را نمی‌دانستم و پدر و مادر و خواهر و رفیقش را نمی‌شناختم و از شبکه‌های اجتماعی هم به کلی ناپدید شده بود پیدا کنم؟

آیا آن‌قدر عاشق بودم که بروم تمام خانه‌های پل سرخ و کارته چهار را یکی‌یکی تک‌تک زده و تمام دانشگاه‌های خصوصی و دولتی را زیر و رو کرده و پیدایش کنم؟ آره بودم. آیا حوصله و توانایی انجام چنان کاری را داشتم؟ نه نداشتم. ضعیف‌تر و بدبخت‌تر از آن حرف‌ها بودم. گریه می‌کردم و سرم را به دیوار می‌کوفتم که چرا هیچ نشان و آدرسی ازش نگرفته بودم که در چنین موقعی بتوانم سراغش را آن‌جا بگیرم و چرا به جز مریم که آن هم هیچ سراغی ازش نداشتم، هیچ‌یک از رفقا و دوستان خاک بر سرش را نمی‌شناختم.

می‌دانستم نزدیک بود. آن‌قدر نزدیک که به راحتی می‌توانستم در تاریکی‌های شب به نوری که از پنجرهٔ اتاقش به بیرون می‌تراوید،

اشاره کرده و با خودم بگویم که او آن‌جا نشسته، نفس می‌کشد و شب را با همه سنگینی‌اش روی شانه‌های نحیف و لاغرش حمل می‌کند. پنجره‌ای که هر شب جایش را عوض می‌کرد و من مثل دیوانه‌ها آرزو می‌کردم بال داشتم و می‌توانستم بپرم و از آن پنجره‌ای خوشبخت به درون اتاقش نگاه کنم.

آن‌قدر نزدیک بود که همیشه در خیابان، در کوچه، در پل سرخ و کافه‌های شهر او را با دو قدم فاصله می‌دیدم که خرامان خرامان و خنده‌کنان پیش رویم قدم می‌زند و دو میز جلوتر از من نشسته است. کتاب می‌خواند و نوشته‌هایش را جای دیگری می‌نوشت که من خوانده نمی‌توانستم. چشمانم را می‌بستم و گوش‌هایم را تیز می‌کردم و آن‌گاه لمس انگشتان باریک و کوچولویش را روی صفحهٔ تلفونش حس می‌کردم و حتی می‌توانستم حدس بزنم که در حال نوشتن در مورد چه چیزی بود. اما لعنتی دور بود. آن‌قدر دور که تنها مرگ می‌توانست دهان آن دوری را بدوزد. احساس می‌کردم همه درها و دیوارهای عالم کنار هم قرار گرفته و او را از من جدا ساخته بودند.

سهراب هر چند روز خبرم را می‌گرفت و زنگ می‌زد. می‌خواست بفهمد که همه چیز خوب است و به وضعیت عادی برگشته‌ام یا نه. می‌گفتمش که همه چیز خوب است و مشکلی ندارم اما چطور امکان داشت که همه چیز خوب باشد و من هم هیچ مشکلی نداشته باشم. او مثل خون در رگ‌هایم جاری بود. تمام لایه‌های پوستم را عبور کرده و میان استخوان‌هایم جا گرفته بود و کدام چاقویی قادر بود که آن‌همه

پوست و گوشت را شگافته و چند استخوانم باید شکسته می‌شد تا او را از آن‌جا بیرون می‌کشیدم.

گاهی به شکل ضربان تپندهٔ قلبم ظاهر می‌شد، گاهی مثل یک صورت رنگ‌پریده و دو چشم بی‌خواب که دورش سیاه شده بود و گاهی هم واژه شده و روبه‌رویم می‌نشست و مرا به جنگ و مجادله فرا می‌خواند. جنگی که همیشه او برنده بود.

اوایل که اصلاً خواب نداشتم اما بعد که کم‌کم خواب می‌رفتم در خواب‌هایم هم او فرمان‌روای مطلق بود. یک صبح بیدار می‌شدم و می‌دیدم که صورتم گل انداخته و چنان سرخ شده که انگار او یواشکی به خوابم آمده و صورتم را بوسیده باشد و صبح دیگر می‌دیدم که بالشتم از شدت گریه خیس شده است زیراکه او به خوابم آمده و بعد هم در همان خواب ترکم کرده بود.

غمش که هجوم می‌آورد زخم می‌شد و با غم‌های قدیمی و سی سالهٔ وجودم دست به دست هم داده و یک‌جا دهان باز می‌کردند. زخم‌هایی بر صورتم، کنار چشم‌هایم، لب‌هایم، قلب و تمام زندگی‌ام. او بزرگ‌ترین و عزیزترین زخم زندگی‌ام بود و قرار بود هرگز جور نشود.

لال شده بودم اما تنهایی و غم رفتن او و گریبانم را رها نکرده و هی سرم فریاد می‌زدند. غم رفتن او روبه‌رویم نشسته و با تمسخر به گریه‌ها و اشک‌هایم نگاه می‌کرد. هیچ‌گاه آن‌قدر بهش نزدیک نشده بودم که بفهمم چه عطری را استفاده می‌کرد اما حس می‌کردم بوی او به بدن و اتاق و همه وسایل و زندگی‌ام چسپیده بود و هرگز قصد

رفتن و ناپدید شدن را نداشتند.

میان صفحات همه کتاب‌های دنیا و کامپیوترم او حضور داشت و با دیوانگی و جنون می‌رقصید و به دور خودش می‌چرخید و فریاد می‌زد و شعر می‌خواند. اگر می‌خواندم باید از او می‌خواندم و اگر می‌نوشتم باید از او می‌نوشتم. خودم را به چالش می‌کشیدم که یک روز تمام به او فکر نکنم اما یک روز که سهل بود، یک ساعت و یک دقیقه هم موضوع دیگری برای فکر کردن وجود نداشت. هیچ‌جا نبود و همه‌جا بود.

بعد ماجرای دیگری اتفاق افتاد.

برای اولین بار در شهر ووهان استان هوبئُ چین، بعد از این که مردم بدون علت مشخصی دچار سینه پهلو شده و یکی پی دیگری به زمین افتاده و مردند و شفاخانه‌ها از مریضانی که بر اثر ابتلا به یک ویروس ناشناخته انباشته شده بود، سازمان صحت جهانی اسم ویروس را کوئید نوزده گذاشت که از خانوادهٔ ویروس کرونا بود. ویروس به سرعت شهرهای چین را درنوردیده و بعد راه خودش را به خارج از چین باز کرده و هزاران نفر را به کام مرگ فرستاد. در افغانستان اما خیال مردم راحت بود. همه فکر می‌کردند که ویروس کرونا قهر طبیعت و عذاب الهی است و تنها غیرمسلمانان را مبتلا ساخته و می‌کشد. بعد که ویروس از اروپا، آمریکا، افریقا و بعد آهسته‌آهسته سر از آسیا درآورد و داخل ایران شد و با همان شدت شروع به قتل‌عام کرد، خایه‌های مؤمنین و مجاهدین و پارسایان وطنی

هم شروع به لرزیدن کرده و فهمیدند که کرونا مسلمان و نامسلمان نشناخته و همه را مساوی و یکسان می‌گاید.

بالاخره کرونا با شکوه و جلال تمام به افغانستان هم رسید. فشار تبلیغات و خبرهای وحشت‌آوری که یکی پی هم از طریق رسانه‌های بزرگ بین‌المللی به گوش می‌رسید، ترس و وحشت عجیبی را بر دل‌ها انداخته بود. روز آخری که قرار شد خانه رفته و قرنطین شویم، دو سه تا همکارم را در آغوش گرفته و طوری خداحافظی کردیم که انگار قرار بود همه‌مان بمیریم.

یکی دو روز فکر کردن به مرگ قریب‌الوقوع سارا را از فکرم بیرون کرد و از آن بابت خوشحال بودم اما خوشحالی‌ام زیاد دوام نکرد چون او دوباره برگشت. با همان شدت و همان دیوانگی و این‌بار می‌دانستم تا مرا از پا نیاندازد گم نخواهد شد. یک هفته را به هر زحمت و جان‌کندنی سپری کردم. عشق‌ها و بعدش هم جدایی‌ها همیشه بدون مقدمه و شوخی شوخی اتفاق می‌افتند اما من راستی راستی داشتم می‌مردم. بی‌اشتهایی، بی‌خوابی و سارا هر روز بیش‌تر مرا به سوی دیوانگی و جنون پیش می‌راند.

یک روز خانه رفتم و مادرم را در آغوش گرفتم و شروع کردم به گریه کردن و مادر با عصبانیت گفت که تنهایی و زندگی دور از خانه اعصاب مرا خراب کرده است و گفت که دیگر اجازه نمی‌دهد ازش دور باشم. راستش خودم هم تصمیم نداشتم به اتاق مجردی‌ام برگردم. در خانهٔ پدر دیگر مزیت‌های زندگی در اتاق مجردی را نداشتم و

نمی‌توانستم هرکاری که دلم می‌خواست را انجام بدهم اما یک چیزی بود در آن خانه و میان آن‌همه آدم که احساس می‌کردم دهان زخم‌هایم را می‌بستند.

سهراب مثل همیشه تاکید داشت که همه چیز تا یک ماه دیگر خوب شده و سارا را چنان فراموش می‌کردم که انگار اصلاً سارایی وجود نداشته است. اما من نه سارا را فراموش کردم و نه خوب شدم. آن زخم خونین و عمیق فقط دهانش را بسته بود اما هنوز با شدت و قوت تمام سر جایش بود و با کوچک‌ترین تماسی تا مغزم استخوانم تیر می‌کشید.

از آمدن و برگشتن سارا کاملاً ناامید شده بودم اما مطمئن بودم یک روز اتفاقی او را در یکی از سرک‌ها و یا هم کافه‌های پل سرخ دیده و با عصبانیت سرش داده کشیده و برایش خواهم گفت که خیلی بی‌وجدان و دیوث و پست فطرت است.

برایش نامه می‌نوشتم. نامه‌هایی که مطمئن بودم هرگز به دستش نخواهد رسید. ترس و وحشت از کرونا هم چند هفته بیشتر دوام نکرد. مردم چنان قتل‌عام‌ها و گرسنگی‌ها و بدبختی‌های بزرگی را تجربه کرده و سگ‌جان شده بودند که کرونا با همه ترس و وحشتی که ایجاد کرده بود پیش آن‌ها پشم هم به حساب نمی‌آمد.

البته کرونا هم ضرب شصتش را با زمین زدن اشخاص مسن و آنانی که مشکل قلب و فشار بالای خون داشتند و مصاب به مریضی شکر بودند نشان داد و آدم‌های بی‌شماری را بدون پدر و

مادر و پدربزرگ و مادربزرگ ساخت. دو سه ماه بعد وضعیت به صورت عادی برگشت. کسی از ماسک استفاده نمی‌کرد و فاصله‌های اجتماعی که آن‌همه رویش تأکید صورت می‌گرفت، مراعات نمی‌شد.

کرونا و هر آن چیزی که با مرگ و نابودی ارتباط داشت برای کشورهای جهان اول مهم و حیاتی بودند و سرخط خبرها می‌شدند. برای کشورهای بدبخت و لوده‌ای مثل افغانستان که همه‌چیزش با مرگ و نابودی گره خورده بود، کرونا هیچ آبی را از آبی تکان نمی‌داد.

دوباره به اتاق مجردی و دفتر کارم برگشتم. حرف درستی است که زمان لعنتی با آن خاصیت عجیب و حیرت‌انگیزش همه دردها را شفا بخشیده و همه چیزهایی فراموش‌ناشدنی را از یاد آدم می‌برد اما یک چیزهایی است که نه زمان و نه هیچ‌چیز دیگر قادر است آن‌ها را از ذهن ما پاک بگرداند.

سارا آهسته‌آهسته از سطح ذهن و روح و زندگی‌ام محو می‌شد اما او یک در یک نقطه‌ای عمیق و دست‌نیافتی روحم جا خوش کرده بود.

کافه‌ها دوباره به کار آغاز کردند. هر چند وقت یک بار دختری را از پشت سر می‌دیدم و گمان می‌کردم ساراست و بعد که با ترس و لرز جلو می‌رفتم نبود. هرجا اسمی از سارا به میان می‌آمد هراسان به جست‌وجو می‌پرداختم بعد که ته ماجرا می‌رسیدم می‌دیدم او نبود. یک نفر شعر یا آهنگی را تقدیم سارا می‌کرد، آتش می‌گرفتم و تا که پیدا نمی‌کردم که آن سارا کدام سارا است، می‌مردم و زنده

می‌شدم. در شبکه‌های اجتماعی ساراهای فراوانی از همه جای دنیا وجود داشت اما هیچ‌کدامش او نبود.

حتی با وجود تلاش فراوان، مریم رفیقش را هم پیدا نتوانستم. دیگر گریه نمی‌کردم، نیمه‌شب‌ها به خاطرش از خواب نمی‌پریدم، کم‌کم از جست‌وجویش هم منصرف شده بودم.

فراموشش کرده بودم؟ نمی‌دانستم. آدرس و هیچ نشانی ازش نداشتم. نامه‌های زیادی برایش نوشته بودم و هنوز تصمیم نگرفته بودم با آن‌همه نامه چکار کنم.چند تا عکسش را از انستاگرامش، قبل از اینکه بلاکم کند، اسکرین شات کرده بودم که گاه‌گاهی دزدکی طرفش نگاه کرده و حسرت می‌خوردم. حساب زمان از دستم رفته بود. آن‌همه سال مگر برای فراموش کردن یک رابطهٔ شکل ناگرفتهٔ یک طرفه، که یک ماه بیشتر عمر نداشت کافی نبود؟

سهراب تمسخرآمیز می‌خندید و می‌گفت: «ای‌قدر خوده گوه‌گوه کردی و دیوانه‌بازی درآوردی و گریه کردی آخرش هم کل زورت ده ماه بود بچیم. مه خو از همو اول گفته بودم که از یادت میره و فراموشش می‌کنی خو تو ناقی خوده بند کرده بودی.»

فقط ده ماه؟ مگر ده سال از گم شدن و رفتن سارا نگذشته بود؟ لبخند تلخی می‌زدم و جوابش را نمی‌دادم. برای این که بیشتر مسخره‌ام کند، شکل تحریف‌شدهٔ یک شعر از افشین یداللهی را با صدای بلند می‌خواند:

«تو حق نداری اسم لودگی‌هایت را عشق بگذاری. مدیون من

باش که تمام لودگی‌هایت را تحمل می‌کنم. مدیون پدر و مادرت باش که هر وقت کارت خراب شد خایه‌واری طرف خانه‌شان می‌دوی اما آن که رهایت کرده کون لقش. دست بردار از این افسانه‌های بی سر و ته که نامش را عشق گذاشته بودی و پدرت را درآورده و زخمی‌ات کرد. کسی که تو را زخمی می‌خواهد حوا نیست، سارا نیست و هیچ کثافت دیگری هم نیست. تو ماه‌ها برای سارایی که هرگز وجود نداشت مجنون شده بودی. حواست نبود بدبخت.»

سرم را تکان می‌دادم و باز هم سکوت می‌کردم. به راستی فراموشش کرده بودم؟

دهم

«سـلام بدجنـس. درخواسـت دوسـتی بـرت فرسـتاده نمی‌شـه. اگه می‌خواهی مثل روزهای اول تنهـا فالـوو کنمت؟»

او برگشـته بـود. به همان سادگی. مثل برق گرفته‌هـا رفتم و پروفایلش را چک کـردم. عکـس و نـام از خـودش بـود. نمی‌دانسـتم چکار کنم. او واقعاً برگشـته بـود و در چشـم به‌هم‌زدنی تمام خاطراتی که مطمئن شده بـودم، مـرده بودنـد، یکی‌یکی دوبـاره جان گرفتـه و پیش چشـمم شروع به رژه رفتن کرده بودند. درخواست دوستی‌اش را پذیرفتم.

فشـار سنگینی را روی قلبم احسـاس می‌کردم. واقعاً نمی‌دانسـتم چکار کنم و چـه عکس‌العمـلی از خـودم نشـان بدهـم. بعـد از چند لحظـه سکوت نوشـتم: «گپ بـزنم یـا سـکوت کنم؟»

نوشت: «نه حرف بزن. فحش بده. بد و بیراه بگو. به صورتم بزن، اما برت می‌گم که آدم شدم و لطفا مره ببخش.»

زخم‌های کهنه آهسته‌آهسته دهان باز می‌کردند: «می‌فامی سارا امروز دقیقا یک سال و دو ماه و بیست و نه روز از او رفتن ظالمانه‌ات گذشته. در این مدت مه بودم و یک سوال که مثل سنگ به صورتم می‌خورد که چکار زشت کردم و کجای کار را گند زدم که رفت، که همه دروازه‌ها ره به رویم بست، که از همه جا بلاکم کرد و.... .

«به خدا که او فیسبوکم کاملاً از بین رفت. دیشب که ای فیسبوک جدید ره جور کردم، خدا شاهد است که تو اولین نفری بودی که جست‌وجو کرده و برش درخواست فرستادم. برای رفتنم و دیگه کارهایم هم دلیل دارم. لطفا اول دلیل مره بشنو بعد ازو باز هر کار می‌کنی بکو. تو خو ای‌قدر بدجنس نبودی. مه ازت معذرت خواستم دیگه.»

حالا معذرت خواستن و هر دلیلی که داشت می‌توانست تاوان آن همه گریه و اندوه و افسردگی و بی‌خوابی‌هایم را بدهد؟ می‌دانستم دروغ می‌گوید، اما ته دلم به شدت می‌خواستم حرفش را قبول کنم. پرسیدم: «آمدی که بمانی یا دوباره غیبت می‌زنه؟»

این حرفم به مزاقش خوش نیامد: «می‌فامی مه از اولش هم می‌دانستم که بد کردم و بعد آن همه بی‌انصافی بزرگ معنی ندارد که بخواهم تلاش کنم چیزی ره برت بفهمانم و یا پیام داده و چرت‌وپرت گفته به خیال خودم از دلت دربیارم، اما نمی‌فامم چرا دیشب

جست‌وجویت کردم و خلاصه همی گپ‌ها. می‌فامیدم کارم اشتباه محض است. باید به گم و گور بودن خودم ادامه بدهم. اصلاً نمی‌دانم همین الان با کدام رو همراهت حرف می‌زنم. می‌بخشی که دوباره اذیتت کردم.»

نگران شدم و احساس کردم ضربان قلبم شدت یافته است. دوباره بر سر همان راهی قرار گرفته بودم که یک سال قبل تمام آن راه را پیموده بودم و الان هم بدون آنکه بخواهم دوباره پایم به همان طرف کشیده می‌شد.

ترسیده بودم. ما جهان سومی‌ها برای تمام زندگی یک ترس بزرگ را با خودمان حمل می‌کنیم. ترسی که زیستن در یک جامعهٔ سنتی و دین‌سالار و زندگی در خانه‌ای که پدر و مادر همه تصمیم‌ها را برای زندگی فرزندان‌شان می‌گیرند، در دل ما می‌اندازد. همان ترسی که وقتی بخواهیم نه بگوییم و در مقابل ظلم و ستم صدا بلند کرده و حق خود را فریاد بزنیم، فلج مان می‌سازد.

من هم ترسیده بودم. اگر نترسیده بودم شاید اصلاً باهاش حرف نمی‌زدم، شاید سرش فریاد کشیده و می‌گفتم که دیگر هرگز نمی‌خواهم صورتش را ببینم. قبول داشتم که هنوز خیلی جوان بود اما آن‌قدر هوش و فهم و درایت داشت که هیچ کار و تصمیمش نمی‌توانست غیرعمدی باشد.

لحظه‌ای مکث کرده و بعد نوشتم: «نه! نه! ای حرف ره نزن. خوشحالم که برگشتی و حالت خوب است.»

- «واقعاً پیشت کم استم بادار. خودم می‌فامم. چپ می‌شینم دیگه. دلت که زخم زبان می‌زنی، که خوده سنگین سنگین می‌گیری، که هر کاری می‌کنی اویش کار توست. نمی‌شد فیسبوک برگردم و با علم ای‌که تو هم این‌جا استی خوده به دیگه راه بزنم. واقعاً نمی‌تانستم. خوب کردم برت پیام فرستادم. به تو هم غرض نیست.»

پیش خودم لبخندی زده و نوشتم: «صحیح است. مه هم می‌گم که خوب کردی که پیام فرستادی و برگشتی.»

- «یک خروار گپ همراهت دارم. به فعلا همی‌قدر بگویم که موهای مه کوتاه کردم. شاید به اندازه موهای تو کوتاه کرده باشم. دیگه درس‌ها ره کماکان ادامه دادم. البته فعلا خو به خاطر کرونا آن‌لاین درس می‌خوانیم. به یک خانهٔ جدید نقل مکان کردیم و بسیار خبرهای دیگه.»

آب دهانم را فرو برده و پرسیدم: «چی‌وقت ببینیم؟»

نوشت: «زود می‌بینیم. می‌فامم که جای همیشگی‌ات کجاست و کجا می‌تانم تو را پیدا کنم.»

نمی‌دانم چرا آن حرفش به طرز اندوهگینی خوشحالم ساخت. او می‌دانست که کجا می‌روم و در کجا می‌تواند پیدایم کند. خداحافظی کردیم. نفس عمیقی کشیدم. انگار بار سینگی از روی شانه‌هایم برداشته شد بود. انگار بعد سال‌ها راه رفتن میان تاریکی باریکه‌ای از نور را دیده بودم. انگار زخمی که قرار بود عمق و وخامتش مرا بکشد ناگهان دهانش را بسته و خونش بند آمده بود.

هنوز از برگشـتن سارا و اینکه چـرا برگشـته بود و چطـور برگشـته بود صد در صد مطمئن نبـودم و به همیـن دلیـل چیـزی به سهراب نگفتم.

وقتی پیامش را خواندم و فکر اینکه برگشـته است یک لحظه قدرت تفکر و تصمیم‌گیـری ازم گرفته شده بود، اما بعد از اینکه خداحافظی کردیم و تنها شدم سوالی که بیـش از هـزار بار به مغزم سـوزن زده بود و تازگی‌هـا آهسته‌آهسته راهش را به سوی فراموشی باز می‌کرد، دوباره زنـده شـده و دست به گریبانـم انداخت: «کجا رفته بـود؟ این همـه مدت کجا بود؟ چرا به یکبارگی ناپدید شد؟ چرا آن ظلم نابخشـودنی را در حقم مرتکب شده بود؟»

و چنـد سـوال تـازه: «چـرا برگشـته است؟ واقعـاً برگشـته؟ چکارش کنم؟ وقتی دیدمش چی بگویـمش؟ جـواب آن‌همـه اشک و ناراحتی و بی‌خوابی‌هـا و افسـردگی‌هایم را کـی می‌دهد؟»

چشـمانم را بسته و لحظـه‌ای را که می‌دیدمـش پیـش خـودم تصویرسازی کردم. می‌آید و روبه‌رویم می‌نشیند و آن لبخند همیشگی‌اش را می‌زند و چشمانش را معصـوم معصـوم می‌سازد. سرم را پایین می‌اندازم و حرفی نمی‌زنم. با همان صدای دیوانه و وحشی‌اش که در چشم به‌هم‌زدنی مقاومتـم را درهم می‌شکست ازم می‌پرسد هنوز باهاش قهر استم و آن وقت من سـرم را بالا کرده و ازش می‌پرسم که یک سـال قبل چـرا به آن شکل ناپدید شد و کجا رفت و چرا با رفتنش غم‌هـای عالم و آدم را بر سـرم فرود آورد. او بـا سـکوت حرف‌هـایم را خواهد شنید و من هم‌چنان فریاد خواهـم زد و اشک خواهـم ریخت.

با کف دستم آهسته به پیشانی‌ام کوبیدم و زیر لبم زمزمه کردم: «باز دیوانگی‌های تو بی‌عقل شروع شد. باز تو بدبخت گوه خوری ره شروع کردی؟ از کجا معلوم که او به دیدنت میایه؟ تو چی می‌فامی که همان‌طور شوق یک سر زده و دوباره ناپدید نشود.»

و نمی‌دانم چرا همان روز وقتی کارم در دفتر تمام شد، بی‌اختیار به سوی پل سرخ و کافهٔ همیشگی به راه افتادم. آن روز، فردا و فردایش و روزهای دیگر. امیدوار، مضطرب، نگران و منتظر.

یازدهم

با یکی از همکارانم در کافه نشسته بودم و غذا می‌خوردیم که ناگهان دستی روی شانه‌ام قرار گرفت. یک دست آشنا، کوچولو، ظریف، سخنگو و دخترانه. سرم را به عقب برگردانیدم و او را دیدم. خودش بود. گفت: «غذای ته تمام کو. مه منتظر می‌مانم.»

بعد کمی دورتر از ما پشت میزی نشست و با تلفونش مشغول شد. همکارم غذایش را نیمه کاره گذاشت و کافه را ترک گفت. از جایش بلند شده و آمد روبه‌رویم نشست. یکی از زیباترین لبخندهای دنیا روی لبش نشست و گفت: «حالی از سر شروع می‌کنم. چطور استی؟ خوب استی؟»

به یک سال قبل برگشتم. آن لبخند و برق چشمان لعنتی‌اش، تمام آن یک سال و همه اتفاقاتش را در چشم به‌هم‌زدنی از حافظه‌ام پاک کرد. حس می‌کردم بار اول است که می‌بینمش. در آن بعد از ظهر خزانی، زیباترین، دیوانه‌ترین، جادویی‌ترین و اصیل‌ترین دختر تمام دنیا روبه‌رویم نشسته بود و طبق معمول یک سره حرف می‌زد.

ـ «موهای مه کوتاه کردم ببین. چادرش را از سرش برداشت و من که تا آن روز فکر می‌کردم موی کوتاه هیچ دختری را زیباتر نمی‌کند، زیباترین موی کوتاه جهان را دیدم. درس‌های ما به خاطر کرونا آنلاین است. می‌فامی سه کیلو چاق‌تر شدیم. لب‌هایش را جمع کرده و چهره‌اش حالت گریه کردن را به خودش گرفت. پدر و مادر و برادر و خواهرم همه‌شان خوب استند. می‌فامی یک روز دیوانگی به سرم زد و همو کانال تلگرام مه همراه کل نوشته‌هایم دلیت کردم و...»

چشمانم را بسته بودم و خودم را با سارا در مسکو برفی هفتاد سال قبل دیدم که او دیوانه‌وار و طفلانه با برف بازی می‌کرد و به دور خودش می‌چرخید و بدون ترس از سرما میان برف‌ها می‌لولید و سرش را میان آن‌ها فرو می‌برد. دست‌های کوچک و مهربانش از شدت سرما کبود شده بود و من آن را میان دستانم گرفته بودم و بهش می‌دمیدم که یخ نبندند. خودم را با او در مزدحم‌ترین خیابان ممبی دیدم که جشن هولی بود و صورت، موها و لباسش رنگی شده بود. آن دختر که انگار بعد یک قرن محرومیت و اسارت، ناگهان به آزادی رسیده باشد دیوانه‌وار به دور خودش می‌چرخید، آواز می‌خواند و تمام

اجزای وجودش را تکان می‌داد. حرکاتش چنان دیوانه‌وار و جنون‌آمیز بود که حتی هندوهای همیشه بی‌خیال را هم مات و مبهوت خودش ساخته بود.

خودمان را در سینمای خلوتی در شهر پونه کنار هم نشسته دیدم که فیلم دی‌دی‌ال‌جی را با هم تماشا می‌کردیم. سرش را روی شانه‌ام گذاشته بود و دستش را میان دستانم گذاشته بود و تمام مدتی که او فیلم را تماشا می‌کرد، موهایش را می‌بوییدم و بر سرش بوسه می‌زدم. البته خیلی دلم می‌خواست لبانش را هم ببوسم اما جرأتش را نداشتم.

خودم را در مسیر میان پل سرخ و کارته چهار می‌دیدم که دست به دست هم قدم می‌زدیم و حس می‌کردم تمام نگاه‌ها به من و او خیره شده و همه با حسرت و حسودی نگاه مان می‌کنند.

گفت: «تلیفون ته تو بته به مه.»

تلفونم را دادمش. او شماره‌اش را در تلیفونم به نام سارا ثبت کرده و گفت: «ای شماره مه است. وتس‌آپ و تلگرامم هم در همی شماره است.»

پرسیدم: «می‌شه یک عکس ته بگیرم؟»

لبخندی زده و گفت: «البته که می‌شه دیوانه. هرقدر عکس مره که می‌گیری بگیر.»

روسری‌اش را منظم ساخته و لبخندی بر لبانش نشست. در دستش یک دستمال کاغذی بود اما من مثل گرسنه‌ای که به غذا رسیده باشد بدون آن که بگویمش که کاغذ را دور بیاندازد پنج شش

تا عکسش را گرفتم. بعد هر دو دستش زیر زنخش گرفت و در حالی که آن کاغذ لعنتی هنوز هم در دستش بود باز هم عکسش را گرفتم. عکس‌ها را نگاه کرده و گفت: «خوبش آمده. صحیح است.»

آب دهانم را فرو برده و گفتم: «یک چیز بگویم سارا؟»

«چی گپ است بچیم؟»

پرسیدم: «برم بگو آمدی که بمانی یا پس می‌ری و گم می‌شی؟»

خندید و بعد خیلی جدی جواب داد: «نی دیگه. امدفعه آمدم که بمانم. دیگه جایی نمی‌رم. برت قول می‌تم که دیگه هیچ‌وقت گم نشوم.»

نفس راحتی کشیده و گفتم: «خیر ببینی. می‌خواستم از همی گپ مطمئن شوم.»

– «نی راحت باش بچیم. مه و تو کارهایی زیادی است که باید همراه همدیگر ما انجام بتیم. هندوستان برویم و ده سرک‌هایش رقص کرده و تتوی دو نفره بزنیم. جاهای زیادی در همی افغانستان و دنیا است که باید برویم. صدها کتاب است که باید هر دوی ما بخوانیم و هزاران فیلم است که هر دوی ما بینیم. به خاطر ای همه کار سال‌ها ضرورت است و از همو خاطر ای‌دفعه دیگه آمدم که بمانم. قول است.»

نفس راحتی کشیدم. دوباره تولد شده بودم و همه چیز از نو آغاز می‌شد.

به تلفونش نگاه کرده و گفت: «خوب مه باید بروم کم‌کم.»

دلم فرو ریخت: «ای‌قدر زود؟»

«زود نیست بچیم. دو ساعت شد دیگه. بروم که اینالی زنگ‌ها شروع می‌شه.»

ـ «تا هنوز چیزی تغییر نکرده ده خانه شما؟»

سرش را تکان داده و گفت: «نی متأسفانه تا هنوزهم هیچ کسی حال ای کمونیست مزخرف ره نمی‌فامه.»

دل نادل از جایم بلند شدم و پرسیدم: «مه همراهت بروم؟»

خیلی جدی و محکم جواب داد: «نه! نه! تو باش همین‌جا. خودم تنها می‌رم. البته تو هم زیاد نمان دیگه. وضعیت و راه خوب نیست.»

دوباره سر جایم نشستم. نمی‌خواست که همراهی‌اش کنم و اصرار هم فایده نداشت. به همان عادت همیشگی‌اش وقتی خداحافظی دستش را روی شانه‌ام گذاشت و گفت که مواظب خودم باشم. تا هنگامی که از کافه بیرون رفت با نگاهم تعقیبش کردم. هضم چیزی که اتفاق افتاده بود برایم مشکل بود. به زمان نیاز داشتم تا مطمئن شوم که او واقعاً برگشته بود و من خواب نمی‌دیدم.

تلفونم را دو دستی چسپیده بودم و به عکس‌هایش نگاه می‌کردم. به آن صورت معصوم و آن چشم‌های دیوانه و وحشی. شماره‌اش هم که آن‌جا ثبت شده بود. نفس عمیق کشیدم. او برگشته بود و برگشتنش خواب و خیال نبود.

نوشتم: «هر وقت خانه رسیدی برم پیام بته.»

در آخر پیام یک ایموجی قلبک گذاشتم.

پیامم را دید و جواب داد: «چشم. می‌نویسم برت.»

و او هم در آخر پیامش یک قلب گذاشت.

او برگشته بود و در همان لحظه من واقعاً باید به خیابان می‌رفتم چون فضای کافه برای پریدن و رقصیدن کافی نبود.

به سهراب زنگ زدم و گفتم: «سارا پس آمد. همی چند دقیقه پیش دیدمش.»

پرسید: «کدام سارا؟»

ـ «همو سارا دیگه دیوث. یک دانه سارا است.»

چند ثانیه سکوت کرده و بعد گفت: «خوو او سارا. نگفت کجا بود ای‌قدر وقت و چرا گم شده بود؟»

دلم می‌خواست همان لحظه کنارم بود تا با مشت به صورتش می‌کوبیدم و یادش می‌دادم که هرگز در مورد سارا با آن‌همه بی‌تفاوتی صحبت نکند، اما گناهش نبود. او سارا را ندیده بود، او سارا را نمی‌شناخت، او به اندازهٔ من خوشبخت نبود، او سعادت دیدن سارا را پیدا نکرده بود.

با هیجان گفتم: «تو ده غم چی ماندی بی‌وجدان. او پس آمده و مه نزدیک است از خوشی زیاد خودم ره زیر موتر بیاندازم.»

گفت: «می‌فامم که تو می‌تانی همی‌قدر خر شوی. برو خوب شد که آمد و امیدوار استم چند ماه بعد باز شوق رفتن به سرش نزند.»

خدای من! نمی‌توانستم حریف آن‌همه بدبینی و بی‌تفاوتی سهراب نسبت به زندگی و آدم‌ها شوم. من اصلاً آدم‌های منطقی و حساب‌گر و عاقل را نمی‌توانستم درک کنم. چطور آدم‌ها بدون هیچ‌گونه دیوانگی، بدون هیچ‌گونه دل به دریا زدن، بدون هیچ‌گونه قبول خطر می‌توانند

ادعا کنند که زنده استند و زندگی می‌کنند. البته خودم هم تا سارا را
ندیده بودم با کمی تفاوت همان‌طور بودم و طرز فکرم چندان تفاوتی
با بقیه نداشت اما وقتی او آمد، فهمیدم که آدم بدون دیوانگی و
بدون اینکه با چشمان بسته خودش را ناگهان به قلب خیابان نزند،
اصلاً زندگی نکرده است و نمی‌شود خودش را زنده حساب کند.
از سهراب خداحافظی کردم و بعد از جایم بلند شده و از کافه
بیرون آمدم.

<h1 align="center">دوازدهم</h1>

برایش نوشتم: «مستر آلبرتو رئیس ایتالیایی دفتر ما یک پشک دارد به اسم ریتا. تا زمانی که رئیس در افغانستان باشد این ریتا خانم برای خودش یک شیر تمام عیار است. چنان با افتخار و غرور قدم می‌زند که انگار ترکستان را فتح کرده و الماس کوه نور بر گردنش آویزان باشد. بعد زمانی که رئیس به مرخصی سالانه‌اش برای دو سه هفته ایتالیا می‌رود، ریتا افسرده و غمگین و آرام و سر به زیر غذایش را می‌خورد، جست‌وخیز نمی‌کند و صدایش را کسی نمی‌شنود، اما روزی که دوباره از سفر برگردد ریتا دیگر سر از پا نمی‌شناسد. خودش را لوس می‌کند، از سر و کولش بالا می‌رود، از خوشحالی جست‌وخیز می‌زند و دوباره همان رفتار شیر مانندش را از سر می‌گیرد.»

می‌فامی سارا من امروز ریتا استم! تو آلبرتو استی که از سفر برگشتی.

نوشت: «سلام عزیزم. چطور استی؟ مه هم امروز خیلی خوشحال استم که دوباره دیدیم و دوباره رفیق شدیم.»

کمی مکث کرد و بعد نوشت: «می‌فامی از پیش تو که خانه آمدم سرم به کلکین خورد و ترقید.»

– «نه!»

– «ها همی چند دقه پیش از شفاخانه خانه رسیدم. بانداژ کردن و سوچر نیاز شد.»

– «چرا؟»

و چند ایموجی گریه هم فرستادم.

جواب داد: «حواسم نبود. چیزی ره از زمین برمی‌داشتم کلکین باز بود، همی که بلند شدم سرم خورد. اول به هیچ‌کس چیزی نگفتم اما پسان متوجه شدم که تمام دستم خونی شد. باز خوارم آمد و سرم غالمغال کرد و مره شفاخانه بردند.»

– «الان خوبی؟ جیگرخون شدم والا. چرا باید همی امروز ای کار می‌شد.»

– «نمی‌فامم چی شده مره. گیج استم. خوده به در و دیوال زده روان استم.»

گفتم: «تو در موقعیتی نیستی که مه نصیحتت کنم، اما نکو ای کارها ره لطفاً.»

- «چشم نمی‌کنم دیگه.»

- «باش عکس‌های ته برت بفرستم.»

عکس‌هایی را که در تلفون خودم ازش گرفته بودم برایش فرستادم
و او هم چند تا عکس سیلفی را که گرفته بود برایم فرستاد.

نوشت: «نمی‌فامم چرا ده مسج همه‌اش دلم می‌شه همراهت جنگ
کنم.»

نوشتم: «نی ازی به بعد جنگ تمام. صلح دایمی.»

- «راستی نوشته ته خاندم (به همان متنی که در مورد ریتا نوشته
بودم اشاره می‌کرد). اگر بدانی با هر نوشته‌ات چقدر خوشحال و
پررو می‌شم دیگه نوشته نمی‌کنی.»

نوشتم: «ولی مه امروز واقعاً حالت ریتا را داشتم سارا.»

- «سارا امروز سر خوده شکستاند، اما هنوز زنده است. تا که مه
تصمیم می‌گیرم همیشه کنارت باشم می‌زنم خوده اوگار می‌کنم. راستی
اگر محکم‌تر می‌زدم و یادم می‌رفتی چه؟ مطمئن استم باور نمی‌کردی
و فکر می‌کردی که این هم یک راه است که فرار کنم از پیشت.»

- «اما به خاطر دل این ریتا و دیگر ریتاها هم که شده نرو. لطفا
دیگه نرو!»

- «دیوانه کجا می‌رم. سر مره مار کنده که بروم.»

کمی مکث کرد و دوباره نوشت: «راستی باید ازت تشکر کنم.
تشکر به خاطر همه چیز.»

- «نه مه باید از تو تشکر کنم که برگشتی.»

- «چی میگی بابا. تو آدم مهربانی استی و لیاقت همه خوشی‌های دنیا ره داری. همین دیگه.»

حس کودکی را یافته بودم که هی می‌خواست برای مادرش خودشیرینی کند.

نوشتم: «می‌فامی سارا مه آدم خوشی‌های بزرگ بزرگ نیستم. اصلاً هنگام مواجه شدن با او نوع خوشی‌ها دست و پایم ره گم می‌کنم. مه آدم خوشی‌های کوچک و طفلانه استم. مثلاً می‌توانم با همی یک سیلفی که امروز گرفتیم یک ماه تمام از خوشی در لباس خودم جای نشوم.»

- «مه می‌تانم به ای فکر کنم که با وجود دیوانگی‌های مه یکی مثل تو است که هنوز مهربان است و می‌تانه مره تحمل کنه و به همی خاطر ازت تشکر می‌کنم. تو ثابت می‌کنی که مه ای‌قدرها بد هم نیستم و میشه مره بخشید.»

- «بدی که سرجایش، تو خیلی خوبی سارا. دیوانگی‌هایت هم پنج برابر به خوبی‌ات افزوده است.»

موضوع صحبت را تغییر داد: «شیشه عینکت پاک است؟ بخیر خانه رسیدی؟ از شدت درد یادم رفت که ازت بپرسم. راستی موهایت خیلی خوب شده. دوستش داشتم. به نظرم موهای ته همی‌طور بان. زیاد خوبش شده بودی. مثل نقاش‌ها. همو نقاش‌های دیوانه.»

وقتی سارا ناپدید شد ناگهان به سرم زد که دیگر موهایم را کوتاه نکنم و نکردم و آنقدر کوتاه نکردم که به سر شانه‌هایم رسیده بودند و

به شکل دم اسبی به پشت سرم می‌بستم‌شان.

نوشتم: «گپ از دیوانگی شد بان برت یک ازو نامه‌ها ره که در هنگام غیبتت برت نوشته بودم بخوانم.»

بعد یکی از آن نامه‌هایی را که در هنگامی که ناپدید شدنش برایش نوشته بودم، خواندم و صدای ثبت شده‌ام را برایش فرستادم.

نوشت: «یک لحظه صبر کو که بشنوم.»

– «ها بشنو خو می‌فامی که صدای مه چندان خوبش نیست.»

– «قرا باش گمشو.»

چند لحظه منتظر ماندم. صدای ضربان قلبم را می‌شنیدم و مثل همیشه که هیجانی می‌شدم دستانم شروع به لرزیدن کردند. کمی بعد نوشت: «یعنی ای نامه ره به مه نوشته بودی؟»

– «یک نامه نیست.کتابی از نامه‌هاست.»

حقیقت همان بود که من برای او کتابی از نامه‌ها نوشته بودم. اینکه چقدر دوستش داشتم، نامه‌هایی برای اولین باری که دیده بودمش، برای روزهای خوشی که کنارش سپری کرده بودم، برای ناپدید شدنش و اینکه چقدر در فراقش گریسته بودم و برای یک هزار خواب و آرزویی که در مورد او داشتم. نامه‌هایی که اگر نمی‌نوشتم‌شان، شدت اندوه و ناامیدی خفه‌ام می‌کرد. آن زمان که او ناپدید شد و با فرض اینکه دیگر هرگز نمی‌توانستم ببینمش، شروع کردم به نوشتن نامه. نامه برای سارایی که ناپدید شده بود. با آن نامه‌ها من به اعماق روحم چنگ انداخته و زخم‌هایی که رفتن سارا به وجود آورده

بود را بیرون کشیده بودم. زخم‌هایی که هرگز مرهمی نداشتند، اما حداقل با نوشتن آن نامه‌ها توانسته بودم، آن زخم‌ها را به جایی از روحم منتقل کنم که شاید تنها خود سارا می‌توانست دوباره بیرونش کشیده و دهان‌شان را بگشاید.

گاه‌گاهی، نامه‌ها را برای سهراب می‌خواندم. می‌خندید و می‌گفت: «به جای ای کس شعرها اگر داستان می‌نوشتی حالی کتاب می‌شد و بی‌غم چاپش می‌کردی.»

بی‌اختیار از دهانم بیرون پرید: «نامه‌ها تکمیل شوه همی ره چاپ می‌کنم.»

با تعجب پرسید: «جدی؟»

- «ها جدی.»

- «چی فایده؟»

- «درست است که سارا گم شده خو مطمئن استم هرجایی که باشد ده همی شار است. نامه‌ها چاپ شوه مطمئن استم که حتما یک روز او نامه‌ها ره خاد خواند.»

گفت: «فرض ره بر ای بگیریم که خواندش. باز فایده‌اش به تو چه می‌رسد؟»

چشمانم را بستم. بعد آن‌همه اشکی که ریخته بودم و بعد آن‌همه اندوه و افسردگی و عذاب، به راستی چه فرق می‌کرد که او آن نامه‌ها را بالاخره بخواند؟

سرم را تکان دادم: «باید بفهمد که روز و روزگاری یک آدم شب‌ها

و روزهای بی‌شماری به خاطر او گریسته است. باید بداند که همان آمدن و رفتن ساده‌اش چه ویرانی بزرگی از خود به جا گذاشته است. باید بداند که یک آدم از شدت دوست داشتن او هزار بار مرده و زنده شده است.»

از همان روز به بعد این ایده اینکه نام‌ها را بعد تکمیل شدن‌شان به چاپ برسانم قوت گرفت. حالا دیگر سارا برگشته بود و من هنوز هم بر همان تصمیم که تمام‌نامه‌هایی را که برایش نوشته بودم را در یک مجموعه چاپ کنم، استوار بودم. تصمیم داشتم سورپرایزش کنم و برای دختری که روحش با کتاب، ادبیات، نامه و عشق عجین شده بود، چه سورپرایزی می‌توانست بهتر از یک مجموعه نامهٔ عاشقانه باشد. نامه‌هایی که فقط و فقط برای خودش نوشته شده بود.

تمام آدم‌ها در زندگی‌شان نقطهٔ عطفی دارند که زندگی‌شان را به پیش و بعد از همان نقطه تقسیم می‌کند. یک عشق، یک شکست عشق، مرگ یک آدم، یک سفر، تغییر شغل و رشته همه می‌توانند نقطه عطف زندگی آدم‌ها باشند. نقطهٔ عطف زندگی من سارا بود.

بار اول که مثل برق آمد و مثل گردباد همه جا را ویران کرده و رفت، آن‌قدر گیج و وحشت‌زده شده بودم که قدرت هر نوع واکنشی ازم گرفته شده بود و فقط در تنهایی‌های خودم گریه کرده و سرم را به دیوار کوبیدم و نامه نوشتم. این بار اما نه. این بار دیگر نمی‌خواستم هیچ گونه فرصتی را از دست بدهم.

برایش نوشتم: «می‌فامی سارا دفعه قبل که رفتی هزارها بار خود

مه نفرین کردم که چرا یک بار هم برت نگفتم که دوستت دارم. حسرت ای که چرا یک تا عکس دو نفره با هم نگرفتیم و چرا ازت نخواستم برایم با قلم خودت یک نامه بنویسی مره هزاران بار کشت و زنده کرد. از اینکه نمی‌دانستم عطر مورد علاقه‌ات کدام است، پیش خودم شرمسار بودم. این بار اما نمی‌خواهم فرصت ره از دست بتم. می‌فامی سارا مه تو ره دوست دارم. تو ره بیشتر از پدر و مادر و همه چیزهای خوبی که تا هنوز در زندگی‌ام وجود داشته و بعد از ای هم به وجود بیاید دوست دارم.»

نوشت: «می‌فامم که دوستم داری. بسیار خوشحال (هم) استم که دوستم داری.»

او گفته بود که دوستم دارد و من از خوشحالی زیاد می‌خواستم سرم از پنجره بیرون آورده و رو به خیابان خالی و خلوت و نیمه تاریک فریاد بزنم. آن‌قدر خوشحال و ذوق زده بودم که هرگز به فکرم نمی‌رسید که آن واژه‌ای (هم) جمله را به شدت معمولی و پیش پا افتاده می‌ساخت. راستش اصلاً اگر دوستم هم نداشت من یک طرفه چنان عاشقش بودم و دوستش داشتم که می‌توانستم صد سال با همان یک طرفه دوست داشتن خودم، راضی و خوشبخت باشم.

سیزدهم

آن روزهای به شدت روشن و پر از سارا

سر از پا نمی‌شناختم. خودم، فامیل، رفیق، دوست، آدم‌ها و محیطی که در آن زندگی می‌کردم را به کلی فراموش کرده بودم. هر راهی را که می‌رفتم یک سر آن به سارا ختم می‌شد. تمام زندگی من بر اساس سارا عیار شده بود. چه وقت می‌خوابیدم، چه وقت بیدار می‌شدم، چه وقت کار می‌رفتم، چه وقت از کار بیرون برآمده و احیاناً فرار می‌کردم، چه وقت مثل سگ خوشحال می‌بودم، چه وقت زانوی غم در بغل می‌گرفتم، چقدر وقتم را به فامیل، رفقا و دوستانم اختصاص می‌دادم و... همهٔ آن‌ها را سارا مشخص می‌ساخت.

در عروسی‌ها همه خوشحال استند الا طفل غریبی که دعوت

ناشده برای خوردن لقمه نانی به آن‌جا رفته است. از ترس اینکه کسی متوجه‌اش شده و بیرونش بیاندازد به خودش می‌لرزد. هزار طعنه و حرف زشت و نگاه‌های تمسخرآمیز به سر و وضعش را به امید خوردن همان یک لقمه نان تحمل می‌کند و بعد در صورتی که شانس بیاورد یک لقمه نان گیرش بیاید از خوشی زیاد در لباس خودش نمی‌گنجد و مدت‌ها در آن مورد حرف می‌زند.

ماجرای من و سارا هم بی‌شباهت به همان ماجرای پسر غریب نبود. من بدون اینکه به هیچ عروسی‌ای دعوت شده باشم، آن مائده‌ای آسمانی خودش سر دسترخوانم افتاده بود و به همان دلیل هرگز نمی‌توانستم چیزی که اتفاق افتاده بود را باور کنم. هر بار که می‌دیدمش فکر می‌کردم بار اول است که می‌دیدمش و دست و پایم از شدت اضطراب و هیجان می‌لرزید و هر بار که خداحافظی می‌کرد، حس می‌کردم برای همیشه خواهد رفت و بغض گلویم را می‌گرفت. از بس به خودم و آن سعادتی که بر من نازل شده بود بی‌باور بودم، دیوانه‌وار شروع کردم به فریاد زدن و اعلام اینکه سارا بر من نازل شده و من دوستش دارم و برایش می‌میرم. نمی‌داند شاید ناخودآگاه کوشش می‌کردم دورش دیوار بکشم و به همه التماس کنم که به او نزدیک نشوند و دست از سرش بردارند. عطش سیراب‌ناپذیری داشتم برای اینکه هر لحظه برایش بگویم که دوستش دارم و ثابت کنم که دوستش دارم و به دیگران هم بگویم که سارا را دوست دارم و می‌خواستم چشمانشان از حسودی بترقد و ....

- «دوستت دارم سارا!!»

- «بله می‌فامم که دوستم داری.»

- «می‌فامی سارا؟ ملکه انگلیس سال یک دفعه در یک جشن عمومی از خیابانی در لندن عبور می‌کنه و مردم توفیق ای ره پیدا می‌کنند که او ره از نزدیک تماشا کنند. غریب، پولدار، خاص و عام همه از ای نعمت برخوردار می‌شوند.»

- «بریم لندن کدیت.»

- «الان تو ملکه انگلیس استی و مه هم بی‌نواترین آدم ای شهر. فقط به دیدارت خوشبختم. می‌فامی که یک روز دیدن تو اندازه یک عمر زندگی برم ارزش داره.»

- «واو چقدر خوشبخت هم استم مه که تو ای‌قدر دوستم داری.»

روز جهانی مهاجر می‌شد برایش می‌نوشتم: روز جهانی مهاجران است و درد مهاجرت را بیش‌تر از من کی می‌داند؟ زیرا که من با اولین دیدار تو به دنیا آمدم و با اولین رفتنت مهاجر شدم و این مهاجرتی بود سوای همه مهاجرت‌های دنیا. غمگین‌تر، تنهاتر، مظلوم‌تر، بی‌پناه‌تر، زیرا که من هم‌زمانی که در خانه‌ام نشسته بودم، روح سرگردانم به دنبال تو همه خانه‌ها، کوچه‌ها و خیابان‌های کابل و همه دنیا را جست‌وجو می‌کرد. پشت میز کارم نشسته بودم، اما همان زمان برای یافتن تو سرم را به همه سنگ‌های جهان می‌زدم و به همه آن مکان‌هایی سرک می‌کشیدم که فکر می‌کردم رد پایی از تو در آن‌جا پیدا می‌شود. به ظاهر آرام بودم و می‌خندیدم، اما همان لحظه با

همه مردان و زنان دنیا که از خانه و سرزمین‌شان به دور افتاده بودند، می‌گریستم و از درد به خودم می‌پیچیدم زیرا که تو سرزمین من بودی. مهاجرت و تنهایی من محدود به جغرافیا یا زمان خاصی نبود زیرا که من در تاریکی شب، روشنایی روز، همه فصل‌های سال، همه نام‌های زنانه، همه قصه‌ها و اشعار عاشقانه‌ای دنیا، با ماه، آفتاب، کافه‌های شلوغ و خالی به دنبال تو سرگردان و مهاجر بودم. نه تنها خودم که کلمات و نوشته‌هایم هم با رفتن تو مهاجر و سرگردان شده بودند. کلماتی که مقابل تو هرگز جرأت به دنیا آمدن را پیدا نکردند اما وقتی رفتی، صدها هزار کلمه، صدها هزار پرندهٔ خسته و بال شکسته به دنبالت راه افتاده و خودشان را به تمام درها و پنجره‌های باز و بسته‌ای دنیا کوبیدند. کلمات خسته، کلمات اندوهگین، کلمات زخمی و خونین، کلمات در حال مرگ، نوشته‌هایم تنهاتر و مهاجرتر از خودم بودند. آن‌ها تو را بیش‌تر از من گم کرده بودند، به دنبال تو مهاجرتر از من بودند، دیوانه‌وارتر از من تو را می‌خواستند و بی‌قرارتر از من نبودنت را درد کشیده و عزاداری می‌کردند.

حالا که برگشته‌ای آن مهاجرت و عزاداری تاریخی من هم به پایان رسید. برگشتی و من هم دوباره به سرزمین و خانه‌ام برگشتم. کلماتم آرامش یافتند و دیگر سر به هیچ پنجره‌ای نمی‌زنند و نوشته‌هایم عزاداری و شیون را در فراق تو پایان دادند. تو سرزمین موعود همه مهاجران دنیایی و بازگشت تو یعنی بازگشت به سرزمین مادری، بازگشت به آغوش آرامش و زندگی. حالا که برگشته‌ای بگذار:

«بگذار دوستت بدارم

تا از اندوه دور بمانم

تا از تاریکی برهم

تا از زشتی دور شوم

بگذار دمی درکف دستان تو بخوابم

ای امن‌ترین مکان‌ها ...»

و برایش می‌نوشتم: «دوستت دارم. تو را بیشتر از پدر و مادر و خواهر و برادرم و همه آدم‌هایی که قبل از تو می‌شناختم و همه آدم‌هایی که بعد از این در زندگی‌ام بیایند، دوست دارم»

کمی منتظر می‌ماندم و بعد با ترس و لرز می‌نوشتم: «تو دوستم نداری سارا؟»

می‌نوشت: «(طبعاً) که دوستت دارم.»

خوش‌حالم می‌شدم و هرگز به این فکر نمی‌کردم که چرا او ساده نمی‌نوشت که من هم دوستت دارم.

روز جهانی روان‌شناسان می‌شد برایش می‌نوشتم:

«می‌دانی که امروز، روز جهانی روان‌شناسان است و اولین کسی که به فکرم آمد و تصمیم گرفتم این روز را براش تبریک بگویم تو استی. نمی‌دانم تو چقدر و چند کتاب روان‌شناسی خوانده‌ای و من چرا در این روز به یاد تو افتادم؟ می‌گویم برایت. این روز را از این جهت برایت تبریک می‌گویم که تو اولین و تنها روان‌شناسی استی که می‌توانی روح را لمس کنی. می‌توانی انگشتت را درست روی قسمت‌های زخمی و

خونـین روح بگذاری. باهاش حرف بـزنی، اشـک‌هایش را پاک کنی، برایش شعر و لالایی بخوانی و آرام و آسوده خوابیدن را یادش بدهی. تو با همه روان‌های خسته، مجروح و خونین عالم آشنا و رفیق استی و می‌دانی دقیقاً چه زمانی و چه مرهمی روی زخم‌هایشان بگذاری تا خوب شـوند. همان‌طور آن‌ها هـم تو را می‌شناسند. صدای مهربان تـو را از فرسنگ‌ها دور می‌شوند و بـا دسـتان مهربـان و سـخن‌گویت عادت دارند و می‌دانند چه مرهم و لطف و معجزه‌ای در آن دست‌ها نهفته است. تو دقیقاً همین کار را با روح خسته و خونین من کردی. صدایش زدی و در کمال ناباوری او تو را شناخت، به سویت شتافت و مـرا به دنبالش کشـانید. آرام و بـدون هیچ نـوع اعتراض و مقاومتی روی دستان مهربانت خوابید تا باهاش حرف بـزنی، دلداری‌اش بدهی و روی زخم‌هایش مرهـم بنهی و لبخند زدن و زندگی کردن و دوست داشـتن را یادش بدهی. تو همـه‌ای این کارها را بـا روح من کردی. حالا من چطور این روز را بـه تو تبریک نگویم روان‌شـناس و طبیب کوچولویم؟ چطور تو را رفیق و همدم همه روان‌های شکسته‌ای و محـزون عالم صدا نزنم؟ با این اوصافی که داری چطور روح خودم را بـا کمال آرامش به دستانت نسپارم و خیالم راحت نباشد که حالش را خوب می‌کنی؟»

می‌نوشت: «واو چقدر خوشبختم که این‌ها برم نوشته می‌کنی!»

همیشه از اینکه اندام متناسبی نداشت، رنج می‌کشید و در حین حال به طرز وحشتناکی اشتهایش خوب بود. هر دو سـه روز شروع

می‌کرد به شکایت و ناله از اینکه چاق شده است و راهی برای لاغر شدن خودش پیدا نمی‌کند و از آن قبیل حرف‌ها. کار من هم این شده بود که مثل یک پدر دلسوز که وقتی طفلش به زمین می‌افتد با هزار ترفند قانعش می‌کند که اوگار نشده است، هر روز برایش گوشزد کنم که او زیباتر و خوش‌اندام‌تر از دیپیکا پادکون و نمی‌دانم مونالیزا و فلان و فلان است و هرگز در مورد چاق بودن تشویشی به خاطرش راه ندهد.

یک روز که در کافه روبه‌روی هم نشسته بودیم گفت که تصمیم گرفته از آن روز به بعد یک چالش و رژیم هشتاد روزه را برای لاغر شدن آغاز کند. با هیجان از تصمیمش استقبال کرده و گفتم: «صحیح است. تو اگر ای کار ره بکنی مه هم ده ازای هر روز چالشت، یک نامه عاشقانه کوتاه برت می‌نویسم.»

بعد چالش هر دوی ما آغاز شد. البته چالش مال او بود چون که من برای نوشتن در مورد او تمام واژه‌های دنیا را در اختیارم داشتم. اصلاً هر زمانی که می‌خواستم در مورد او و برای او بنویسم، اختیار از دست خودم خارج می‌شد. یک آدم دیگر در من زنده می‌شد و دیوانه‌وار شروع به نوشتن می‌کرد. جملات و واژه‌هایی که برای خودم هم بیگانه بودند. گاهی وقتی نوشته یا نامه‌ای را که برای او نوشته بودم دوباره می‌خواندم، با تعجب از خودم می‌پرسیدم که آیا واقعاً این را خودم نوشته‌ام؟

البته گاهی هم نوشتن برای او کار آسانی نبود. باید می‌نشستم و

زیباترین واژه‌ها را در ستایش او کنار هم می‌گذاشتم و یک جمله را ده‌ها بار می‌نوشتم و دوباره پاکش کرده و تغییرش می‌دادم.

چالش لاغری سارا شروع شد. من هم اولین نامه را برایش نوشتم و در فیسبوک پست کردم و بعد دومین نامه و سومین و چهارمین و ....

نامه‌هایی که میان مخاطبان صفحه‌ام غوغایی برپا کرد. همه در مورد آن سارای ناشناس و جنون‌زده که من در نامه‌هایم از او به عنوان مونالیزای شرقی یاد می‌کردم، می‌پرسیدند و در موردش حرف می‌زدند. ده‌ها نفر از رفقا و دوستانم پیام دادند و پرسیدند که سارا کیست؟

به راستی آن سارای دیوانه، آن مخاطب نامرئی نامه‌هایم، کی بود و از کجا آمده بود؟

سارا به دلیل همان مجبوریتی که داشت و من در موردش نمی‌دانستم و او هم دوست نداشت چیزی از آن مجبوریت بدانم، نمی‌خواست هیچ کسی از رابطهٔ دو نفره ما خبر شده و بو ببرد که سارا واقعاً کی بود. برای بعضی از دوستانم گفتم که سارا یک معشوق خیالی است و بعضی‌هایشان را هم اصلاً جواب ندادم.

چالش سارا بیشتر از هشت روز دوام نکرد و متوجه شدم که او دوباره مثل یک گاو شروع کرد به پرخوری. اعصابم سرش خراب بود. با وجود آنکه به نوشتن نامه‌ها ادامه دادم دیگر در فسبوک پست‌شان نکردم. آن نامه‌ها اما اسمم را به شکل جداناپذیری با سارا گره زد. همه کسانی که مرا می‌شناختند، می‌دانستند که دختری به نام

سارا ظرف مرا شکسته و هرکجا که دلش بخواهد مرا به دنبال خودش می‌کشاند.

سهراب با مسخرگی می‌گفت: «سیل کو بچیم. مثل همو فکاهی، سارا که است، یک مُد است و یک روز آخر ناخر دوباره می‌ره و گم می‌شه اما غارهای تو سرجایش می‌ماند.»

با خشم می‌گفتم: «تو پدرنالت کتی سارا چی پدرکشتگی داری؟ چرا سارا برود؟ باز منظورت از غار چیست؟»

– «غار اینمی نامه و نوشته‌ها و جارزدن‌هایت است بچیم. تو ای همه نامه و نوشته عاشقانه ره به سارا نوشته می‌کنی و همه دار و ندار احساسی ته رویش سرمایه‌گذاری می‌کنی، بعد ازی که سارا رفت، بیست سال دیگه هم یک دختر ده رویت تف نمی‌اندازه و واز می‌مانی.»

– «اولش خو سارا هیچ جای نمی‌ره. حالا بر فرض مثال اگر هم برود بعد از سارا دیگه دختری وجود نداره که بیایه و ده رویم تف بیاندازه.»

– «تو نمی‌فامی بچیم. دنیا پر از سارا است یا بهتر است بگویم همه دخترای زمین سارا استند. همیشه یک دختر است که باید بیایه و ده روی آدم تف بیاندازد. ای ره هرگز فراموش نکو. سارا ره دوست داری صحیح، اما ای‌قدر جار نزن. بان که حداقل دو سه سال بگذره و پنجاه قدم که تو آمدی حداقل ده قدم او هم پیش بیایه. بعد ازو اگر هر رقم کشادگری کردی خیر. حالی مخصد همه کارهای تو

کون‌پارگی ناق است.»

در جوابش فقط می‌خندیدم و می‌گفتم: «برو کسخل. تو سارا ره ندیدی. تو سارا ره نمی‌شناسی.»

گاهی فکر می‌کردم هیچ یک از آدم‌های روی زمین آن‌طور که باید و شاید سارا را ندیده بود و هیچ‌کس مثل من او را نمی‌شناخت. به همان دلیل توقع نداشتم سهراب یا هیچ آدم دیگری بتواند درک کند که چرا آن‌قدر دوستش داشتم و چرا می‌توانستم بدون هیچ حرفی برایش بمیرم. حالا دیگر زیبایی‌ها، لطافت و دیوانگی‌های سارا را که سر جایش می‌گذاشتیم، تنها فارسی حرف‌زدن آن دختر پشتون دو رگه کافی بود که من یک هزار سال تمام روبه‌رویش نشسته و به فارسی حرف‌زدنش گوش بدهم و به جادویی‌ترین خواب‌های عالم فرو بروم.

- «دوستت دارم سارا!»

- «می‌فامم که دوستم داری.»

- «تو فرشته استی و من هم خیلی باشم، یک آدم استم.»

- «چی چیزااااا.»

او را به قهرمانان زن داستان‌هایی که خوانده بودم و فیلم‌هایی که دیده بودم تشبیه می‌کردم.

- «می‌فامی سارا تو آناکارنینا، مادام بواری، اسکارلیت، رادیکا و لیدی برد یک‌جا استی و ....»

- «امشب آهنگ او بانوی احمد ظاهر ره شنیده خود مه کشتم. زیاد خوشم آمد. اولین بار بود که می‌شنیدمش.»

- «و سارای قصه و شعر و نامه‌های خودم.»

- «ها طبعاً.»

- «سارا سال چهارده صدت مبارک.»

- «از تو هم عزیز دلم. یک قرن گذشته و هنوز همراهت زنده استیم. نفرین شدیم نفرین.»

- «آشنایی ما دو قرنه شد سارا. در قرن چهارده و پانزده دوستت داشم و دارم و هیچ افتخاری در زندگی‌ام بزرگ‌تر ازی که دوستت دارم نیست.»

- «رمانتیکش نساز کثافت.»

- «البته هنوز یک سال دیگه ازی قرن مانده خو مطمئن استم که یک سال دیگه هم زنده می‌مانم که سال بعد با افتخار بگویم که دو قرن عاشقت بودم.»

یکی از سوال‌هایی که همیشه دوست داشت ازم بپرسد این بود: «تو چرا دوستم داری؟ تو هنوز به مه فکر می‌کنی؟»

شاید دوست داشت آن سوال را بپرسد تا من قسمتی از یک شعر بلند آریا معصومی را برایش بنویسم:

«به تو فکر خواهم کرد

آنقدر فکر خواهم کرد

که سال‌ها بعد

روزنامه‌ها تیتر بزنند:

از لب‌های جنازه‌ای

دود بلند می‌شود

مردم متعجب به عکسم نگاه کنند

تو لبخند بزنی

زیر لب بگویی:

دیوانه هنوز به من فکر می‌کند»

شاید آن شعر را بیشتر از هزار مرتبه برایش فرستادم. وقتی برایش زنگ می‌زدم آن شعر را برایش زمزمه می‌کردم و هنگامی که در کافه روبه‌روی هم می‌نشستیم درحالی‌که چشم در چشمش می‌دوختم، همان شعر را برایش می‌خواندم.

می‌پرسید: «تو ده مه چی دیدی؟ یک دختر دیوانه و بی‌خاصیت و به درد نخور»

می‌نوشتم: «مدعی‌ای گفت به لیلی به طنز

رو که بسی چابک و موزون نی ای

لیلی از آن حال بخندید و گفت

با تو چه گویم که تو مجنون نی ای»

باز می‌پرسید: «تو چرا دوستم داری؟»

می‌گفتم: «به خاطری که پیش از تو مه دقیقا مثل یک صحرای خشک و سوزان و بدون آب بودم که هیچ نشانی از حیات در او دیده نمی‌شد. تو به مه یک شهر استی سارا. شهری برای فرار از آن صحرای خشک و سوزان. همیشه فکر می‌کدم که آدم برای فرار از یکنواختی کار شه تبدیل کنه، سفر بروه، دیوانگی کنه و اتاق مجردی

داشته باشه، همه چیز خوب می‌شه اما همه شه امتحان کردم و یکنواختی و سیاهی از زندگی مه گم نشد. بعد که تو آمدی فامیدم که فقط عشق می‌تانه آدم ره از شر یک نواختی و روزمرگی نجات بته. پیش از تو مه عشق‌های کوچک و چند روزه ره امتحان کرده بودم اما هیچ کدام‌شان درد مره دوا نکردند. هیچ کدامش مره از تنهایی و بدبختی نجات نداده بودند. به همی خاطر است که دوستت دارم و همیشه خواهم داشت. به همی خاطر است که تصمیم دارم هرگز تو ره از دست ندهم.»

– «اما تو هم یک روز می‌ری و رهایم می‌کنی.»

– «حالی چی‌قسم برت ثابت کنم که نمی‌روم و هرگز قصد رفتن ندارم.»

«باید با (آدم‌هایی) که پیش از تو ای مسیر ره طی کرده و قسم‌های بسیار محکم‌تر از تو خورده بودند آشنا شوی که بفهمی همه آدم‌ها یک روز رفتنی استند.

– «نمی‌رم بابا جان. به جان مادرم که هرگز جایی نمی‌رم. ای سفر ره تا آخر همراهت استم. مه و تو تا هنوز به یک سفر دو نفره به پاریس و هندوستان رفتیم؟ نه. با هم تتوی دو نفره زدیم؟ نه. ای‌قدر کتاب و فیلم خوب در دنیا است همه‌شان ره خواندیم؟ نه. در یک اتاق مجردی دو نفره با هم زندگی کردیم نه؟ شب‌ها در کوچه‌های پل سرخ و کارته چهار پای لچ بیرون شده و آواز خواندیم نه؟ می‌بینی که مه و تو ای‌قدر کار ناتمام و انجام نشده داریم که به خاطر انجام

دادنش همه‌اش یک قرن ضرورت است.»

زیر لب با خودم ادامه می‌دادم: «تو بی‌ناموس الان از کوچک‌ترین تماس دستت با من حذر می‌کنی اما من و تو عشقبازی‌ها و سکس‌های بی‌شماری با هم داریم که تا هنوز یک تایش را هم انجام نداده‌ایم.»

می‌گفت: «طبعاً ای گپ خو است عزیزم. ما باید ای همه کار ره با هم بکنیم.»

ـ «می‌فامی سارا. زندگی خود مه که می‌بینم مه یک داستان کوتاه معمولی استم. ای داستان یک قهرمان داره که خودم استم. در یک جلسه تمام می‌شه. هیچ گونه تعلیق و پیچیدگی و رازی در خودش نداره. تو بر عکس مه یک رمان بلند چند صد صفحه‌ای و شکوهمند استی. زندگی تو پر از راز و رمز و زیبایی است. با تو می‌شه آدم در دل تاریخ سفر کنه و در هر صفحه‌ات با یک شگفتی نو روبه‌رو شود. در تو هزاران سارا و زن دیگه نفس می‌کشند که باید همراه‌شان آشنا شده و حرف زد و صدای‌شان ره شنید و مبهوت و شیدای هرکدام‌شان شد. با ای وصف مه چگونه می‌توانم روزی ازت جدا شوم؟ مه چگونه می‌تانم از این همه خوشبختی و سعادت که برم رو آورده دست بکشم؟»

ـ «می‌فامی عزیزم مه توقع ندارم که تا آخر همراهم باشی. طبعاً که خیلی خوشحالم که تو ره کنار خود دارم، اما آدم‌ها می‌آیند و می‌روند. همی خاصیت‌شان است. قبل ازی هم ای گپ اتفاق افتاده و بعد

ازی هم اگر اتفاق بیفته تعجب نمی‌کنم.»

در یک حالت گیجی به سر می‌بردم. نمی‌توانستم حرف‌هایش را تجزیه و تحلیل کنم. او به طور مستقیم از رفتن یک آدم و از یک زخم بزرگ و خون‌چکان حرف می‌زد، اما من چنان غرق و مصروف جشن و شادی و سرور بودم که هرگز به فکرم نمی‌رسید در مورد آن آدم که رفته بود، بپرسم و آن زخم خون‌چکان را ببینم.

خوب چگونه سارا می‌توانست به من اجازۀ فکر کردن به چیز دیگر را بدهد در صورتی که در بیست و چهار ساعت یک شبانه روز تنها زمانی که دستانش از گریبانم جدا بود، زمانی بود که خواب می‌بودم.

صبح زود که از خواب بیدار می‌شدم اولین کارم این بود که برایش یک متن کوتاه عاشقانه بنویسم. بعد تا زمانی که او از خواب بیدار شده و آن پیامم را می‌دید تمام وجود و حواسم چشم شده و به صفحۀ تلفون دوخته می‌شد تا او پیام را بخواند و جوابم را بنویسد. اکثر روزها او پیامم را می‌دید اما جواب نمی‌نوشت. آن‌وقت بود که تمام آتشفشان‌های خفته و فعال دنیا در وجودم روشن می‌شدند. چرا جواب نمی‌دهد؟ چی شده است؟ نکند ازم ناراحت شده باشد؟

البته من هرگز کاری نمی‌کردم که او را از خودم ناراحت بسازم، اما همیشه وقتی در جواب دادن تأخیر می‌کرد، اولین چیزی که به فکرم می‌رسید همین بود که شاید از دستم ناراحت شده باشد، شاید اشتباهی ازم سر زده باشد که خاطرش را آزرده باشم و شاید.... تا

جواب می‌داد هزاران شاید و احتمال از مغزم عبور می‌کردند. طاقتم نمی‌آمد و آخرین راه چاره را که همان زنگ زدن بود انتخاب می‌کردم، اما جواب نمی‌داد و گاهی هم بعد از زنگ اول قطع می‌کرد و ترس‌م را چند برابر می‌ساخت. به سرعت همه پیام‌هایی را که شب قبل برایش نوشته بودم و ویس‌هایی را که فرستاده بودم مرور می‌کردم تا ببینم چه اشتباهی ازم سر زده است، اما چیزی نمی‌یافتم و نگرانی و اضطرابم بیشتر می‌شد. بعد از چند ساعت جان‌کنی و رنج و عذاب وقتی جواب می‌نوشت تازه حس می‌کردم هیچ اشتباه و خطایی ازم سر نزده است. گاهی اوقات علت دیر جواب دادنش را توضیح می‌داد و گاهی هم سلام می‌داد و شروع می‌کرد به حرف‌زدن.

در طول روز ضمن اینکه پشت میز دفترم نشسته بودم و باید کار می‌کردم متوجه او و تلفنم هم بودم که اگر پیام داد طبق معمول در کمتر از سه ثانیه جوابش را بدهم. چهار چشمی در جست‌وجوی آهنگ و شعر زیبا بودم تا برایش بفرستم. بعد از ختم کار پل سرخ می‌رفتم و دوباره برایش می‌نوشتم و عکس می‌فرستادم. شب که به اتاقم برمی‌گشتم باز هم با او حرف می‌زدم. در مورد کارهایی که در طول روز انجام داده بود، در مورد کتاب‌هایی که خوانده بود، در مورد فیلم‌هایی که دیده بود، در مورد آدم‌ها، عشق، خیانت، در مورد آینده و کارهایی که باید می‌کردیم، در مورد سفرهای مان، در مورد دیوانگی‌هایمان و... .

ساعت دوازده شب بود که پیام داد: «تو همو فیلم رنبیر و دیپیکا

ره دیدی؟»

نمی‌دانستم در مورد کدام فیلم‌شان حرف می‌زد چون آن دو نفر در چند تا فیلم با هم نقش بازی کرده بودند. با وجودی که همه فیلم‌هایشان را دیده بودم گفته نه. در حقیقت برای این که او را خوشحال بسازم در مورد هر فیلم و کتاب و هر موضوعی سوال می‌پرسید خودم را به نافهمی زده و می‌گفتم نمی‌فهمم و او هم شمرده شمرده برایم توضیح می‌داد.

ـ «همو فیلمش که یی جوانی دیوانی نام داره و اگر ندیدی بیا که ببینیم.»

به خاطر دیپیکا که دوستش داشتم آن فیلم را دوبار دیده بودم.

خمیازه‌ای کشیده و یک بار دیگر به ساعت بند دستم نگاه کردم. شب قبلش هم به خاطر تماشای الکلاسیکو سه چهار ساعت بیشتر نخوابیده بودم.

ـ «جدی می‌گی؟ یعنی ای سعادت ره می‌تانم داشته باشم؟»

ـ «ها بچیم. سعادت چی کار چی. یک فیلم است با هم می‌بینیم البته اگر خوابت نگرفته باشد.»

نوشتم: «از کدام خواب گپ می‌زنی دیوانه. مه ای سعادت یک‌جا فیلم دیدن همراه تو ره با همه خواب‌های دنیا بدل نمی‌کنم. خواب هم که اصلاً نگرفته مره.»

ـ «خی بیا شروع کنیم.»

هر دوی ما هم‌زمان به دیدن فیلم در کامپیوترهایمان شروع کردیم.

از بعضی قسمت‌های فیلم عکس می‌گرفت و برایم می‌فرستاد. بعضی دیالوگ‌های قشنگ فیلم را با هم تکرار می‌کردیم.

در قطار اول یک سینمای دنج و خلوت در شهر ممبی هندوستان کنار هم نشسته و فیلم دی‌دی ال‌جی را تماشا می‌کردیم. سرش را روی شانه‌ام گذاشته بود و به دقت فیلم را تماشا می‌کرد. سالن سینما خلوت بود. جمعاً نه تا زوج دو نفری که هر کدام به همدیگرشان تکیه داده بودند. دست کوچولو و مهربانش را در دستم گرفته بودم و موهایش را می‌بوسیدم. بعد همان قسمت و همان دیالوگ مشهور و نمادین شاهرخ خان در فیلم رسید و قبل از آن که بتوانم مانع شوم سارا از جایش بلند شده و فریاد زد: «بیتا راج. اگری تجی پیار کرتی هین تو پلت کی دیکیگی. پلت ... پلت ....»

در همان لحظه بقیه کسانی که در سالن سینما حاضر بودند هم از جاهای‌شان بلند شده و با شوق و حرارت فریاد زدند: «پلت ... پلت ... پلت...»

بعد که دختر فیلم (کاجول) به عقب نگاه کرد، همه‌شان شروع کردند به هورا کشیدن و کف زدن و سوت زدن.

دستش را کشیدم و او دوباره کنارم نشست. با هیجان کودکانه‌ای فیلم را تماشا می‌کرد و گاهی هم سرش طرف من دور داده و به رویم لبخند می‌زد. من آن فیلم را قبلا هم دیده بودم و اگر هم ندیده بودم چطور در موجودیت او می‌توانستم به چیز دیگری نگاه کنم. یک بار که سرش طرف دور داد بدون مقدمه لبم را بر لبان نازک و گلابی

رنگش گذاشتم. مقاومتی نکرد و من هم لبانم را محکمتر بر لبانش فشردم و بعد پیشانی، چشمها، گونهها، گونهها و گردن سفیدش را غرق بوسه کردم. خودش را کنار کشیده و گفت: «بان دیگه دیوانه. هیچ مالوم نیست که سامان شما مردا چی وقت میخیزه. بان که فیلم ره سیل کنم.»

دستش را در دستم گرفته و سرش را روی شانهام قرار دادم و آهسته موهایش را بوسیدم.

گیرم زندگی فردای آن شب به پایان میرسید، گیرم فردای آن شب سارا برای همیشه ترکم میکرد، گیرم که سارا تغییر چهره و ماهیت داده و یک دختر الکی و دانگهای از آب در میآمد، آیا همان یک شب خوشبختی تمام زندگی برایم کافی نبود؟

اینکه زیباترین دختر تمام دنیا، اینکه دیوانهترین موجودی که خدا تا آن روز خلق کرده بود، اینکه پر شورترین روح تمام زمین کنارم نشسته و فیلم دیدی الجی را تماشا میکرد و سرش را روی شانهام گذاشته بود و دستش در دستم بود و اجازه میداد که ببوسمش کافی نبود که تمام زندگیام را با خاطرهای همان یک شب به خوشی و خوشبختی سپری کنم؟ بود. واقعاً بود.

فیلم تمام شد و از سالن سینما بیرون آمدیم. میخواستم تاکسی صدا بزنم، اما اصرار کرد که پیاده میرویم. نمیشد که روی حرفش حرف بزنم. او مفهوم اینکه چطور در زمان حال زندگی کند را خوب فهمیده بود. او میدانست که تنها زیبایی باقی مانده در دنیا وابسته به

وجـود چنـد آدم دیوانه بود که خـلاف جریـان حرکت کرده و خودشـان را مقید و پابند هیچ قانونی نمی‌دانستند. او یکی از همـان دیوانه‌ها بود و من هـم تصمیم داشـتم تا آخـر دنیا دنبالش بروم.

به شانه‌ام تکیه داده بود. در طـول راه با یک سـگ ولگرد و یک گاو که معلوم بود چرا در آن وقت شب در خیابان‌ها ول می‌گشت، روبه‌رو شـدیم. سگ‌های هندوستان بر خـلاف سـگ‌های ما آرام و خجالتی بودند و با دیدن آدم‌ها شروع به عوعو و پرخاشگری نمی‌کردند. وقتی سگ را کنار سرک دید، دستش را از دستم رها کرده و به طـرف سگ رفت و شـروع کرد به نوازش کردنش. چکار می‌توانسـتم بکنم جز اینکه بیشـتر مبهـوت و دیوانه‌اش بشـوم. همیشـه همین‌طـور بـود. حیوانی را کنار سـرک می‌دیـد طرفـش رفتـه و شـروع می‌کرد به نـوازش کردنـش. اطفال کار را می‌دید می‌رفت و شـروع می‌کرد به حرف‌زدن و در آغوش کشیدن و بوسیدن‌شان. بعد با آن‌ها سیلفی می‌گرفت و پول‌های داخل کیفـش را میان‌شـان تقسیم می‌کرد. مـن با آن‌همـه دیوانگی و بعد با آن‌همـه مهربانی چکار می‌توانسـتم بکنم؟ آن‌همـه دیوانگی و شـخصیت چندگانه‌اش را که می‌دیدم این فکر که او شـاید یک موجود فضایی بـود، بیشـتر در من قوت می‌گرفت و بـه همـان دلیل هـر وقت سهراب زبـان بـاز می‌کرد که ازش بدگـویی کند در جوابـش فقط می‌گفـتم: «تو سـارا را ندیده‌ای. تو سـارا را نمی‌شـناسی.»

یک گاو مقدس و سـرگردان با خیال راحت کنار خیابان خوابیده بـود و تـک تـوک عابری که آن وقت شـب از آن‌جا می‌گذشـت هنگام

عبـور از کنـارش بـه علامـت احتـرام خودشـان را خـم می‌کردنـد. یـک بـار دیگـر دسـتش را از دسـتم خطـا داده و بـه طـرف گاو رفت. دنبالـش دویدم. می‌ترسیدم کار دست خودش بدهد. به فاصله‌ای یک متری، روبه‌روی گاو مقدس نشسـته و با مسـخرگی کف هـر دو دسـتش را ماننـد هندها به هـم چسپانیده و گفت: «ای بگوان. نمی‌فامم کـه تو زیاد پیرو داری یا خدای ما؟»

صورتش را طرف مـن دور داد و پرسـید: «مـا زیـاد اسـتیم یـا پیـروای ای؟»

گفتـم: «بـس کو مسـخرگی رِه. بُخیز کـه بریم.»

بی اعتنـا به حـرف مـن دوبـاره صورتـش را طرف گاو کـه بی‌اعتنا سـر جایـش دراز کشـیده بـود دور داد و گفت: «خـو گمشکو مهم نیسـت که مـا زیـاد اسـتیم یـا پیـروای تـو. مهـم ای اسـت کـه یـک بگوان تو اسـتی و یـک بگـوان مـا هـم داریم کـه والا اگـه ده ماه و سـال و قرن از حـال ما خبـردار باشـه. بـاز تو حداقل یک خـوبی داری کـه مـردم از گوشـت و پوسـت و شـیرت اسـتفاده می‌کننـد. البتـه بگـوان ما هم کـم از تو نیسـت. پیروانـی داره کـه نـام خـدا شـیر اسـتند و هـر جـای کـه زن گیرشـان بیایـه خـام قورتـش می‌کننـد.»

فریـاد زدم: «بـس کو چتی‌گویی رِه دیوانه. بُخیز کـه ناوقت می‌شه.»

از جایـش بلنـد شـده و بـا مسـخرگی دوبـاره به گاو ادای احتـرام کرد و بعد هـر دوی مـا بـه راه افتادیـم. سـرش را روی شـانه‌ام گذاشـته بـود. آهی کشـیده و گفت:

«می‌فامی مه ده یک شهر و یک زمان و بین یک قبیله غلط به دنیا آمدیم. مه باید در مسکو پنجاه سال پیش به دنیا می‌آمدم و یا هم ده یک دهکده دور افتاده ده افریقا و اگر ده زمان حال به دنیا آمده بودم باید حداقل در همی هندوستان به دنیا می‌آمدم. خیلی دوست داشتم یک دختر کردستانی بودم. او شهر لعنتی خود ما همه چیز ره از مه گرفته است. نفس کشیده نمی‌تانم اون‌جا. می‌فامی مه نایت پرسن استم. زندگی اصلی مه شب شروع می‌شه. شب باید دیوانگی‌های مه بکنم. شب باید به دل سرک بزنم. شب باید با صدای بلند آهنگ بشنوم و آهنگ بخوانم و جیغ بزنم. شب باید رفیقای مه ملاقات کنم. ده او شار لعنتی شب به مه گورستان است. شب مثل موریانه روح مره می‌خوره و از بین می‌بره. شب‌های او شار به مه زندان است.»

راست می‌گفت. همه ما در یک زمان و جای غلط به دنیا آمده بودیم. کی آن زندان را برایش ساخته بود؟ جرأت نداشتم که اسم فامیلش را بر زبان بیاورم. در سکوت تمام سرش را بوسیده و محکم‌تر در آغوش فشردمش. نوشت: «بچیم به نظرم که خواب رفتی.»

با وحشت از خواب پریدم. واقعاً خوابم برده بود. شاید پانزده بیست دقیقه‌ای خوابم برده بود. نوشتم: «نی بابا خواب از کجا شد عزیزم. چهار چشمی سیل کده روان استم.»

از جایم بلند شده و کمی به صورتم آب زدم تا خوابم بپرد. فیلم حدود دو ساعت و چهل دقیقه بود و نزدیکی‌های سه بعد از نیمه شب تمام شد. نوشتم: «سارا ازی که امشب ای فیلم ره همراهم دیدی

تشکر. هیچ‌وقت ای شب ره فراموش نمی‌کنم.»

– «مه باید از تو تشکر که کنم که تا ای وقت شب همراهم بیدار شیشتی و کتم ای فیلم ره دیدی. مه خو خواب می‌کنم، اما تو باید صبح طرف کار و وظیفه هم بری.

نوشتم:

– زندگی گر هزار باره بود... بار دیگر تو... بار دیگر تو...

– بوس به سر و کله‌ات عزیزم. برو خی کمی بخواب که صبح دفتر رفته بتانی.

آن طرز بوس فرستادن مسخره‌اش هم خنجری بود بر سینه‌ام که همیشه با آغوش باز و لبخند می‌پذیرفتم.

نوشتم: «دوستت دارم.»

نوشت: «البته که مه هم دوستت دارم.»

به آن ترتیب من و سارا شب‌های بی‌شماری بیدار نشسته و با هم فیلم تماشا کردیم. با او به سینماهای همه شهرهای بزرگ دنیا رفتم و در حالی که او با هیجان فیلم را تماشا می‌کرد کنارش نشستم و در آغوش کشیدمش و لبانش را بوسیدم.

تمام هفته به همان ترتیب سپری می‌شد. دیدارهای ما معمولاً آخر هفته اتفاق می‌افتاد که هر دوی ما بیکار بودیم. با چه شوق و ذوق زودتر از وقت معینه سر قرار حاضر می‌شدم. سر راهم برایش یک کتاب رمان می‌گرفتم چون که به جز کتاب چیز دیگری را نمی‌پذیرفت. با لبخند می‌آمد و روبه‌رویم می‌نشست و بعد بدون وقفه شروع

می‌کرد به حرف‌زدن و خدای من چقدر حرف برای گفتن داشت.
به اندازه‌ای یک قرن حرف نگفته داشت آن دختر. تنها حرف
نبود. ناله بود، اشک بود، شکایت بود، افسانه بود، درد بود، حسرت
بود و اندوه. به نظر می‌رسید او تمام زندگی‌اش را منتظر مانده بود
تا شنونده‌ای خوب و آرامی مثل من پیدا کرده و بعد منفجر شود.
ساکت و آرام روبه‌رویش می‌نشستم و به چشم‌ها و حرکت دستان
ظریف و کوچولویش که مدام حرکت می‌کرد، نگاه می‌کردم. او از
زندگی، آدم‌ها، عشق، خیانت، روزگار سگی، فقر، بدبختی، روزگار تیره
و سیاه زنان، ادبیات، کتاب، فیلم و... حرف می‌زد. حرف زدنش تنها
حرف‌زدن نبود. یک موسیقی آرام و دل‌انگیز و خواب‌آور بود. ظاهراً
روبه‌روی او نشسته و به حرف‌هایش گوش می‌دادم و گاهی هم
همراهی‌اش می‌کردم و ازش عکس می‌گرفتم اما خیالم پرواز می‌کرد.
دستش را می‌گرفتم و با او به دورترین و ناشناخته‌ترین نقاط عالم سفر
می‌کردم. همه آن جاهایی که دوست داشت ببیند را می‌رفتم و شاهد
خنده و گریه، رقص، دیوانگی و کارهای عجیب و غریبش می‌بودم.
او به راحتی می‌توانست در یک مجلس ده نفری حضور داشته و به
جای هر ده نفر آن مجلس حرف بزند و کم نیاورد و این برای من که
ذاتاً آدم کم‌حرف و خاموشی بودم نعمت بزرگی بود.
بعد در یک لحظه تلفونش را از روی میز برمی‌داشت و می‌گفت
که باید برود و من دوباره به کافه و پشت میز برمی‌گشتم و تکان
قلبم شدیدتر می‌شد. می‌گفتم هنوز زود است و چند دقیقه‌ای دیگر

هم بماند، اما معمولاً لبخند می‌زد و می‌گفت که نمی‌تواند بیشتر از آن بیرون از خانه بماند. گاهی هم گرم حرف‌زدن بود که زنگ تلفونش به صدا درمی‌آمد. نگاهی به شماره انداخته و سرش را تکان می‌داد. یک زنگ دو زنگ و بعد مجبور می‌شد جواب بدهد: «اینه میایم. حرکت کردم. ده دقه بعد می‌رسم.»

در آن حالت از نگاهش درماندگی و بیچارگی می‌بارید.

التماس می‌کردم: «خیر است چند دقه دیگه هم باش.»

گاهی قبول می‌کرد و چند دقیقه بیشتر می‌ماند و گاهی هم خیلی مصمم می‌گفت: «نمی‌شه بچیم. باید بروم در غیر ازو انقلاب شروع می‌شه.»

از جایش بلند می‌شد و آن دست لعنتی‌اش را به علامت خداحافظی روی شانهٔ خوشبختم می‌گذاشت. حین رفتن می‌گفت پول چیزهایی را که خورده بودیم حساب می‌کند. گاهی اوقات می‌توانستم مانعش شوم و گاهی هم کله‌شخی می‌کرد و حساب می‌کرد. چند بار ازش خواستم که همراهی‌اش کنم اما بالافاصله و با وحشت جواب داد که اصلاً نمی‌خواهد کسی ما دو نفر را در خیابان کنار هم ببیند. به شوخی می‌گفتم دنبالت می‌آیم اما او وحشت‌زده جواب می‌داد که لطفاً ازت خواهش می‌کنم که هرگز ای کار ره نکنی. هرگز هرگز. لحنش چنان قاطع و محکم و وحشت‌زده بود که من در کمال اندوه و تاسف درک کرده بودم که هرگز فرصت و سعادت اینکه شانه به شانه‌اش در خیابان قدم بزنم را پیدا نخواهم کرد. برای اینکه کمی

بیشتر معطلش کنم ازش می‌خواستم سیلفی بگیریم. کنارم می‌ایستاد و گاهی در تلفون خودم و گاهی در تلفون او سیلفی می‌گرفتیم و بعد عکس‌ها را به همدیگرمان می‌فرستادیم. می‌رفت و مرا خوشبخت و اندوهگین و متفکر بر جای خودش می‌گذاشت. آن قسمت از شانه‌ام را که او دست می‌گذاشت به آرامی نوازش داده و به جای خالی‌اش خیره می‌شدم.

برایش پیام می‌فرستادم که مواظب خودش باشد و هر زمانی که خانه رسید برایم پیام بفرستد. آن قدر روبه‌روی جای خالی‌اش در کافه می‌نشستم تا شب می‌شد و بعد آهسته‌آهسته خوشحال، خوشبخت و نگران به سوی اتاقم راه می‌افتادم. البته خوشبختی دیدار او گاهی اوقات حتی جمعه‌ها و روزهای رخصتی هم نصیبم نمی‌شد چون فقط او تعیین می‌کرد که چه وقت می‌توانستیم همدیگر را ببنیم و چه وقت هم نه. گاهی اوقات او حتی جمعه‌ها هم وقت نداشت که تا پل سرخ و کافه بیاید و گاهی اتفاق می‌افتاد که ساعت ده صبح، زمانی که من پشت میزم در دفتر نشسته بودم، پیام می‌داد که تا نیم ساعت دیگر پل سرخ می‌آید و منتظرم می‌ماند. به تکاپو می‌افتادم و آن وقت بود که حتما در منزل ما حادثه‌ای اتفاق می‌افتاد. یک نفر مریض می‌شد، یک برادرزاده پایش می‌شکست، مادربزرگ یا پسر کاکای پدرم فوت می‌کردند، مادرم بستری می‌شد، یک امتحان نامرئی عاجل می‌داشتم و... بعد مثل برق از دفتر بیرون شده و خودم را پل سرخ می‌رساندم. روبه‌رویش می‌نشستم. او حرف می‌زد، می‌خندید،

شکایت می‌کرد، از پلان‌ها و خواب‌های آینده‌اش حرف می‌زد و من خوشبخت و هیجان‌زده مقابلش می‌نشستم و به چشمانش نگاه می‌کردم و با دست‌های کوچولو و مهربانش حرف می‌زدم و غیبت نیم آدم‌های شهر را با هم می‌کردیم. آن زمانی که روبه‌رویم می‌نشست چه جاهایی که با او نمی‌رفتم و چه دیوانگی‌هایی که با او نمی‌کردم. بعد در یک چشم به‌هم‌زدن از جایش بلند می‌شد و مثل همیشه به عنوان خداحافظی دستش را روی شانه‌ام می‌گذاشت و می‌رفت و مرا با یک سوالی که هرگز جوابی نداشت تنها می‌گذاشت.

آیا او دوستم دارد؟ با خودم می‌اندیشیدم که وقتی همه دیوانگی‌ها، گریه‌ها، خنده‌ها، رازها و دردهایش را با من شریک می‌کند، دیگر چه تفاوتی می‌کند که دوستم داشته باشد یا نه. وقتی یک لحظه دیدارش آن همه خوشبختی و خوشی برایم به ارمغان می‌آورد چرا خودم را با فکر کردن اینکه دوستم دارد یا خیر، رنج و عذاب بدهم. من از آن وضعیت هیچ گونه شکایتی نداشتم و خودم را کاملاً خوشبخت و راضی حس می‌کردم.

وقتی سارا می‌رفت گاهی اوقات تنها همان‌جا می‌نشستم و گاهی هم به سهراب یا یک رفیق دیگرم زنگ می‌زدم و صحبت می‌کردیم.

سهراب می‌پرسید: «امروز مگر روز کاری تو نبود؟»

با خنده می‌گفتم: «بود خو مگر بوبویم مریض شده بود و شفاخانه بردمش.»

می‌پرسید: «در یک سال مگر تو چند دفعه می‌تانی بوبوی ته

مریض انداخته و از کار فرار کنی؟

می‌گفتم: «خو یک روز مادر آدم مریض می‌شه. یک روز بیادرزاده آدم یک جایش می‌شکنه. یک روز مادرکلان آدم فوت می‌کنه و...»

- «نکو بچیم. قد ای‌قدر غیرحاضری و کارگریزی همی کار هم مفت کده از دستت می‌ره او باز او وقت خایه‌واری بیرون می‌مانی.»

- «چیزی نمیشه اما اگر شد هم صدقه سر سارا.»

حرفی نمی‌زد اما می‌دانستم که آن کارم به شدت عصبانی‌اش می‌کرد. در دفتر، آمرم گاهی با خنده و کنایه می‌گفت: «چی گپ شده که امسال چیزی که مصیبت و بلا است سر تو می‌آیه. یگان نذر و خیرات بکو که بچ شوه ای بلاها.»

در جوابش می‌خندیدم و حرفی نمی‌زدم. من در هزارتویی به نام سارا فرو رفته بودم که از هر طرفش می‌رفتم به سارا برمی‌خوردم. خانه، دفتر، کوچه، خیابان، کافه، شب، روز، شبکه‌های اجتماعی، کتاب، دفتر و قلم همه دیواره‌های آن هزارتو بودند. هزارتویی که مرا از همه چیز و همه کس جدا و بیگانه کرده بود.

می‌گفتمش: «دوستت دارم سارا.»

می‌گفت: «مه دوستت ندارم مخصد.»

می‌نوشتم:

«به تو فکر خواهم کرد

آنقدر فکر خواهم کرد

که سال‌ها بعد

روزنامه‌ها تیتر بزنند:

"از لب‌های جنازه‌ای

دود بلند می‌شود"

مردم متعجب به عکسم نگاه کنند

تو لبخند بزنی

زیر لب بگویی:

دیوانه هنوز به من فکر می‌کند»

#آریا_معصومی

می‌نوشت: «خیلی خوش‌حال (هم) استم که دوستم داری. (طبعاً که مه هم دوستت دارم.»

گاهی که لطفش گل می‌کرد می‌نوشت: «بوس به سر و کله‌ات.»

از آن سارای دیوانه و دیوث که به گفته‌ای خودش از همه مردان عالم متنفر بود و از هر گونه تماس یک مرد به بدنش حالت ضعف برایش رخ می‌داد، یک بوس به سر و کله هم نعمت بزرگی بود. همه روزهای مناسبتی برای من روزهای سارا بود.

روز جهانی مهندس می‌شد می‌نوشتم: «با وجود آنکه نه حال دلم خوش است و نه حال مملکت، اما روز جهانی مهندس را به پدر و مادر سارا که دست به دست هم داده و زیباترین و شگفت‌انگیزترین اثر معماری دنیا را به وجود آوردند تبریک می‌گم. آقا! بانو! دست‌تان را می‌بوسم با این شهکار مهندسی‌تان. شما دو نفر یک شگفتی دیگر به عجایب هفت گانۀ دنیا اضافه کرده‌اید و....»

روز تجلیل پرچم می‌شد می‌نوشتم: «من به پرچم‌های قلابی شما را به اندازه یک دستمال بینی ارزش نمی‌دهم. پرچم من چادر سیاه و سپید و سرخ ساراست. زیر همان پرچم زندگی می‌کنم و بر آنم که زیر همان پرچم بمیرم. روزی که بمیرم هم وصیت خواهم کرد، رنگ کفنم همانند چادر سارا سرخ باشد.»

عید می‌شد، می‌نوشتم: عید من ساراست. اگر شما هم در زندگی‌تان سارایی دارید، پس سارایتان مبارک! در غیر آن فقط اکسیژن مصرف می‌کنید و بس.

همه کسانی که مرا می‌شناختند، کنجکاو بودند که سارا را بشناسند. رفقای دخترم حسرت سارا را می‌خوردند و هی ازم می‌پرسیدند که سارا کیست و من هم فقط در جواب‌شان می‌گفت سارا دختری است که ظرف مرا شکسته است. یگانه کسی که ماجرای سارا را با تمام زیر و بمش می‌دانست، سهراب بود که زمانی که نوشته‌هایم در مورد سارا را می‌خواند، می‌خندید و مسخره‌ام می‌کرد. سارا اما دوست داشت که همه چیز به همان شکل باقی بماند و به جز چند نفر محدود کس دیگری از آن رابطه خبردار نشود. او حتی گاهی نیمه جدی هشدارم می‌داد که کاری نکنم که یک بار دیگر خودش را ناپدید کند. من با آن موضوع مشکلی نداشتم. من همان‌گونه که همه چیز سپری می‌شد، خوشبخت بودم.

وضعیت اما همیشه بر وفق مرادم پیش نمی‌رفت. یک زمان‌هایی می‌رسید که سارا به خط دیوانگی از یک نوع دیگرش می‌زد. پُر

می‌شد از ناراحتی، اضطراب، اندوه، خشم، ناامیدی و افسردگی. وقتی در آن حالت فرو می‌رفت یکی از قربانیانش من بودم. من سارا را می‌شناختم و می‌دانستم چه زمانی خوشحال است و چه زمانی غمگین و چه چیز خوشحالش می‌سازد و چه چیز باعث می‌شد اندوهگین شود. بعد که در آن وضعیت فرو می‌رفت، می‌دیدم که هنوز درست نمی‌شناسمش. می‌دیدم که هنوز یک زخم یا زخم‌هایی دارد که من اصلاً در موردش چیزی نمی‌دانستم. در آن وضعیت او به یک هیولای ناشناخته مبدل می‌شد که هی پنجه انداخته و صورت خودش را و هرکسی که مقابلش می‌آمد زخمی و خونین می‌ساخت. مثل یک سگ زخمی از درد و ناراحتی به خودش می‌پیچید و ناله می‌کرد.

می‌پرسیدم: «فدایت شوم سارا جانم. چی شده؟ لطفا برم بگو.»

جواب می‌داد: «چیزی نشده مرد. خوب می‌شم. همه چیز خوب می‌شه.»

خوب می‌شد اما تا خوب شدنش چنان پدری ازم درمی‌آورد که مدت‌ها نمی‌توانستم تکه‌های خرد و خمیر شده و زمین افتادهٔ وجودم را جمع و جور کنم. خیلی کوشش کردم جای زخمش را پیدا کرده و مداوایش کنم، اما موفق نشدم. آخر آن زخم مدهوش و کشنده از یک جایی در گذشتهٔ او و چهار دیواری منزلی که در آن زندگی می‌کرد به وجود آمده بود و من به هیچ‌کدام‌شان دسترسی نداشتم.

زادروزش نزدیک می‌شد. می‌خواستم به بهترین وجه ممکن

سورپرایزش کنم. من از آن دست دوست پسرهایی (البته این عنوان دوست پسر هم چیزی بود که خیلی خوشبینانه خودم به خودم داده بودم چون واقعاً نمی‌دانستم پیش سارا چه عنوانی داشتم) نبودم که صبح زود یا شام تاریک پشت خانهٔ دوست دخترش برود، تا پشت در دانشگاه همراهی‌اش کند، لباس‌های عجیب و غریب بپوشد و هر لحظه دوست دخترش را با یک گل و تحفه غافلگیر کند. البته می‌توانستم به راحتی همهٔ آن چیزها باشم اما سارا کارهایی از آن قبیل را دوست نداشت و اگر بدون اجازه‌اش یکی از آن کارها را می‌کردم پدرم را درمی‌آورد.

با خودم فکر کردم که اگر سورپرایزش کنم، اگر کاری کنم که حداقل برای یک روز هم شده ناراحتی‌ها و دردهایش را فراموش کند و لبخند بزند شاید از آن وضعیت سگی و خاکستری بیرون بیاید. البته موضوع زیاد سورپرایز هم نبود. قرار گذاشته بودیم که یک روز زودتر از تولدش همدیگر را ببینیم و مطمئن بودم که او می‌دانست چرا من آن همه اصرار به دیدنش و آن هم یک روز از قبل تولدش داشتم.

به سهراب گفتم: «تو نادیده بسیار زیاد گوی سارا ره خوردی. بیا یک کار کو و همی سارا ره از نزدیک یک بار بین باز می‌فامی که حق با مه است..»

با صدای بلند خندید و گفت: «گه نخور کس‌پدر. که ببینمش باز هم نظر مه تغییر نمی‌خوره..»

- «خو خیر باز گپ می‌زنیم. تو اینی عکس سارا ره بگیر و رفیق شیرنی‌فروش ته بگو که یک کیک مقبول جور کنه. ده یک کافه خوبش هم یک جای ره جور کو. دیگه گپ‌های شه خودم می‌کنم.»

- «صحیح است بادار. ای کارها ره خو می‌کنم.»

یکی از بهترین و زیباترین عکس‌های سارا را برایش فرستادم. خودم هم دست به کار شده و چند تا کتاب خوب که می‌دانستم آن‌ها را نداشت و یک تحفه که امیدوار بودم ردش نکند، برایش گرفتم. یک رفیق شاعرم را که سارا اشعارش را خیلی دوست داشت هم زنگ زدم و ازش خواهش کردم که بیاید و برای سارا به مناسبت تولدش شعر بخواند.

در وضعیتی که من قرار داشتم و به گمان خودم آن کار می‌توانست سورپرایز خوبی برای سارا باشد. امیدوار بودم با آن کارم بتوانم کمی خوشحالش بسازم. یک ساعت زودتر از وقت ملاقات به کافه حاضر شدم. سهراب زحمت زیادی کشیده و همه چیز را آماده کرده بود. روی میز گل تازه پاشیده و چند دانه پوقانه هم به دیوار آویخته بود.

از شدت هیجان زیاد می‌مردم. می‌خواستم وقتی پایش را داخل کافه بگذارد و آهنگ تولدت مبارک را برایش دسته‌جمعی بخوانیم و آن رفیق شاعرم برایش شعر بخواند، عکس‌العمل و خوشحال شدنش را ببینم و از خوشی در لباس خودم نگنجم.

برایش نوشتم: «کجاستی عزیزم؟»

جواب نداد. شاید در راه بود و معمولاً وقتی در راه بود پیام را

جواب نمی‌داد. چند دقیقه بعد متوجه شدم که پیام را دیده بود. کمی نگران شدم.

دوباره پرسیدم: «کجا استی سارا جانم؟»

باز هم جواب نداد. نمی‌دانستم چکار کنم. سهراب متوجه نگرانی و پریدگی رنگم شده بود و دلداری‌ام می‌داد که می‌آید.

کمی بعد سارا پیام داد: «متأسف استم. یک جای بند ماندم. آمده نمی‌توانم.» ضعف می‌کردم. تمام بدنم شروع به لرزیدن کرده و از حرف‌زدن باز مانده بودم. وقتی آن گاو تصمیم به انجام دادن یا ندادن کاری می‌گرفت دیگر هیچ بشری قادر نبود تصمیمش را تغییر بدهد. با دستان لرزان دو سه بار زنگ زدم، اما جواب نداد. در آن لحظه اگر صد کارد به بدنم می‌زدند یک قطره خون بیرون نمی‌آمد. چند عکس از کیک و جایی که نمی‌دانم سهراب بیچاره با چه زحمتی آماده کرده بود گرفته و از کافه بیرون شدم. به آن رفیق شاعرم زنگ زدم که برنامه کنسل شده و خودش را به زحمت نیاندازد. بی‌هدف و سرگردان شروع کردم به قدم زدن در سرک‌های پل سرخ. کمی بعد سهراب هم دنبالم آمد و در سکوت تمام شانه به شانه‌ام به راه افتاد.

پرسید: «یک چکر دانشگاه نرویم؟» سرم را تکان داده و حرفی نزدم. دو سه نفر از محافظان دم در دانشگاه از رفقای سهراب بودند و هر زمانی که دل ما می‌خواست، بدون هیچ ممانعتی می‌توانستیم دانشگاه برویم. از دروازهٔ انجنیری داخل دانشگاه شده و در جای همیشگی ما که نزدیک به همان دروازه بود روی یک چوکی نشستیم.

لال شده بودم. اندوه و ناامیدی هرلحظه بیشتر مرا بلعیده و در خودشان فرو می‌بردند. سهراب دوباره به آرامی پرسید: «گپ بزنیم کمی؟»

می‌دانستم قصیده‌ای غرایی برای سارا آماده کرده و مثل یک کوه آتشفشان در حال فوران زدن است. باز هم فقط سرم را تکان دادم و او به آرامی شروع کرد: «تو بسیار زیاد کتاب می‌خوانی، به شعر و ادبیات علاقه داری و همیشه در حال نوشتن استی. هیچ‌وقت از خودت پرسان کدی که چرا همی ادبیات، شعر و داستان فارسی در مقایسه با ادبیات جهان پشم هم حساب نمی‌شه؟»

بدون اینکه منتظر بماند جوابش را بدهم ادامه داد:

«باش خودم برت می‌گم. به خاطری که جغرافیای فارسی هرقدر شاعر و نویسنده و اهل ادبیات که داره گُلش رمانتیک‌زده استند. شعر می‌گن یک سرش حتما به عشق پیوند داره. داستان نوشته می‌کنند درون‌مایه اصلی‌اش حتما عشق است. در باره تاریخ نوشته می‌کنند، ببینی که حتما عشق ره همراهش گد می‌کنند، فلسفی نوشته می‌کنند، آخرش ببینی که مُلی‌واری عاشقانه می‌شه. خلاصه هر کس شعری که نوشته می‌کنند و هر متنی که در ای جغرافیای کیری تولید می‌شه، تُم رمانتیک داره و در مورد عشق است و به همی خاطر است که جایگاه شعر و ادبیات ما در دنیا پشم است. نه ای که ادبیات غرب کاملاً از عشق خالی است. به هیچ‌وجه نیست اما عشق‌های اون‌ها با عشق‌های ما فرق داره. عشق‌های اون‌ها در نهایتش یک رابطه

ساده و بی‌جنجال است که یا به نتیجه می‌رسه و یا هم نمی‌رسه. رسید خو خوب، نرسید به راحتی از هم جدا می‌شوند و می‌رند دیگه شه شروع می‌کنند. مثل عشق‌های ما واری ریشخندی و اوسانه سرمنگسک نیست که چند سال پشتش سگ دوی کنی و شکست بخوری، گریه کنی، افسرده شوی و بعد شکست ازش انتقام بگیری و فراموشش نکنی و دیوانه شوی و درباره‌اش کتاب و ازو متن‌های احساسی نوشته کنی و خوده تلقین کنی که تا آخر عمر یک طرفه دوستش داشته باشی و افسردگی بگیری و هزار رقم بدبختی و پدرنالتی دیگه.»

نمی‌دانستم چرا آن بحث را شروع کرده بود و با آن به کجا می‌خواست برسد و در نهایت چگونه می‌خواست آن را با سارا پیوند بدهد.

حوصلهٔ حرف‌زدن نداشتم. منتظر بودم که خودش به اصل موضوع برسد.

- «اما نپرسیدی که چرا ما ای‌قدر پشت عشق ره گرفتیم و چرا عشق بزرگ‌ترین دغدغه ما مردم است؟»

سرم را تکان دادم: «چرا؟»

- «خوب گوش کو بچه پدر. چیزی که نمی‌گذاره هیچ‌وقت در ای جغرافیا عشق از کش بیافته، محرومیت مردان شجاع و دلیر و زنان با شرافت ای خطه از سکس و هماغوشی است.»

با عصبانیت گفتم: «باز شروع کدی....»

دستش را روی دهانم گذاشت و گفت: «گپ مره یک دفعه گوش

کو نی پدرنالت.»

ناچار ساکت ماندم تا سخنانش را ادامه بدهد. با لبخندی ادامه داد: «ها اینالی صحیح شد. گپ ای است که اگر همی اوغانستان و ایران ره جغرافیای عمدتاً فارسی‌زبان‌ها فکر کنیم ده این‌جه اوغان‌ها یا بهتر است بگویم سارای‌شان گوی خوده کردند و ایران ره هم که آخوندهای عزیز به کیر خود زدند. البته وقتی که میگم این‌جه اوغان‌ها گوی خوده کردند به ای مفهوم نیست که مثلاً تاجیک، هزاره، ازبیک و بدبخت‌های دیگیش کدام کمال کده باشند. نام افغانستانی که آمد تو بگو بر پدر همو خوبش نالت.»

با اندوه سرم را تکان داده و زیر لب تکرار کردم: «ها ای گپ خو است و بر پدر همو خوبش نالت.»

ـ «ها خیر بینی. می‌خواستم بگویم که از برکت اوغان‌ها در این‌جه و آخوندها در اون‌جا هیچ‌چیز سیر طبیعی خودش ره طی نمی‌کنه. البته نقش اسلام عزیز ره هم نباید فراموش کنیم. همه چیز گد و ود و گه در گه است. حالا دیگه چیزهایش ره ده جایش بان بیاییم سر همی رابطه‌های مرد و زن گپ بزنیم. می‌فامی که همه رابطه‌ها بر اساس تجارت و منافع و بر ای اصل که مرد همیشه یک جنس پست‌فطرت و دروغگو و کثیف است و زن هم موجودی که فقط می‌تانه خدمات جنسی ارائه کند، شکل می‌گیره. در پهلوی ای‌قدر جان زدن و حرامزادگی از سکس هم که محروم استیم. اینالی فکر کو که رابطه‌هایی که دو نفر همه‌اش به فکر جان زدن همدیگر

باشند، سکس نباشه، یکی خوده شاخ شمشاد فکر کنه و طرف مقابل ره برده و غلام، عاقبتش به کجا می‌رسه؟»

- «چی می‌خوایی بگویی سهراب؟»

- «می‌خواستم بگویم که اگر رابطه‌های مرد و زن در ای جاها همو سیر طبیعی خودش ره طی می‌کرد، ای‌قدر میان‌شان فاصله نبود، سکس ای‌قدر تابو و وحشتناک نبود، دیگه به ذره‌بین هم چیزی به نام عشق، شعر و داستان و ای متن‌های احساسی و کس‌شعر عاشقانه ره پیدا نمی‌کردی. البته مه به هیچ وجه منکر چیزی به نام دوست داشتن و عشق نیستم، خو باز در او صورت دوست داشتن‌ها و عشق یک چیز بسیار ساده و لذت‌بخش می‌بود. نه مثل ای عشق‌های ما که پر از بدبختی، غم، مصیبت و دروغ و دورویی است.»

- «خوب اگر ای گپ‌های ته جمع‌بندی کنی آخرش چی می‌شه و ای که ای گپ‌ها چه ربطی به مه و احیاناً سارا داره؟»

چهره‌اش درهم رفت و بعد از یک سکوت طولانی دستش را روی شانه‌ام گذاشت و گفت:

- «ببین تو خو رفیقم استی و دوستت دارم. مه در مورد سارا و ای که چگونه دختر است هیچ حرفی ندارم. شاید سارا همو دختر رؤیایی و دیوانه و جنون‌زده و بی‌مانندی که تو می‌گی باشه، اما همی چیزی که تو فعلاً در او غرق شدی و در او طرفش سارا قرار داره رابطه نیست، عشق نیست و حتی دوست هم داشتن نیست. ای سم مطلق است. زهر هلاهل است و اگر جلو خود ته نگیری به والا

که می‌کشه ته. تو در یک مرحله حساس و شکننده زندگی‌ات با سارا روبه‌رو شدی، به او پناه بردی، ازش بت ساختی و شروع کردی به پرستشش. تا این‌جایش صحیح گپی نیست. هر رابطه عاشقانه می‌تانه چهار پنج ماه عاشقانه و رمانتیک باشه مشکلی نیست. بگذریم ازی که گپ رمانتیک بودن تو نام خدا به سال رسید و کم است بخیر دو سال شوه. ده دوره آغازین ازی عشق هرقدر فداکاری کردی، هرقدر رنج دیدی، هرقدر نفر ره یک طرفه دوست داشتی، هرقدر سگ‌دوی کردی و هرقدر بی‌اعتنایی و کم‌لطفی دیدی خیر اما بعدش چی؟ بعدش دیگه باید همه چیز پنجاه پنجاه باشد. پنج قدم ره که تو طرف او می‌مانی پنج قدم دیگه شه او باید طرف تو بیایه. هموقدر که تو به ای عشق اهمیت می‌تی و برش وقت می‌گذاری او هم باید دقیقا همو اندازه برش اهمیت بته. اگر قرار است که رنجی کشیده شوه باید هر دو طرف رنج ببینه. باز همی عشق و دوست داشتن خو باید آدم ره خوشحال بسازه، به آدم احساس غرور بته، آدم ره کمک کنه که پیش‌تر بروه و نسبت به دیروزش آدم بهتری شوه. مگر مه که می‌بینم بعد از آمدن سارا بیست و چار سات لب و رویت کشال است و ده تشویش استی. فردا پس فردا به خاطر ای همه غیرحاضری یک لگد ده کونت زده و از کار هم بیرونت می‌اندازند. قرار بود شعر و داستان نوشته کنی اما حالا بیست و چهار ساعت شیشتی و به سارا کس‌شعر نوشته می‌کنی. رفیق و فامیل و دوست و آشنا ره بیخی ترک گفتی. اگر قرار باشه که عشق حال آدم ره مثل تو

بکنه خو کیر ته ده او عشق بزن. به همی خاطر میگم ای چیزی که بین تو و سارا است عشق نیست. حالا هرچیزی که است و خودت می‌فامی که چی است عشق نیست مخصد. اگر ای رابطه‌تان یک رابطه سالم بود، امروز که برش جشن تولد گرفتی و خودش هم ای موضوع ره می‌دانست، باید ملاق زده خوده می‌رساند، تو ره در آغوش خود می‌گرفت و می‌بوسید ته و ازت تشکر می‌کرد و تمام دنیا ره ازی که برش ای‌طور جشن تولد گرفته بودی خبر می‌کرد. مگم ای عشق نیست. ای یک رابطه سالم نیست. اگر از طرف تو است از طرف او قطعاً نیست.»

سکوت کرده بودم. جوابی نداشتم که برایش بدهم. یک جاهایی حق با او بود. کم‌کم برای خودم هم سوال پیدا شده که رابطه‌ای من و سارا چه بود؟ او می‌دانست که من تمام هفته را منتظر امروز و دیدنش بودم و حالا هرقدر کار داشت می‌توانست برای نیم ساعت خودش را بیکار کرده و تا آن کافه‌ای لعنتی برساند. بعض دیوانه‌کننده‌ای گلویم را می‌فشرد و قدرت حرف‌زدن را ازم گرفته بود. نمی‌دانستم چه خاکی بر سرم بریزم.

سهراب پیشانی‌ام را بوسید و گفت: «مخصد خود ته ناراحت نکو. نمی‌خواستم ای‌گپ‌ها ره برت بگویم خو یگان وقت آدم ده یک نقطه بند می‌مانه و به جز یک قدمی خودش هیچ جای ره دیده نمی‌تانه. تو هم فعلا ده همو نقطه زندگی بند ماندی. سر ته بالا می‌کنی و فقط تا دو متری ته دیده می‌تانی و ده دو متری‌ات مار خوش خط

و خـالی بـه نـام سـارا ایسـتاده شـده کـه تـو ره مثـل یـک عروسـک سـر انگشت‌های خـودش می‌رقصانـه. بـه عنـوان یـک رفیـق وظیفـه خـود می‌دانم کـه بـرت بگـویم از سـارا کـه بگـذری چـی گپ‌هاسـت.»

او یکریـز داشـت بـه سـارا توهـین می‌کـرد و فحشـش می‌داد و مـن انگار فلج شـده بـودم کـه از جـایم بلنـد نمی‌شـدم و بـا مشـت بـه صورتـش نمی‌کوبیـدم. حتـی نتوانسـتم دهـانم را بـاز کـنم و بگـویم کـه تـو سـارا را ندیده‌ای. تـو سـارا را نمی‌شناسـی.

پرسید: «نرویم؟»

گفتـم: «نی تو برو. مه چند دقیقه دیگه هم استم.»

- «اگر می‌گی باشم. باز یک‌جای می‌ریم.»

- «نی نی تو برو. مه استم.»

- «صحیح است میرم. تا یادم نرفته باید بگـویم کـه مه بایـد سـارا ره حتماً از نزدیک ببینم. دفعه بعد کـه می‌دیدیش مـره هم خبر کنی.»

لبخنـدی زده و سـرم را تکان دادم. بعـد رفت. سیگاری آتـش زده و بی‌حرکت برجـایم مانـدم. تاریکی و غروب فـرا می‌رسید و من انگار بار همـه غم‌هـای عالـم بر دوشـم سنگینی کند، برجـایم مانـده بودم.

چهاردهم

صبح زود برایم پیام داد: «سلام. صبح بخیر. چطور استی عزیزم؟»

دست و دلم سست شد. نوشتم: «خوبم عزیزم. تو چطور استی؟»

– «مه خوبم. مره چی بلا می‌زنه. کاملاً خوبم.»

بعد از کمی مکث دوباره نوشت: «به خاطر دیروز خیلی معذرت می‌خوایم عزیزم. خیلی می‌خواستم بیایم اما نتانستم.»

دلم می‌خواست شروع کنم به زار زار گریه کردن. نوشتم: «گپی نیست عزیزم. تولدت مبارک!»

بعد عکس کیک تولدش را که روز قبل گرفته بودم برایش فرستادم.

– «خدای مه نی! نمی‌فامم چی بگویم؟ بسیار خجالت استم پیشت.»

- «گپی نیست عزیزم. همه چیز خوب است. یک روز دیگه باز
تولد ته جشـن می‌گیریم.»

- «چکار کنم از که دلت برآیه؟ چکار کنم که مره ببخشی عزیزم؟»

- «هر کاری بگویم می‌کنی؟»

- «ها هر کار که بگویی می‌کنم.»

- «همی الان بیا پل سرخ.»

- «خوب است میایم. چند دقیقه بعد حرکت می‌کنم.»

مثـل برق‌گرفتگی‌هـا از جایم بلنـد شـده و کتاب‌هـا و تحفه‌ای را که
برایـش گرفته بـودم میـان یک خریطه‌ای پلاستیکی انداختم و طـرف
پـل سـرخ دویـدم. به همـان کافه همیشـگی رفتم و پشـت همان میـز
همیشـگی نشسـتم. کمی بعد در کافه بـاز شـد و او هم داخـل آمد. در
آن وقت صبح تنهـا ما دو نفـر مشـتری کافه بودیم. روبه‌رویم نشسـت.
صورتـش کامـلاً مهتـابی شـده و سـیاهی زیر چشـمانش برجسـته‌تر به
نظـر می‌رسـید. هیچ‌گونه آرایشی بـر صورتـش نداشـت. لبخنـدی زد و
پرسـید: «چطـور اسـتی عزیـزم؟»

در چشـم به‌هم‌زدنی حافظه‌ام منجمد شـد و به یک سـال و چند
ماه عقب برگشـتم و ....

روبـه‌رویم نشسـته بـود. آن‌قـدر زیبـا بـود که دیدنـش نفـس آدم را
بنـد می‌آورد. از آن زیبایی‌هـای وحشـتناک که وقتی من و سـهراب در
موردش حرف می‌زدیم به شـوخی می‌گفتیم (بی‌ناموس پدرنالت یک
رقـم مقبـول اسـت که ببینی‌اش شاشـت ده سـرت میـره). زیبـایی که

حس حسادت همه دختران عالم برمی‌انگیخت و در همه جنگ‌ها و صلح‌های عالم نقش اول را داشت. یک بسته‌ای کامل از شعر و شعور و ادبیات و تاریخ و عشق بود. با همه کتاب‌های دنیا نسبت داشت. او روح خسته و مجروح همه زنان عالم بود و زخم‌هایشان را می‌شناخت. وقتی می‌خندید، حس می‌کردم تمام شهر با او می‌خندند و وقتی می‌گریست همه شهر عزادار و سیاه‌پوش می‌شد.

دیوانه بود. کمی دیوانه بود. نه راستش مطلق دیوانه بود. یک روح سرگردان و شورشی و خط آخر همه جنون و دیوانگی‌های عالم. مطمئن بودم همه آدم‌هایی که با جنون و دیوانگی نسبت داشتند، دیوانگی او را می‌شناختند و به احترامش زانو زده و کلاه از سر برمی‌داشتند. اصلاً وقتی می‌دیدمش باورم به تناسخ بیش‌تر و بیش‌تر می‌شد. فکر می‌کردم در یک جهان و یک زمان دیگر من و او سال‌ها کنار هم بودیم، همدیگر را می‌شناختیم، همدیگر را دوست داشتیم و برای همدیگر می‌مردیم. به همان دلیل بود که هرقدر بی‌اعتنایی ازش می‌دیدم و هرقدر غرورم را می‌شکست و هرقدر در مقابلم دوست داشتن‌هایم بی‌تفاوتی می‌کرد، بیش‌تر بهش وابسته شده و بیش‌تر عاشقش می‌شدم. به دست‌هایش نگاه کردم.

دست‌هایش اما چیز دیگری می‌گفت: «مه مجبور استم اما نمی‌تانم از مجبوریت خودم برت بگویم. زخم دارم. تمام روحم زخمی است. هر روز، هر شب، هر ساعت، هر دقیقه، هر ثانیه مجبور استم به حلق خود دست بیاندازم و زخم‌های بیست ساله وجود مه بیرون بکشم و

خـون و چـرک و کثافت شـه پاک کنم و دوباره داخـل وجـودم بـبرمش. در ای پروسه تو و هر آدم دیگه که کنارم باشه هم زخمی می‌شوین. مه دیگه چاره ندارم، اما متأسف استم. واقعاً متأسف استم. مره ببخش.»

راسـت می‌گفت. دخترک زخـم داشت. یک زخـم بـزرگ و چندین ساله که بر اثر زندگی در خانه و محیطی که او اصلاً دوستش نداشت و بـه خاطـر سخت‌گیری‌ها و قوانینی کـه بـر او وضـع شـده بـود و بـه خاطـر محرومیت‌های بی‌شماری که داشت به وجـود آمده بود.

اصلاً او و دو نیمه کاملاً مجزا از هم بود. یک نیمه‌اش سراپا مهربانی و لطافت و خـوبی و رفاقت و راستی بود و همان نیمه با معصومانه‌ترین حالت ممکن روبه‌رویم نشسته بـود و بـا تمام وجـودش از اینکه ناراحتم کـرده بـود معذرت می‌خواست. نیمهٔ دومـش امـا زخم بـود و انـدوه و خشـم و دیوانگی و گاهی هم نفرت و کینه. من آن زخم‌ها را می‌دیدم، امـا اینکه آن زخم‌ها از کجا آمده بـود و چطـور همـان زخم‌ها او را بـه یک موجـود عصبی و اندوهگین و پـر ازخشـم و کینـه مبدل کرده بود چیزی بود که نه خودش دوست داشت کسی ازش سر دربیاورد و نه من راهی برای پی بردن به آن پیدا کرده می‌توانستم.

من هم لبخندی زدم و جواب دادم: «خـوب اسـتم سارا. الان که تو ره روبه‌روی خـود می‌بینم دیگه ازی بهتر نمی‌شه. می‌فامی با وجـودی کـه روی تـه نشسـتی و آرایـش هـم نکردی مـه همی الان زیباترین و دوست‌داشتنی‌ترین نسـخه سارا ره مقابـل خـود می‌بینم.»

بـا صـدای بلند خندیـد: «دیوانـه روی خـوده شسـتیم، امـا آرایـش

نکدیم.»

با هم صبحانه خوردیم. کتاب‌ها و تحفه‌ای را که برایش گرفته بودم دادمش. گرفت و ازم تشکر کرد.

بعد از جایش بلند و گفت: «مه میرم که ده خانه کلگی منتظرم استند اما یادت نروه که ده روز تولدم تو اولین کسی استی که به دیدنش آمدم و تولد مه همراهش جشن گرفتیم.»

بعد دستش را روی شانه‌ام گذاشته و خداحافظی کرد و رفت. دستم را روی شانهٔ خوشبختم گذاشتم. همه چیز خوب و آرام بود و من خوشبخت بودم.

در ملاقات بعدی سهراب و مریم (رفیق سارا) هم حضور داشتند. از آن به بعد هر زمانی که قرار می‌گذاشتیم، آن دو نفر هم حضور داشتند و همه با هم رفیق شده بودیم. مریم از همه چون و چراهای زندگی سارا خبر داشت. دخترک ساده، مهربان و دوست‌داشتنی بود اما مثل یک سگ دست‌آموز از سارا حرف‌شنوی داشت و بدون اجازهٔ او یک قدم هم برنمی‌داشت. همیشه کوشش می‌کرد شیوهٔ زندگی و رفتار سارا را تقلید کند و به همان دلیل او هم وضعیت روحی و دماغی درستی نداشت.

از سهراب پرسیدم: «خوب الان نظرت در مورد سارا چیست؟»

با بدجنسی جواب داد: «در همی چند دیدار چیزهای وحشتناکی ره در مورد سارایت متوجه شدم که تو به خاطر کوری تا هنوز ندیدی اما در یک مورد همراهت موافق استم. ای سارای بی‌ناموس خیلی

قشنگ، قندول و حتی رؤیایی است اما...»

حرفش را تمام نکرد.

پرسیدم: «اما چه؟»

ـ «اگر خودت نفامیدی باز می‌گم برت یک وقت.»

به حرفش توجه نکردم. طرز نگاه ما دو نفر به عشق و روابط احساسی به شدت متفاوت بود و معلوم بود چیزی را که من می‌دیدم او هرگز قادر به دیدنش نبود و همان‌طور عکسش.

در حرف‌ها و غیبت‌های دو نفرهٔ من و سارا، مریم هم اضافه شده بود. معلوم بود که همهٔ آن چیزهایی را که سارا می‌دانست، مریم هم می‌داند و به همان دلیل جلو او هم راحت بودم. البته آن‌وقت‌هایی که سارا خر شده و دیوانگی به سرش می‌زد، مریم هم غیبش زده و بعد که سارا دوباره به حالت عادی برمی‌گشت، سر و کلهٔ مریم هم دوباره پیدا می‌شد. آن‌ها در مورد درس، هم‌صنفی‌های پسرشان و شیطنت‌هایی که کرده بودند و قرار بود بکنند با هم حرف می‌زدند و من هم خاموشانه و محتاط گوش می‌دادم.

گفتم: «گوش کو سارا که یک شعر رامین مظهر ره برت بخوانم. ای شعر ره به خانمش نوشته است.»

ـ «کدام شعرش است؟»

شروع کردم به خواندن:

«شبیه سوزنکی روی رخت کار کنم

تو رخت باشی و من نیک‌بخت...کار کنم

تن تو کابل من باد، شهردار شوم

و صبح تا شب در پای تخت کار کنم

شبیه نوروز در جان تو حلول کنم

چنان شکوفه‌ای روی تخت کار کنم

نگذاشت شعر را تمام کنم و آهی کشیده و گفت: «ما مردم ده حسرت همی‌طور یک عشق و دوست داشتن خاد مردیم.»

انگار سیلی محکمی به صورتم خورده باشد. مردم و دوباره زنده شدم. ضربه‌ای بعدی کشنده‌تر و مرگبارتر بود: «همو بی‌ناموس بی‌غیرت هم که همی‌طور گپ‌ها می‌زد و همی‌طور شعرها می‌خواند آخر رفت پشت کارش.»

سارا دختری بود با زخم‌ها، ناله‌ها، حسرت‌ها و آرزوهای بی‌شمار. از هر پنج جمله‌ای که بر زبان می‌آورد، چهارتایش حتما ناله و شکایت بود و حسرت چیزهایی که نداشت و کارهایی که نتوانسته بود انجام بدهد اما این یکی که همین الان از دهانش بیرون آمد کاملاً جدید و ناشناخته بود. پس یک نفر وجود داشته که به طور رمانتیک و عاشقانه‌ای دوستش داشته و برایش شعر می‌خوانده و بعد هم طوری که سارا می‌گفت پشت کارش رفته بود. اما او کی بود؟ کدام آدم خایه‌داری بود که توانسته بود سارا را رها کرده و پی کارش برود؟

با ترس و لرز پرسیدم: «کی بود او آدم؟ چی نام داشت؟»

سارا گلویش را صاف کرده و گفت: «یک بی‌ناموس بی‌غیرت بود. تمام شد دیگه.»

به مریم نگاه کردم. نگاه سریعی به طرف سارا انداخت و بعد گفت: «ها خلاص شد. رفت پشت کارش.»

اما او آیا واقعاً تمام شده بود؟ روزهای بعد با وحشت متوجه شدم که او تمام نشده بود. او هرگز تمام نشده بود و تمام آن مدتی که سارا را می‌شناختم او هم به شکل نامرئی کنار ما دو نفر حضور داشته است. بر علاوهٔ دیگر زخم‌ها و نامرادی‌ها، او هم یک زخم بزرگ زندگی گذشتهٔ سارا بود و من هرگز متوجه آن زخم بزرگ نشده بودم. چکار باید می‌کردم؟ چکار می‌توانستم بکنم؟

– «او آدم که تا هنوز ندیدم و امیدوارم هرگز نبینمش، لایق تو ره نداشت. او چطور آدم بدبخت و احمق بوده که به ای همه سعادت و خوشبختی پشت پا زده و از تو روی گشتانده. مه مطمئن استم او آدم تمام عمر خودش ره به خاطر ای کارش لعنت خاد کرد. بعد از تو او شاید با دختر‌ای زیادی آشنا شوه، اما هیچ‌کدام ازو دخترا سارا نمیشه. خوده بکشه دیگه دختری مثل تو ره ده خواب هم دیده نمی‌تانه. تو یک فیلم تام کروز ره به نام شب و روز دیدی که در یک قسمتش تام کروز به کامرون دیاز می‌گه اگر همراه مه باشی مه این‌جا استی و دست خوده تا سر خود بالا میاره و بعد میگه بدون مه این‌جا و دست خوده تا کمر خود پایین میاره. اینالی او بچه بی‌ناموس هم اگر همراه تو بود سرش از غرور و افتخار به آسمان می‌خورد. بدون تو دیگه خدا می‌فامه به چه کثافت و لجن و گوه خوری دچار شده»

این‌ها همه جملات درمانده و غمگینی بود که روزها و هفته‌های

آینده‌ من در وصف آدمی که هرگز ندیده بودمش و هیچ شناختی از شخصیتش نداشتم و نمی‌دانستم ماجرای او و سارا واقعاً چه بود، بر زبان می‌آوردم.

چکار می‌خواستم بکنم؟ شاید می‌خواستم هرطوری شده به سارا بفهمانم که آن پسر لیاقت او را نداشته است و اگر هنوز فراموشش نکرده است، فراموشش کند و آن پسر با از دست دادن او بزرگ‌ترین اشتباه زندگی خودش را مرتکب شده است و روزهای خوب و شیرین زندگی سارا هنوز پیش رویش است و... .

به همان اندازه حقیر، به همان اندازه بدبخت و بیچاره.

او همیشه در جوابم می‌گفت: «نی بابا مه او پدرنالت بی‌غیرت ره فراموش کردم. خاک بر سرش.»

چیز زیادی میان ما تغییر نکرده بود. ما هنوز هم هرچند گاهی با هم می‌دیدیم. گاهی در آن دیدارهای ما سهراب و مریم هم حضور داشتند. با هم فیلم تماشا می‌کردیم، برای همدیگر عکس و آهنگ می‌فرستادیم، هنوز هم برایش نامه می‌نوشتم و هنوز هم دیوانه‌وار دوستش داشتم. اما سارا دیگر آن سارایی که من می‌شناختم نبود.

او به یک موجود شکاک، عصبی، همیشه نالان، همیشه افسرده و پرخاشگر تبدیل شده بود. در مقابل هر جملهٔ عاشقانه‌ای که برایش می‌نوشتم مجبور بودم ده جمله‌ای دیگر با این مضامین که همه چیز خوب خواهد شد، او مثل یک گاو قوی است و از پس همه مشکلات برخواهد آمد، جامعه، فامیل و آدم‌ها در حق او ظلم کرده‌اند، غم او

بزرگ‌ترین غم دنیا است، کسی او را درک کرده نمی‌تواند و... برایش بنویسم.

در حقیقت نقش من آهسته‌آهسته از نقش یک آدم عاشق به نقش آدمی تبدیل می‌شد که مجبور بود از یک دختر جوان بیست سالهٔ عصبی و دیوانه مواظبت کرده و دائم راه جدیدی برای خوشحال کردن و آرام نگه داشتنش پیدا کند.

اما من هنوز دوستش داشتم. هنوز برایش می‌مردم. هنوز دیدن او بزرگ‌ترین خوشی‌ها و هیجان‌های دنیا را برایم هدیه می‌داد، هنوز آن‌چه می‌گفتم ازو می‌گفتم و آن‌چه می‌نوشتم از او می‌نوشتم، هنوز به خاطر او و از عالم و آدم بریده بودم و هنوز همه خواب‌های زندگی‌ام را کنار او می‌دیدم و هنوز در خیالاتم با او به دورترین نقاط عالم سفر می‌کردم و همه دیوانگی‌های زندگی‌ام را با او انجام می‌دادم. به خاطر او مریم، آدم‌ها و اشیای نزدیک به او را دوست داشتم، به خاطر او هرگز از اوغان‌ها و خرابی‌هایی که در حق مملکت کرده بودند، حرفی به زبان نمی‌آوردم، به خاطر او از همه آدم‌ها و چیزهایی که دوست نداشت دوری می‌کردم و... .

والنتاین رسید. با صد ترس و لرز ازش دعوت کردم که اگر مشکلی ندارد در آن روز ببینیم. در کمال حیرت و تعجبم قبول کرد. مریم و یک دو رفیق مشترک دیگرمان را هم دعوت کردیم. برایش یک دسته گل، گردنبند و دست‌بند مولانا گرفته بودم. با تمام وجودم آرزو داشتم اجازه بدهد آن گردنبند را به گردنش بیاویزم. با هم حرف زدیم، خندیدیم و

عاشق‌بازی‌ها و مسخره‌بازی‌های پسران و دختران را به ریشخندی گرفتیم. گل و هدیه را برایش دادم. هدیه را با خوشحالی طفلانه‌ای گرفته و باز کرد و من زبانم لال شد تا مؤدبانه برایش بگویم اگر بخواهد می‌توانم آن را به گردنش بیاویزم. گردنبند را داخل کیفش گذاشت و گفت: «باش که همی دستبند شه خو همین جه ده دست خود بند کنم.»

به تقلای بیهوده‌ای شروع کرد تا با یک دستش دستبند را به دست دیگرش ببندد. نفس در سینه‌ام حبس شده بود و کوشش می‌کردم نگاهم را از دستانش بدزدم. بالاخره مریم به دادم رسید: «چه لق لق سیل داری. خو همو ره بسته کو ده دستش.»

دستبند را از دستش گرفته و بند دست کوچک و ظریفش را در دست خوشبختم گرفتم. بعد از یک سال و چند ماه و چند روز آشنایی و یک قرن خواب و خیال، این اولین تماس پوست من با پوستش بود. دلم می‌خواست همان یک دقیقه‌ای که دستش را میان دستم گرفته بودم و دستبند را به دستش بستم یک قرن طول بکشد اما یک دقیقه فقط یک دقیقه بود و فقط یک دقیقه می‌توانست طول بکشد. بقیه متوجه خودشان بودند و از طوفانی که من که و سارا را در خودش فرو برده بود خبر نداشتند.

چند تا عکس با هم گرفتیم. عکس‌هایی که ته دلم می‌دانستم روز و روزگاری تنها دستاورد من از آن عشق غمگین و بدبخت خواهد بود. بعد رفت و مرا با دستانی که می‌توانستند برای چند قرن خوشبخت

باشند تنها گذاشت.

با خودم اندیشیدم:«این سهراب بی‌مادر با حرف‌هایش مرا از راه به‌در کرده و در دلم شک و تردید به وجود می‌آورد و من هم با بی‌غیرتی تمام گاهی حرف‌هایش را جدی می‌گیرم. مگر آدم از یک عشق چه چیزی بیش‌تر از این خواسته می‌تواند. او والنتاین را کنار من سپری کرد. اجازه داد دستبند را به دستش ببندم. با من عکس گرفت. دیگر چه کار باید بکند که من باور بکنم در زندگی او جایی دارم. لعنت خدا بر تو سهراب دیوث و لعنت خدا بر خودم هم که ای‌قدر سست و لرزان استم.»

شب عکس خودش را در حالی‌که گردنبند را به گردنش آویخته بود فرستاد و نوشت: «تشکر به خاطر امروز عزیزم. خیلی خوش گذشت و تشکر به خاطر تحفه‌ات.»

- «چه می‌گی سارا. زندگی گر هزار باره بود. بار دیگر تو. بار دیگر تو.»

- «می‌فامی چی است؟»

- «چی؟»

- «دستبند ره که ده دستم بسته می‌کدی نزدیک بود ضعف کنم.»

- «چرا؟»

- «به خاطری که مه به تماس با مردها حساسیت دارم خو مریم بی‌پدر مره ده مقابل یک عمل انجام شده قرار داد.»

وا رفتم. در چشم به‌هم‌زدنی او آن خوشی زودگذرم را لگدمال کرد.

حرفی نزدم. چه چیزی می‌توانستم برایش بگویم. خداحافظی کرده و تلفون را کنار گذاشتم.

من و او از ابتدای آشنایی ما در آپلیکیشن تلگرام با هم چت می‌کردیم چون که راحت‌تر بود و عکس و فیلم هم به سادگی در آن فرستاده می‌شد و امنیتش هم که خیلی خوب بود. من حتی کانالی به نام سارا ساخته بودم که کم و بیش دو صد نفر در آن عضو بودند و تمام نوشته‌ها و نامه‌هایم برای سارا را در آن‌جا هم می‌گذاشتم. سارا هم کانالی داشت به اسم «یادداشت‌های یک دختر روانی» که من و نه ده نفر از دوستان نزدیکش در آن عضو بودیم و او هر چند گاهی یادداشت کوتاهی در آن می‌نوشت.

بعضی شب‌ها که او پیامم را جواب نمی‌داد یا حوصله‌ای حرف‌زدن نداشت، من می‌رفتم سراغ نوشته‌ها و پیام‌های گذشته‌ای مان و همه چیز را از آغاز تا پایان مرور می‌کردم و به آن ترتیب خودم را آرامش می‌بخشیدم.

صبح که از خواب بیدار شدم به عادت همیشگی اول تلفونم را گرفتم تا برای سارا پیام بنویسم و صبح بخیری بنویسم اما...اسمش را که همیشه در ردیف اول پیام‌خانه وجود داشت، ندیدم. فکر کردم مشکلی با اینترنت یا تلگرام به جود آمده است. نتم را چک کردم. ظاهراً که مشکلی نداشت و کار می‌کرد. تلگرام را بسته و دوباره باز کردم، اما هنوز اسمش را نیافتم. وحشت‌زده از جایم بلند شده و در قسمت جست‌وجوی اسم‌ها، اسمش را نوشتم. اسمش پیدا شد و

وقتی رویش کلیلک کردم با پیام‌خانه‌ای سفید و بدون پیام روبه‌رو شدم.

خدای من! قلبم از کار می‌افتاد. سیستم پیام‌رسانی تلگرام قابلیتی دارد که یک نفر می‌تواند هم‌زمان تمام پیام‌هایی را که میان دو نفر رد و بدل شده است، برای خودش و شخص مقابلش حذف کند و معلوم بود که شب قبل یا صبح زود وقتی من خواب بودم سارا هم همان کار را در حق من کرده بود. این کار او دیگر واقعاً قابل بخشش نبود! واژه‌ها برای من مقدس بودند. من به واژه‌ها به چشم موجودات جاندار نگاه می‌کردم. آدم‌ها می‌آیند و می‌روند و چهره بدل می‌کنند اما واژه‌ها همیشه باقی می‌مانند.

حتی اگر سارا دوستم نداشت، حتی اگر روز و روزگاری پی کارش می‌رفت، من می‌توانستم با خواندن و مرور آن واژه‌ها و با آن پیام‌هایی که برایش فرستاده بودم تمام عمرم را به سر رسانده و خوشبخت بمانم. خدای من! چرا این کار را با من کردی سارا! تو لعنتی دیوانه! با آن پیام‌های بی‌زبان و معصوم چکار داشتی؟

این کار او هرگز قابل بخشش نبود. کاش به عوض حذف آن پیام‌ها با یک خنجر به سینه‌ام می‌زد و راحتم می‌کرد. نمی‌دانستم سرم را به کدامین سنگ زده و ازش نزد کی شکایت کنم. اگر پیش سهراب دهان باز می‌کردم او شروع می‌کرد به فلسفه‌بافی و گفتن حرف‌هایی که هرگز دوست نداشتم بشنوم. حرف‌هایی که مرا همیشه با خودم درگیر می‌کرد. حرف‌هایی که مرا به دو نیمه تقسیم می‌کرد. نیمی که

می‌خواست حرف‌هایش را بپذیرد و نیم دیگر که کوشش می‌کرد از شنیدن و پذیرفتن آن حرف‌ها طفره برود. با خشم مشتم را به دیوار کوبیدم و فریاد زدم: «لعنتی هرگز به خاطر این کارت نمی‌بخشمت!» طوفانی از خشم و ناراحتی و اندوه بودم. سهراب زنگ زد و پرسید: «کجا استی؟»

- «خانه.»

- «دفتر چرا نرفتی؟ رخصت استی؟»

با بی‌حوصلگی جواب دادم: «نی رخصت خو نبودم اما دلم نشد نرفتم.»

- «باز سارا کدام چوب ره ده کونت زده؟»

- «نی.»

-«گپی نیست می‌زنه. اصلاً شکل رابطه شما دو نفر قسمی است که همیشه ده کون یک‌تان باید چوب بره و از قرار معلوم او یک نفر هم خودت استی شکر.»

می‌خواستم با صدای بلند گریه را سر داده و ازش کمک بخواهم اما نتوانستم و دهانم قفل ماند. سهراب گفت: «خیر یک خبر ته گرفتم. تو پدرنالت خو از یاد بردی ما مردم ره بیخی. وقت داشتی ببینیم.»

- «صحیح است می‌بینیم حتماً.»

تماس قطع شد. تمام زندگی، خواب‌ها، آینده و حتی گذشته‌ام درد می‌کردند. یک عشق و دوست داشتن مگر چقدر و تا کجا

می‌توانست آدم را زمین‌گیر کرده و درد بدهد؟

برایش نوشتم: «روز بخیر سارا. چطور استی عزیزم؟»

جواب داد: «صبح بخیر عزیزکم. چطور استی دیوانه؟ کجا بودی امروز؟»

تمام آن خشم و عصبانیت و دیوانگی و فریادی که از صبح تا به حال در وجودم زبانه می‌کشیدند به ناله‌ای ضعیف و کم جانی مبدل شد: «خوب استم سارا. پیام‌ها ره چرا دلیت کدی؟»

- «نمی‌فامم چرا هموطور یک دفعه به سرم زد که دیلیتش کنم. حالم خوب نبود.»

همان اندازه بی‌تفاوت و خون‌سرد.

- «سارا او پیام‌ها تمام زندگی مه بودند. به اندازه مرگ و زندگی برم ارزش داشتند.»

- «فیلم بازی نکو دیوانه. مه و تو باشیم دیگه شه نوشته می‌کنیم.»

تایپ کردم: «سارا... و چند تا قلب شکسته هم به دنبالش فرستادم.»

شروع کرد به دلداری دادنم: «دیوانگی نکو دیگه بچیم. حالم زیاد خراب بود. هنوز هم خراب است. خوب می‌شه همه چیز. هفته دیگه بخیر درس‌های دانشگاه ما حضوری شروع می‌شه. باز او وقت می‌شه هر روز از راه دانشگاه به دیدنت بیایم. حتی می‌تانم دفترت بیایم و بیبینمت. خیلی هم دوستت دارم دیگه.»

در جوابش نوشتم: «من از آن روز که در بند توام آزادم!»

به همان سادگی رامم کرده بود.

البتـه روزهـا و شـب‌هـای بی‌شمـاری بـرای آن پیام‌هـای حـذف شـده عـزاداری کرده و مـاتم گرفتم امـا دیگر هرگز در آن مـورد چیزی به سـارا نگفتم. بعـد از چنـد مـاه قرنطیـن و درس آنلایـن، بالاخـره دانشـگاه‌ها دوبـاره بـاز شد و درس‌ها حضوری آغـاز شـد. همان‌طور که سـارا گفته بود بعد از شـروع دانشگاه فرصت دیدارهای ما بیشتر شده بود. حتی می‌توانسـتیم به اتفاق سهراب و مریم جاهای دورتر از پـل سـرخ برویم که بسـیار از آن بابت خوشـحال بـودم امـا... .

پانزدهم

آغاز یک پایان

سـارا دیگـر سـارا نبـود. او در سراشـیبی سـقوط قـرار گرفتـه بـود و هـر ساعت که می‌گذشت بیش‌تر غرق می‌شـد. قبل از آن هـم سـارا ثبات فکری و روحی چندانی نداشت. بارهـا اتفاق افتـاده بـود کـه او اول صبح خوش‌حال و هیجان‌زده بـود، چاشت عصبانی و خشـمگین می‌شد، شب در مـود افسـردگی و پریشـانی فرو می‌رفت و نیمه‌های شـب هم شـروع می‌کرد به گریه و خودزنی. حالاتی که همیشه مرا سردرگم می‌ساخت و نمی‌دانسـتم چگونه با آن برخورد کنم. همان حالاتی کـه سـهراب از آن به عنوان بیماری روانی یاد می‌کرد. همان حالات و دیوانگی‌هایی که او را بـه شـدت دوست‌داشـتنی و خواسـتی می‌کرد.

بعـد از شـروع دانشـگاه بـود کـه متوجـه شـدم دختـرک قطره‌قطـره آب شـده و از میـان می‌رفـت. پـر شـده بـود از آشـفتگی، انـدوه، اضطـراب، افسـردگی و غـم. سـیاهی زیـر چشـمش هـر روز بیشـتر می‌شـد. بـا مـن حـرف نمی‌زد امـا می‌دانسـتم اکثر شـب‌ها تـا صبح بیدار می‌مانـد و روزهـا هـم همـه کارش نـق زدن و شـکایت و نالـه بـود. همدیگـر را می‌دیدیـم امـا کسـی کـه آن‌طـرف میـز مقابلـم می‌نشسـت آن سـارای همیشـگی نبـود. مثـل یـک مـرغ زخمـی و بـال شکسـته هـی می‌نالیـد و از زمیـن و زمـان شـکایت داشـت. او بـه آن وضعیتـی رسـیده بـود کـه از سـارا بـودن و موجودیت خودش به کلی خسته شـده بود و می‌خواسـت از آن قالب بـه کلی بیـرون شـود. کاری ازم سـاخته نبـود. دیگـر آن سـخنان همیشـگی و آن‌همـه ترفنـدی کـه در دلـداری دادن یـاد داشـتم بی‌اثـر شـده بودنـد و هیـچ جایـی را نمی‌گرفتنـد. مـن بایـد بـه زندگی گذشـتهٔ سـارا سـفر می‌کردم، بـه خانه‌شـان می‌رفتـم، پـدر، مـادر، بـرادر و فامیلـش را می‌دیدم. بـه داخـل روحـش نفـوذ می‌کردم تـا بتوانـم بفهمـم کـه چـه چیـزی در گذشـته او باعـث شـده بـود کـه او آن‌همـه انباشـته از درد، عقـده، زخـم، کینـه و دیوانگـی شـود و آن‌همـه دسـت بـه خودزنی بزنـد امـا راهـی وجـود نداشـت. سـارا بـه انـدازه‌ای در دور نگـه داشـتن مـن از زندگـی شـخصی، خانـه و گذشـته‌اش محتـاط و جـدی و موفـق بـود کـه بعـد از گذشـت دو سـال همـه شـناخت مـن از او محـدود بـه همـان می‌شـد کـه اسمـش سـارا بـود و درس می‌خوانـد تـا یـک وکیـل و حقوق‌دان شـود و بهتریـن دوسـتش هـم همـان مریـم بـود و همـان چنـد پلتفرمـی کـه در آن بـا هـم رفیـق بودیـم و

عکس‌ها و پیام‌هایی که با هم رد و بدل کرده بودیم. تنها راه دخول به زندگی گذشتهٔ سارا از طریق مریم می‌گذشت که او هم مثل یک سگ به سارا وفادار بود و بدون اجازهٔ سارا، زیر سنگ آسیاب خردش هم می‌کردی زبان باز نمی‌کرد. نه تنها خود سارا که نوشته‌هایش هم به تناسب وضعیت روحی‌اش تغییر کرده بودند. نوشته‌هایی که روز و روزگاری پر از شور، عشق، ادبیات، جنون و دیوانگی بود و من عاشق‌شان بودم حالا مبدل شده بود به ناله و شیون اندوه و دردی که ظاهرا من به هیچ‌وجه دوایش نبودم.

- «دیگر صدایم نزن. از کنار گوشم دور شو. دستانم را به زور در دستانت نگه دار... ای مسافر! چرا ادای دوست داشتنم را درمی‌آوری؟ ای دیوانه! چرا شکلاتم را از کیفم بیرون کشیده می‌خوری؟ چرا با من قدم نمی‌زنی؟ تو می‌دانستی یا حتی هنوز می‌دانی که من قدم زدن‌های طولانی‌ات را دوست دارم. چرا؟ ای خدا واقعاً چرا؟»

چیزی که بیش‌تر از لحن نوشته‌ها نگرانم می‌ساخت این بود که آن نوشته‌ها صرف یک دلنوشته نبود و مخاطب خاصی داشت که نمی‌دانستم می‌خواندشان یا نه. اما آن مخاطب خاص کی بود؟

«دلم که برایت تنگ می‌شود، می‌آیم همین‌جا. می‌آیم و مثل بیگانه‌ای تمام این نوشته‌ها را از روز اول می‌خوانم. خط به خط. جمله به جمله. کلمه به کلمه... دلم که برایت تنگ می‌شود و می‌بینم که نوشتن هم از دستم ساخته نیست، از خود قهر می‌شوم. لجم می‌گیرد. ناخن‌هایم را می‌جوم. اگر بودی می‌گفتی نکن. یا نه. چرا

اشتباه بخاطر می‌آورم؟ تو اگر بودی دستانم را با دستانت می‌گرفتی و پایین می‌کشیدی... و می‌گفتی چه شده؟ باز چه شده؟ حرف بزن. امروز که نیستی همه دوستم دارند. تو به خاطر داری؟ من، من نمی‌خواستم کسی دوستم داشته باشد. آن روزها هم، یا نه. چرا اشتباه به خاطر می‌آورم؟ همان‌روز که گفتی دوستم داری دیگر دلم نخواست کسی این حرف را به من بگوید. دلم می‌خواست آن کلمه را از دهان تو بشنوم. چه می‌دانستم؟ من از این که تو روزی از من منصرف می‌شوی چه می‌دانستم؟ من، من از تو چیزی نخواسته بودم. من از تو، تو را می‌خواستم دیوانه! ای دیوانه! چرا مرا برای بقیه گذاشتی؟ من دوست داشتم برای تو باشم، نماندی. مجبورم کردی بروم، نماندی. مجبورم کردی زمان دیر بگذرد... ای دیوانه! تو را چه بنامم؟ ای جفاکار! ای خائن! ای همانی که هنوز دوستت دارم و اگر قلبم را از سینه بیرون بکشم یک پارچه آتش سوزان خواهد بود. آه! آه ای همانی که در پس هر شب مسافر بودی، آه! ای آن‌که قصد داشتم، دوستت بدارم. طولانی‌تر... ولی رفتنی بودی! من چه می‌خواستم؟ من، دستانم خالی بود، دلم، چشمانم، سرم... عشق تو مثل خون درون رگ‌هایم می‌چرخید. چرا، چرا این چیزها را می‌نویسم لعنتی؟ چرا بس نمی‌کنم؟ چرا جلوی خودم را نمی‌گیرم؟ آه! بگذار! بگذار که فراموشت کنم. دیگر دم گوشم صدایم نزن. تو را به خدا بس‌کن. در من طاقت و توانی نمانده است.

«تو فقط یک سارای نوزده ساله و جوان نیمه‌دیوانه را دیده و

عاشقش شدی اما پیش از آنکه کامل بشناسی‌اش رهایش کردی. تو آن زن گمراه درونم را ندیدی. تو آن زنی را که در یک قبیلهٔ دور افتاده در کنج یکی از شهرهای پاکستان چوری می‌فروخت، ندیدی. آن سارای آرایشگر با چند تا طفل قد و نیم قد در دهکدهٔ دورافتاده‌ای در افریقا را ندیدی. آن سارایی که در مسکو پنجاه سال پیش باله می‌رقصد و آن سارایی که در دستانش تفنگ دارد و دوش به دوش سربازان در جبهه‌های جنگ می‌جنگند. تو آن‌قدر نماندی که هزاران زنی را که در من زندگی می‌کنند و نفس بکشند، بشناسی و با آن‌ها آشنا شوی. تو لعنتی چطور توانستی از همهٔ این‌ها بگذری و پشت کارت بروی. تو می‌توانستی کمی بیشتر بمانی و مرا بیش‌تر بشناسی و عشق آن هزار زن درون مرا لمس کنی. تو چرا با من این کار را کردی؟»

چطور می‌توانستم خودم را دلداری بدهم که آن نوشته‌ها فقط یک دل‌نوشته است و مخاطبی ندارد. کانال او شخصی بود و نُه ده نفر بیش‌تر نمی‌توانستند نوشته‌های او را بخوانند اما چقدر احتمال این می‌رفت که یک نفر از آن ده پانزده نفر آن نوشته‌ها را برای آن مخاطب نامرئی و خوشبخت نمی‌فرستاد و شاید سارا هم به همان امید می‌نوشت تا آن همان یک نفر خاص آن نوشته‌ها را بخواند.

«من هرگز فکر نمی‌کنم رفته باشی. یک لحظه هم به نبودن تو فکر نکرده‌ام. تو همیشه این جا کنارم بودی. هزاران سال قبل پیش از اینکه من به دنیا بیایم تو وجود داشتی. اولین بار که دیدمت از خوشحالی بال زدم، خندیدم، شناختمت و به همه گفتم که می‌شناسمت. همه

چیز تو خاص بود. خنده‌هات، طوری که کتاب را به دست می‌گرفتی، طوری که قلم می‌زدی و دستانت. دستان خسته و گرم و سرد روزگار دیده‌هات. آه زیبای من! چند غروب شده که مرا از عطر وجودت محروم ساخته‌ای. حسابش از دستم رفته است، اما تو هنوز هم از من دور نشده‌ای. همه در مورد من و تو اشتباه می‌کنند. تو هنوز در من جریان داری. هنوز هم در رگ‌هایم به عوض خون تو می‌جوشی. ما دوباره به هم می‌رسیم. آرام باش. خیلی دوستت دارم. به خودم افتخار می‌کنم که این‌گونه دوستت دارم.»

تمام آن نوشته‌ها با هشتک می‌توانی نیایی، لطفاً بیا و منتظرت استم تمام می‌شد.

حالا آن نوشته‌ها هرچه بود و به هر مقصدی نوشته می‌شد، معلوم بود که نقش من در آن فیلم به پایان خودش رسیده بود. کم‌کم به شک افتاده بودم که اصلاً نقش من در آن فیلم از ابتدا چه بوده است. اما چطور می‌توانستم بپذیرم که من دیگر در آن فیلم نقشی نداشتم؟ من تمام زندگی‌ام را بر آن گذاشته بودم که در آن فیلم تا دقیقه‌ای آخرش نقش بازی کنم. به پشت سرم که نگاه می‌کردم همه پل‌ها خراب شده بود و هیچ راهی برای برگشت باقی نمانده بود.

«نه سارا هرگز کسی را دوست ندارد. این نوشته‌ها فقط نوشته استند و نمی‌توانند مخاطبی داشته باشند. بیست و چهار ساعت با من حرف می‌زند، تمام گریه‌ها و خنده‌هایش با من است، روز تولدش را کنار من سپری می‌کند، والانتاین کنار من بود پس چطور می‌توانست

کس دیگری را دوست داشته باشد؟ حالا هرچه بود او بیست سال بیشتر سن نداشت و در آن سن و سال اجازه داشت که هر دیوانگی که دلش می‌خواست انجام بدهد. شاید دلش برای رابطهٔ قبلی‌اش تنگ شده بود و طبیعی بود که باید با نوشتن به جنگ آن دلتنگی‌ها می‌رفت.»

پی هم این حرف‌ها را با فشار زیاد در مغزم فرو برده و به نحوی خودم را قانع می‌ساختم که همه چیز خوب و سر جایش است.

هنوز هم سارا را می‌دیدم با این تفاوت که هر زمانی او و مریم یک‌جا بودند امکان نداشت حرفی از آن آدم به میان نیاید. اینکه روز قبلش چه پوشیده بود، اینکه وقتی از مقابل سارا گذشته بود کوشش کرده بود نگاهش را بدزدد، اینکه سارا هیچ اهمیتی برای او قائل نبود، اینکه با فلان دختر حرف می‌زد و... آن آدم دیگر از تاریکی بیرون آمده و کاملاً روی صحنه حضور داشت. دندان روی جگر می‌گذاشتم و کوشش می‌کردم همه چیز را ناشنیده بگیرم و فقط لبخند بزنم و مثل همیشه پناه ببرم به نوشتن از سارا و اینکه چقدر دوستش داشتم و اینکه او چقدر قوی و خاص بود و همان حرف‌های همیشگی که می‌دانستم برای سارا کاملاً عادی شده بود شنیدن‌شان. بعد هم آن نامه، آن تیر خلاص به قلبم!

نوشته بود: «بارها و بارها اسم تو را خطاب می‌کنم پی در پی و بدون ترس. تمام آن مدتی که با هم بودیم ترسیدم. به نظرم کفایت می‌کند ترس را که همین‌قدر همراهی‌ام کرده. همین‌قدر که پا به پایم

آمده است. حالا که نیستی نباید بترسم. حالا که نیستی نباید بترسم. حالا که نیستی نباید بترسم. دیگر نیاز به ترسیدن و پا پس کشیدن نیست. تو آن را انجام دادی. تو چنان زیبا پا پس کشیدی که همه عاشقان جهان را خجالت‌زده کردی. حق من این کارها نیست. من این کارها را با انتخاب خودم می‌کنم. من با انتخاب خودم تصمیم می‌گیرم. هنوز فکر می‌کنم تو عاشقم استی. باور کن! باور کن خیلی امیدوارکننده و زیباست. ذهن من جای زیبایی است. این را هم باور کن. تو هنوز آن‌جا مرا دوست داری. هنوز همه چیز خوب است. طوفان نیامده. فقر، جنگ، گرسنگی، خیانت و ناامنی نیامده و تو هنوز دستانم را محکم میان دستانت می‌فشاری.

چرا باید بترسم؟ آمده‌ام همان کافه‌ای که برای آخرین بار همدیگر را دیده بودیم. مثل همیشه، طبق معمول با دعوا و گفت‌وگو از خانه بیرون شده‌ام اما فرقش این است که این بار تو نیستی. با وجود اینکه این‌جا جای مناسبی برای نوشتن این حرف‌ها نیست. می‌دانی؟ گوشی‌ام را با خودم نیاورده‌ام. این‌جا آمدن، این‌جا بودن، امیدواری بی‌جایی است که درون دلم لانه کرده است. فکر نمی‌کنم بعد آن ماجرا پایت را این‌جا گذاشته باشی، اما من آمده‌ام. خیلی آمده‌ام. تنها و بدون تو. تمام آن صندلی‌هایی که روزی من و تو رویشان می‌نشستیم پر است. می‌خواستم همان‌جا که دستانم را گرفته بودی و از اینکه عاشقم استی اطمینان داشتی، می‌خواستم همان‌جا، روی همان صندلی، مقابل تویی که نیستی بنشینم. باز هم پر است از انبوه دختر

و پسرهایی که با هم آمده‌اند. البته دوستانم هم آمده‌اند ولی خب من درون هر کسی که عاشقانه همدیگر را نگاه می‌کنند «خودمان» را می‌بینم. این‌جا تولدم را تجلیل کردیم. هرچند چیز زیادی یادم نمانده است ولی می‌دانی؟ از کافه‌چی و از گارسون‌های این‌جا خجالت می‌کشم. او ما را با هم، او ما را از هم می‌دانست. حالا ولی تنهایی می‌آیم. تنهای تنها. آیا مناسب است؟ (?Who gives a fuck) بعد از اینکه تو مرا رها کرده و زیر همه قول‌هایت زده توانستی دیگر چه تعریفی از خوبی و بدی می‌ماند؟ واقعاً چه تعریفی؟ صندلی روبه‌رویم خالی است و با تصور اینکه تو آن‌جا نشسته‌ای شادی درون سلول‌های بدنم می‌خزد و مرا سخت در آغوش می‌گیرد. دفترچه‌ای با خودم نیاورده‌ام، اما نمی‌توانم مانع نوشتن خودم شوم. آن جاکت خاکستری، جوری که سیگارت را به دستت می‌گرفتی، جوری که نفس می‌کشیدی، صورتت، پوستت، دستانت همه را هنوز که زمان زیادی گذشته است به خاطر دارم.

ای جفاکار بدذات! ای آنی که به فکرت نرسید یک‌بار از زنده بودنم اطلاع حاصل کنی! ای آنی که فکر کردی من، من لیاقت تو را ندارم. ای گنه‌کار! برای اینکه فکر کردی دوستت ندارم و هرگز نیز دوستت نداشته‌ام. ای خیال‌باف پست فطرت! برای اینکه فکر کردی دوست ندارم با تو قدم بزنم. اما تو حالت خوب خوب است. به تو گفته بودم آن‌روز دیگر فکر کردم تو را دیده‌ام؟ همین پل سرخ؟ احساس کردم مثل یک روح از کنارم عبور کردی. آیا خودت بودی؟

حتی مطمئن نیستم. که اگر خودت بودی از زمانی که من، ترکت کرده‌ام به شکل باورنکردنی تغییر کرده‌ای. من هرگز فکر نمی‌کردم این همه تغییر کرده بتوانی. برای همین بود، دقیقاً برای همین بود که از تو فرار کردم. تو باعث می‌شدی من نیز تغییر کنم. تو باعث می‌شدی من نیز به زن ضعیف مبدل شوم. آیا من زنی ضعیف بودم؟ وقتی که دم دروازهٔ کافه بودم یک جور استرس داشتم. پاهایم می‌لرزید. دلم می‌پیچید. همان احساسات اشتباه و غلط. حس کردم قرار است تو را ببینم. حس کردم تو نیز این‌جایی. تو این‌جا بودی؟ هرگز. هرچند که فکر نمی‌کنم تو هنوز به مکان آخرین وداع مان می‌آیی. فکر نمی‌کنم دوست داشته باشی خاطرات تلخ را مرور کنی. فکر نمی‌کنم هنوز دوست داشته باشی مرا. نه. من هم ندارم. من هم دوستت ندارم. فقط نمی‌دانم. نمی‌دانم چرا دلم می‌خواست کنارم بودی. دلم می‌خواست کنارت بودم. اما باور کن، باور کن دوستت ندارم. عشق این‌طور نیست. کاری که من می‌کنم اشتباه است. باز قلم به دست دارم و باز بازوانم را درد گرفته است. اگر تو بودی نیاز به نوشتن این خزعبلات نبود. آه اگر فقط تو بودی نیاز نبود این همه من، این طور درون پاتوق خودمان بدون این همه تو بنشینم. اما تو نبودن را ترجیح داده‌ای. دیوانه! دیوانه چقدر می‌خواستم حرف نزنیم اما فقط توانایی این را داشته باشیم که روبه‌روی هم بنشنیم. نداریم نه؟ این توانایی را نداریم. توانایی کنار آمدن با همدیگر را. توانایی دوست داشتن هم را نداریم. من، من یک استعداد خاص دارم. می‌توانم به سادگی، به

راحتی دل خودم را برنجانم. تو یک استعداد دیگر داری. می‌توانی به سادگی، به راحتی دل من را از آن خود خودت بکنی، اما نمی‌آیی، با من حرف نمی‌زنی، از دلم درنمی‌آوری، به من بی‌توجهی، مرا به زور به آغوشت نمی‌کشی. تلاش نمی‌کنی تا به زور دوستم داشته باشی. چرا؟ من، من لیاقتش را ندارم؟ دارم. تو، تو توانایی‌اش را نداری بزدل ترسو! مرا آن گونه که (باید) دوست داشته نتوانستی. به تو گفته بودم، به تو گفته بودم مرا به طور شایسته دوست بدار. ساعاتی از روز را سخت محتاج دوست داشتن تو می‌شوم، اما خب تو نیستی. نیستی تا تأیید کنی دوستم داری. برایم مهم حتی نیست بعدها این نوشته‌ها به دست چه کسی می‌افتد و چه کسی می‌خواندشان. چیزی که برایم مهم است این است که اسم تو را خطاب کنم.»

برای اولین بار حوصله‌ام سر رفت و برایش نوشتم: «مه او سارای سابقه ره می‌خوایم. او سارایی که قوی بود، دیوانه بود، از کلماتش شعر، جنون و دیوانگی فوران می‌زد، ترسو نبود، با خودش صادق و راستگو بود، هر چیزی را که می‌خواست با تحکیم و قدرت به دست می‌آورد نه با عجز و التماس و زاری. تو به آن سارا چه کار کردی؟ چه بر سر آن سارا آوردی؟»

– «چی میگی بچیم؟»

– «تو ره چی شده سارا! تو دیگه یک درصد او سارای سابق نیستی. او سارای سابق هم زخم داشت و تمام روح و پیکرش زخمی و خونین بود، اما به ای اندازه عاجز و ضعیف و قابل ترحم نبود. او

سارا با خودش و آدم‌های چهار اطرافش صادق بود. تو ره چی شده سارا؟ چرا همرایم گپ نمی‌زنی؟»

- «مه خوب استم بچیم (دروغ می‌گفت). همه چیز خوب و سر جایش است. هیچ‌چیز تغییر نکرده است.»

- «هیچ‌چیز خوب و سر جای خودش نیست سارا، اما ای که برم نمی‌گی دیگه دلت. حالا ای دوست داشتن مره تمام خاک‌های عالم ره بر سرش بکو، اما امیدوارم یادت نرفته باشه که مه رفیق و دوستت هم استم و تو همیشه می‌تانی در مورد هر چیز بدون ای‌که بترسی مورد قضاوت قرار بگیری همراهم گپ بزنی.»

ساکت ماند. با جرأت بیش‌تر ادامه دادم: «بعد تو متوجه نوشته‌هایت استی؟ شاید خودت متوجه نیستی، اما ای روزها هرچه می‌نویسی همه‌اش فقط چس‌ناله، عجز و التماس است. فکر می‌کنی او آدمی که مخاطب این نوشته‌ها است نمی‌خوانه این‌ها ره؟ هر آدمی که تو ره بشناسد و دوست داشته باشد اگر این بزرگ‌ترین اشتباه زندگی‌اش را مرتکب شده و از پیشت برود یک شبه پشیمان شده و با گریه و زاری پشت دروازه‌ات برخواهد گشت. حالا این آدمی که یک سال از رفتنش گذشته است و برنگشته است به این معنی است که برای همیشه به سعادتش پشت و پا زده و رفته است و خیال برگشتن ندارد. تو فکر کو با این نوشتن این چیزها چقدر پیش او خودت را مظلوم و بدبخت نشان می‌دهی. مه باید یک روز دانشگاه تان بیایم و ای آدم ره از نزدیک ببینم.»

آتش فشان خفته را بیدار کرده بودم:

- «چی گپ‌های لودگی می‌زنی بچیم. ای نوشته‌ها اصلاً کدام مخاطبی نداره. او بی‌ناموس بی‌غیرت هم اصلاً لیاقت ای ره نداره که مخاطب ای نوشته‌ها باشه. تو خو می‌فامی که کانال مه همو ده نفر بیشتر عضو نداره که همه‌شان ره شخصی می‌شناسم. ده قسمت آمدن به دانشگاه لطفاً اشتباهاً هم ای کار ره نکنی که هرگز هرگز نمی‌بخشمت.»

لحنش جدی و ترسناک بود. اولین باری بود که جرأت کرده بودم با آن لحن همراهش حرف بزنم. می‌توانستم مطمئن باشم که او آن گستاخی‌ام را بدون مجازات باقی نمی‌گذاشت، اما چه نوع مجازاتی؟ نمی‌دانستم.

نیم ساعت بعد وقتی رفتم که کانالش را نگاه کنم، متوجه شدم بیرونم انداخته بود. حق داشت. اولین باری بود که من جرأت کرده و خلاف میلش حرف زده بودم. او تعصب عجیبی روی ادبیات و نوشته‌هایش داشت و از بخت بدم من هم درست همان نقطه را نشانه رفته بودم. پشیمان شده بودم. نباید آن حرف‌ها را بر زبان می‌آوردم. او تمام زندگی از گل نازک‌تر نشنیده بود پس من کی بودم و به کدام دل و جرأت دست به آن کار زده بودم. خواستم برایش بنویسم که به خاطر حرف‌هایم متأسف استم و مرا ببخشد و ....

از همه جلا بلاکم کرده بود. دوباره در ابتدای تونلی قرار گرفته بودم که فقط به پیش رو راه داشت و تا چشم کار می‌کرد تاریکی

بود. پی هم خودم را تسلی می‌دادم که قهر و عصبانیتش زود فروکش کرده و دوباره برخواهد گشت. آرام و قرار نداشتم. نمی‌دانستم چکار کنم و به کجا بروم. احمقانه فکر کرده بودم که بعد از دو سال و بعد آن همه فراز و نشیب شاید دوری و حتی رفتنش را تحمل کرده بتوانم، اما اشتباه کرده بودم.

به مریم پیام دادم و گفتم که سارا مرا از همه جا بلاک کرده است. با خونسردی گفت که حتما کدام اشتباهی ازم سر زده و اعصابش را خراب کرده ام و باید منتظر بمانم که خشمش فرو بنشیند. سارا در حالت بسیار عادی و معمولی خودش قادر بود دست به هر نوع دیوانگی و خرابکاری ممکن بزند حالا چه رسد به اینکه یک نفر دل و جرأت به خرج داده و اعصابش را خراب کند که من آن کار را کرده بودم.

بغض شدیدی گلویم را می‌فشرد. نمی‌توانستم یک بار دیگر سارا را از دست داده و گمش کنم. البته این بار گم شدن و رفتن سارا مثل دفعه قبل نبود چون من الان می‌دانستم او کجا درس می‌خواند و با کمی جست‌وجو و تلاش حتی خانه‌اش را هم شاید پیدا می‌توانستم، اما حرف این بود که اگر او مرا از خودش رانده بود و نمی‌خواست صورتم را ببیند دیگر به چه عنوانی می‌توانستم در جست‌وجویش برآیم.

به شدت احساس بیچارگی می‌کردم. اندوه و ناامیدی تا گلویم بالا آمده بود. به معنی واقعی‌اش به بن‌بست رسیده بودم. نمی‌دانستم

چکار کنم، کجا بروم و چه خاکی بر سرم بریزم. مغزم از کار افتاده بود و قدرت تصمیم‌گیری را به کلی از دست داده بودم.

****

به سهراب پیام دادم و گفتم اگر فرصت دارد پل سرخ ببینیم. همین‌که از در داخل شد و مقابلم نشست، فهمید که حالم خوب نیست.

- «چی شده تو ره؟ خوب استی؟»

سرم را تکان دادم و گفتم: «نه. خوب نیستم.»

- «چی شده؟»

- «سارا مره از همه جا بلاک کرده. دو روز شده اصلاً ازش خبر ندارم. نمی‌فامم چکار کنم.»

لبخند تلخی بر لبانش نشست و سرش را آهسته تکان داد: «خیر است پس میایه. یک قار دخترانه کده دیگه.»

در حالی‌که بغض گلویم را می‌فشرد جواب دادم: «نمی‌فامم. دو روز شد. اگر می‌آمد، باید می‌آمد دیگه تا به حال.»

- «خیر است قهوه ته بنوش. گپ می‌زنیم در ای مورد.»

تا پاسی از شب در کافه نشسته و غذا خوردیم و سیگار کشیدیم. بعد به اتفاق هم به اتاق برگشتیم. سهراب سیگاری آتش زده و لب پنجره نشست و به بیرون خیره شد. در بیرون تک و تک، آدم‌ها و موترها هنوز از خیابان عبور می‌کردند. پکی به سیگارش زده و پرسید:

- «خو اینالی برم بگو که آخر با ای سارایت چی کار می‌کنی؟»

- «کاشکی می‌فامیدم که با ای سارا چه خاکی ره سر خودم بریزم.»

مکثی کرد و بعد از اینکه با نوک دو انگشتش ته ماندهٔ سیگارش را به خیابان پرت کرد گفت: «می‌فامی یک اشتباه بسیار معمول شما دختر و بچه‌های عاشق‌پیشهٔ ای سرزمین چی است؟ او اشتباه بسیار بزرگ و نابخشودنی‌تان ای است که دخترانتان می‌آیند و عشق را که آدم باید تقدیم یک مرد عاقل و بالغ کنه، دو دستی به پای بچه‌گکی که هنوز صحیح ریش نکشیده می‌ریزند و شما بچه‌ها هم می‌آیین و دخترای هفده هجده ساله ره مثل یک زن دوست می‌داشته باشین. همی اشتباه ره تو هم مرتکب شدی عزیز دل مه. سارا فقط یک دختر است، اما تمام ای مدت تو او ره مثل یک زن دوست داشتی که اشتباه محض بود. همی عشق و دوست داشتن هم که است مثل تخم یک گیاه است. ده جای غلط بیاندازی‌اش هرگز سبز نمی‌شه. گذشته ازی گپ چیزی ره که مه در مورد سارا متوجه شدم ای است که ای دختر اگر هجده سالش است، نوزده سالش هرچه که است، به اندازه صد سال کینه و غرور بی‌جای، خودپسندی و خودبزرگ‌بینی ره درون خودش پرورش داده است. شاید ده جریان زندگی خود بسیار زخم خورده باشد، شاید محرومیت دیده باشد، شاید شکست خورده باشد، خو مگر هیچ کدامش دلیل نمی‌شه که آدم تا ای حد دچار غرورکاذب و خودبزرگ‌بینی شده و خودشه در هر حالت حق به جانب و مستحق انجام دادن هر غلطی فکر کند. کدام دختر ای

مملکت زخم نخورده؟ کدام دختر ای مملکت محرومیت و قید و بند ره ندیده؟ کدام دختر ای مملکت شکست نخورده است؟»

دل به شدت پری از سارا داشت و تازه شروع کرده بود: «بعدش ای سارا خانم به شدت مریض است. اوقدر مریض که چهل پنجاه دانه متخصص و روان‌درمانگر باید یک‌جای شوند و سال‌ها سرش تحقیق کنند تا نوعیت مریضی‌شه تشخیص داده بتوانند.»

سرم را تکان دادم و گفتم: «ده باره او ای قسم فکر نکو بچیم. او هنوز خیلی جوان و معصوم است. در همی سن کوچک خودش هزار رقم درد، رنج، محرومیت و بدبختی ره دیده است و مه برش حق می‌تم که...»

– «گه نخور دیگه بچیم. بگو که مریض است و از آزار و اذیت کردن و تحقیر و کم‌زدن آدم‌ها لذت می‌بره و خودش ره مستحق هر رقم بی‌ناموسی و بی‌وجدانی می‌دانه. تو وقت‌هایی که همدیگرتان ره می‌بینین هیچ وقت متوجه نشدی که او همیشه با چه لحن تحقیرآمیز در مورد آدم‌ها حرف می‌زنه و به گمان خودش هیچ‌کس ره اندازه یک پشه حساب نمی‌کنه. البته تو خو شکر کور استی و نمی‌بینی اما حقیقت متأسفانه همی‌طور یک چیز است بچیم. باز مه هم جای سارا بودم از خدا می‌خواستم آدمی مثل تو ده کف مشتم باشه و هر لحظه که دلم شد، گریان شه بکشم و از اذیت کردنش لذت ببرم و هر زمانی که دلم نخواست یک لگد ده کونش زده و رخصتش کنم و او با گریه و زاری و بدبختی دوباره پیشم بیایه و التماس کنه که قبولش

کنم.»)

می‌خواستم چیزی بگویم، اما با اشارهٔ انگشتش مرا به سکوت دعوت کرد: «بین عزیزم ای گپ‌هایی ره که زدم شاید همه‌شان حقیقت نداشته باشند و از روی اعصاب خرابی به زبان آورده باشم، اما یک گپ ره از یادت نبر.»

- «کدام گپ ره؟»

سیگاری روشن کرده و بعد از کمی سکوت گفت: «می‌فامی همی امروز اتفاقی یک جایی خواندم که... باش که یادم بیایه که چطور بود. هان... ای قسم بود. می‌گفت: هزار نفر را بوسیده‌ام تا بتوانم یک نفر را فراموش کنم و من از اندوه پنهان آدم‌هایی که تن به بوسهٔ فراموشی او دادند، غمم گرفت.»

تمام وجودم لرزید. سهراب هم اندوهگین به نظر می‌رسید و چهره‌اش پر از غم شده بود. در حالی‌که از پنجره به بیرون که کاملاً خلوت شده بود نگاه می‌کرد، گفت: «ده ماجرای تو و سارا متأسفانه تو یک نفر از همو هزار نفر استی عزیزم. یک نفر از هزار نفری که باید حواس سارا ره پرت کنه و چیزی ره از یادش ببره. از دید سارا نقش تو در این ماجرا فقط همی‌قدر است. نه کم و نه زیاد. ای که تو هر رقم کون‌پارگی می‌کنی و هر نقشی ره به خود می‌تی کار خودت است.»

میشل مونتی راست گفته بود که «غم‌های کوچک پرحرفند و غم‌های بزرگ لال.» من هم لال شده بودم و هیچ حرفی برای گفتن

نداشتم. سکوت غم‌انگیزی میان ما برقرار شده بود. از بیرون و خیابان خالی هم کوچک‌ترین صدایی به گوش نمی‌رسید.

سهراب پرسید: «تو تا هنوز همراه سارا چکار کدی؟»

با تعجب پرسیدم: «چکار کردم یعنی چی؟»

– «کسخل منظور ای است که ماچش کدی؟ ده آغوشش گرفتی؟ بدن شه دست زدی؟»

– «نی ای کارها ره دوست نداره سارا. اصلاً حساسیت داره همراه ای‌کارها.»

با صدای بلند خندید.

– «ماچش هم نکردی؟»

– «نه.»

– «خی چکار کردی؟»

– «هیچ کار.»

– «باش یک گپ دیگه ره هم برت می‌گم باز خو کنیم که مه صبح زود باید بیدار شوم.»

منتظر ماندم. گفت: «یک دفعه دیگه هم ای گپ ره برت گفته بودم و باز هم تکرار می‌کنم که همی سارا اگر دوستت می‌داشت، هموقدر دیوانه و سرشار و یاغی است که سر سرک و پیش چشم همه مردم خوده ده بغلت انداخته و لب خوده به لبت می‌چسپاند. ای گپ که او ای قسم کارها ره دوست نداره و همراهشان حساسیت داره، کس‌شعر مطلق است. اصل گپ ای است که دوستت نداره و

یک لحظه هم به دوست داشتن تو فکر نکرده است. ای گپ مره به یادت داشته باش. دیگه چی درد سرت بتم بچه پدر. برویم خو شویم.»

بعد از کنار پنجره بلند شده و یک بالش و روجایی برای خودش گرفت و جای خوابش را بالای کوچ مرتب کرد. پرسیدم: «به نظرت باز رفته یا پس می‌آیه؟»

بالش را زیر سرش گذاشته و روجایی را به صورتش کشید و گفت: «صد در صد پس می‌آیه. ای دفعه دیگه برده فرمانبردار و احمق و عاجزی مثل تو ره به ای آسانی‌ها از دست نمی‌ته. خاطرت جمع باشه. مطمئن باش که همی الان دل او پشت تو زیادتر تنگ شده است.»

چراغ را خاموش کرده و تن بی‌جان و زخمی‌ام را روی تخت انداختم و زیر لب نالیدم: «کاش خدا از دهانت بشنود و برگردد. کاش همه چیز خوب شود.»

دو روز دیگر هم گذشت، اما از سارا خبری نبود. از یکی دو شمارهٔ دیگر برایش زنگ زدم، اما تا می‌فهمید من استم قطع کرده و آن شماره را هم بلاک می‌کرد. از غصه و اندوه زیاد در حال مردن بودم. قبل از این هم یک‌بار در فراق سارا یک سال تمام گریسته و عزاداری کرده بودم و اصلاً نمی‌خواستم دوباره از دستش بدهم. در یک خلای مطلق به سر می‌بردم و نمی‌داستم چکار کنم. تنها راه رسیدن به سارا، مریم بود و اینکه خانه‌شان بروم و یا هم تا دانشگاه تعقیبش کنم که

می‌دانستم هیچ کدام‌شان مرا به سارا نمی‌رسانیدند.

نوشتم: «سلام سارا! ای یگانه‌ترین یار و ای مادر همه جنون‌ها و دیوانگی‌های عالم. نمی‌دانم همین الان کجا و مشغول چه کاری و من در کدام پهنۀ این جهان بزرگ و پهناور جست‌وجویت کنم؟ نزدیکی در حدی که می‌توانم از تاریکی شب به نوری که از پنجرۀ اتاقت به بیرون می‌تراود خیره شده و به این دلخوش باشم که پشت آن پنجره نشسته‌ای و نفس می‌کشی و شب را با همه سنگینی اش روی شانه‌هایت حمل می‌کنی. لمس انگشتان باریک و کوچولویت را روی صفحۀ موبایلت حس می‌کنم، نوشته‌هایت را قبلا از این که بنویسی می‌خوانم و به این فکر می‌کنم که غمگین‌تر از این هم ممکن است؟ بعد دور استی! آن‌قدر دور که فقط مرگ می‌تواند دهان این دوری را بدوزد. چرا من باید همیشه دیر برسم؟ به تو، به زندگی و به همه آرزوهایی که وقتی به آن رسیده‌ام دیگر آرزو نبوده‌اند. درد بوده‌اند و اندوه و خون جگر. نه این دیر رسیدن من به تو از یک جنس دیگر است. اوایل سال‌های ریاست جمهوری کرزی، سالن‌های کوچکی به نام ویدئو فیلم خانه باز شده بود که در آن در بدل پول فیلم نمایش می‌دادند. آن روزها که مثل این روزها نبود. فیلم دیدن برای خودش شوق و جلال و شکوه وصف‌ناپذیری داشت. ما اما پول نداشتیم که داخل برویم و فقط پشت در ایستاد شده و به صداهایی که از داخل سالن به گوش می‌رسید گوش می‌دادیم. و کاش آن کار را نمی‌کردیم. فیلم‌های هندی و صداگذاری‌های عجیب و غریبش را که دیده و

شنیده‌ای. صدای جنگ و زدن زدن بلند می‌شد ما در آن پشت در از حسرت و آرزو می‌مردیم و زنده می‌شدیم. دیالوگ عاشقانه بلند می‌شد ما از درد و اندوه به خودمان می‌پیچیدیم و آرزو می‌کردیم کاش آن طرف در بودیم. آواز می‌خواندند ما نیمه عمر می‌شدیم که همراه با آن آواز چه تصویری در حال حرکت است. این غم‌انگیزترین نوع دیر رسیدن و پشت در ماندن نیست به نظرت؟ حالا دیر رسیدن من هم به تو از همین نوع است. تو درست آن هنگامی که می‌خواستم داخل خانه شوم در را به رویم بستی. حالا من از پشت این در صدایت را می‌شنوم می‌میرم، خنده‌ات را می‌شنوم تمام زندگی‌ام می‌لرزد، گریه‌ات به گوشم که می‌رسد قلبم پاره می‌شود. با هر صدایی که از پشت در بستهٔ خانه‌ات به گوشم می‌رسد، می‌میرم و زنده می‌شوم.

من از ابتدا قصد آمدن به خانه‌ات را نداشتم چون که غریب بودم، پول نداشتم، خانه‌ات برای من بیش از حد اشرافی و خیره‌کننده بود، اما تو صدایم زدی، تو از آن دوردست‌ها با لبخند مرا به سوی خانه‌ات فرا خواندی، تو با دستان مهربان و کوچولویت اشاره کردی که بیایم و از آمدن و داخل شدن به آن خانه نترسم.

آیا این انصاف است که بعد این همه انتظار و حسرت و اندوه در را به رویم ببندی و مرا بیرون در نگه داری تا از حسرت و دیوانگی و اندوه بمیرم؟ و چند بار می‌خواهی این کار را با من انجام بدهی؟ آیا در عدالت و دیوان خدا این کار تو قابل بخشش است؟ من چطور و با چه امیدی بدون تو زندگی کنم و به کجای این دنیای خاکی

بروم که تو در آن‌جا نباشی و نبودن تو مثل خنجر به قلبم فرو نرود؟ چطور می‌توانم فراموشت کرده و به تو فکر نکنم که تو در رگ‌هایم می‌جوشی؟ تو تمام لایه‌های پوستم را عبور کرده و میان استخوان‌هایم جا گرفته‌ای و کدام چاقویی قادر است این همه پوست را شکافته و چند دانه استخوانم باید بشکند تا به تو برسد و تو را از آن‌جا بیرون بکشد؟

با هزار دوا و درمان هم نمی‌توانم گمت کنم.

گاهی به شکل ضربان تپنده‌ای قلبم ظاهر می‌شوی، گاهی مثل یک صورت رنگ‌پریده و دو تا چشم خسته خودت را به رخ می‌کشی و گاهی هم واژه شده و روبه‌رویم نشسته و مرا به جنگ و مجادله می‌خوانی. جنگی که برنده‌اش همیشه تو استی.

در خواب‌هایم هم تو فرمان‌روای مطلق استی. یک صبح بیدار می‌شوم و می‌بینم که صورتم گل انداخته و سرخ شده است. انگار تو یواشکی بر آن بوسه زده‌ای و یک صبح هم وقتی بیدار می‌شوم می‌بینم بالشتم از اشک خیس است چون که تو دوباره مرا تهدید به رفتن کرده‌ای. غمت که هجوم می‌آورد زخم می‌شوی و با تمام زخم‌های قدیمی و سی سالهٔ وجودم دست به دست هم داده و یکجا دهان باز می‌کنین. زخمی می‌شوی بر صورتم، کنار چشم‌هایم، لبم و تمام زندگی‌ام. زیرا که...

«بعد از تو آدم‌ها

تنها خراش‌های کوچکی بودند

که تو را از یادم ببرند، اما نبردند
تو بعد از هر زخم تازه‌ای دوباره باز می‌گردی
و هر بار
عزیزتر از پیش
هر بار عمیق‌تر...
«رؤیا شاه حسین‌زاده»
به یک بلاگر ایرانی که سارا از طرفداران سرسخت نوشته‌هایش
بود پیام نوشتم و ازش خواهش کردم که نامه‌ام را در کانالش نشر کند
تا مگر سارا آن نامه را بخواند و دلش بسوزد و برگردد.

شانزدهم

سارا اما پیش از نشر آن نامه برگشت. دوباره مرا از بلاک کشید و همه چیز به حالت عادی برگشت. برایش نوشتم: «سلام سارا. چرا اذیتم می‌کنی؟ چرا از دق‌مرگ شدنم خوشت می‌آید؟ چرا می‌خواهی همیشه خوده خاک برسر و بدبخت‌ترین آدم دنیا فکر کنم؟»

– «کمی اعصابم سرت خراب بود گفتم باش بفامی دوست داشتن آدم‌ها چقدر قیمت داره و آدم چه قیمتی ره برای دوست داشتن پرداخت کنه.»

– «اما مه خو معذرت خواستم ازت.»

– «تنها او گپ نبود. همو روز که ده کافه شیشته بودیم مه برت گپ زده روان بودم اما تو به تلفونت مشغول بودی و اصلاً به خیالت

هم نبود که مه اونجا شیشته بودم. از همو خاطر اعصابُم سرت خراب شد و خانه آمدم و بلاکت کردم.»

اصلاً یادم نبود که چنان حرکتی از من سر زده باشد. اگر هم سر زده بود آن چیزی بود که در هر هزار سال یک بار ممکن بود اتفاق بیافتد، اما آن دختر اسمش سارا بود و بدون درنظر داشت حسی که خودش در مقابل آدم‌ها داشت یا نداشت از همه توجه و فرمانبرداری مطلق می‌خواست.

نوشتم: «خوب خیر. خدا مره بکشه که تو گپ بزنی و مه فکرم جای دیگه باشد. خوشحالم که پس آمدی سارا. نمی‌فامی که در ای چند روز چه کشیدم.»

– «البته معذرت می‌خوایُم ازت. نمی‌فامُم چرا یگان وقت از تو همو توقعی ره می‌کنُم که معمولاً عاشق و معشوق از همدیگرشان می‌کنند.»

او همیشه به همان راحتی و خونسردی خنجرش را در سینه‌ام فرو می‌کرد و زخم تازه‌ای بر زخم‌هایُم می‌افزود. حالا به گفته‌ای سهراب من یک نفر از آن هزار بودم یا نه اما چیزی که مشخص بود او هرگز به من به چشم آدمی که دوستش داشتم و برایش می‌مردم نگاه نکرده بود.

سکوت کرده بودم. برای اولین بار از زمان آشنایی با سارا حس می‌کردم حرفی برای گفتن ندارم. نمی‌دانستم در چه موردی با او حرف بزنم و آن موضوع به شدت مرا می‌ترساند زیرا همه رابطه‌های

عاطفی دنیا زمانی به بن‌بست حقیقی‌شان می‌رسند که دیگر حرفی برای گفتن وجود نداشته باشد. همه حرف‌هایی که برای سارا داشتم برای موقعیتی بود که دوستش داشتم و او را همسفر تمام زندگی‌ام فکر می‌کردم و حداقل یک درصد امیدواری وجود داشت که او هم دوستم دارد اما الان... .

برایش آهنگی از روزبه بمانی را فرستادم. همان آهنگی یک قسمتش روزبه چنین می‌خواند:

«دیونه تم با اینکه فهمیدم یه عمری

این رابطه از سمت تو عاشق نداره

اینقد نگو احساست از دیونگی ته

احساس اسمش روشه چون منطق نداره

من آرزویی غیر احساست ندارم

از بس که رؤیامو بهت نزدیک کردم

یک بار که دنبال ردت رفته بودم

من به خودم از پشت سر شلیک کردم

حال من حال اون آدم زخمی یه

که خودش دیده زخمش چقد کاریه

اما جایی نمی‌ره

خوش نشسته بمیره

من بمیرم بمونم تهش عاشقم

این تو این حسم این عشقم این منطقم

تا تو باشی همینم

تا تو باشی همینم»

کمی بعد برایم یک وایس فرستاد. با صدای بلند گریه می‌کرد: «چرا ای آهنگ ره برم روان کدی لعنتی؟ چرا زخم مره دوباره تازه کردی؟ چرا همیشه ای کار همراه مه می‌شه...»

نمی‌دانستم چه کنم و چه واکنشی نشان بدهم. آن دختر دیوانه پر از زخم و شکستگی بود و هر جایش را دست می‌زدی یک زخم تازه دهان باز می‌کرد. کمی منتظر ماندم تا حالش خوب شود. وقتی به آن فاز دیوانگی و اندوه فرو می‌رفت باید به حال خودش می‌گذاشتی تا به خودی خود حالش خوب شود. بعد از نیم ساعت برایش نوشتم: «سارا؟»

- «چی است عزیزم؟»

- «بیا در مورد زخم‌های ما حرف بزنیم. منظورم زخم‌های تو است. البته مه در مورد زخم‌های تو تا جایی ره می‌فامم. بیا در مورد او زخم بزرگت و او زخمی که مه زیاد در موردش نمی‌فامم گپ بزنیم.»

- «خودم همی به همی فکر بودم عزیزم.»

- «خوب مه گوش می‌کنم.»

بدون مقدمه شروع کرد: «دوستش داشتم. آن‌قدر دوستش داشتم که فقط می‌خواستم به صورتش نگاه کنم. شکل نفس‌هایش ره دقیق شوم. بالا و پایین رفتن سینه‌اش ره حفظ کنم. می‌فامی او و تو هم ره می‌شناخت. او دوره قبل وقتی پیش تو می‌آمدم او می‌فامید

که مه به دیدن تو می‌آیم. حتی یک بار مره تا پیش تو همراهی کرده بود و می‌خواست از نزدیک تو ره ببینه، اما مه مانعاش شدم. دیوانه‌اش بودم، اما ترسو بود و از بدنامی‌اش می‌ترسید. شاید از پدرم می‌ترسید و ای‌که غرورش جریحه‌دار نشود. همیشه برم می‌گفت خدا تو ره به خاطر رنج‌هایی که کشیدم پیش روی مه قرار داد. ای گپ همیشگی‌اش بود.»

نوشتم: «آهان پس رمانتیک هم بوده!»

– «چی می‌گی دیوانه. صد برابر تو رمانتیک بود. اشتوک بود، اما رمانتیک. از بس همه چیز زیبا و رمانتیک بود ما درون یک فیلم عاشقانه بالیوودی زندگی می‌کردیم. پنج دقیقه که همراهش گپ نمی‌زدم، وقت همراه گل و چاکلیت پشت خانه می‌رسید. بارها اتفاق افتاده بود که نیمه‌های شب پشت دروازهٔ ما آمده و به خاطر مه تمام وجودشه زخمی و پاره کرده بود.»

سرم را تکان داده و زیر لب فحشش دادم: «بی‌ناموس ای‌قدر رمانتیک و عاشق بوده خی.»

بعد چندتا عکس دو نفرهٔ خودشان را برایم فرستاد. از آن پسرهای جذاب، خوش‌اندام و شیک‌پوش و باب دل دخترها بود. نمی‌دانم تنها همان موضوع شیک بودن و جذابیتش بود که سارا را عاشق خودش ساخته بود یا کمال و هنر دیگری هم داشت. گوشهٔ عکس، آدرس انستاگرام آن پسر نوشته شده بود و معلوم بود که روز و روزگاری سارا آن عکس‌ها را در حساب انستاگرام خودش گذاشته بود. آدرس

انستاگرامش را یادداشت کردم. می‌دانستم یک روزی به آن ضرورت پیدا خواهم کرد. پرسیدم: «پس چه چیز باعث شد که جدا شوین؟»

ـ «اشتوک بود. از پدرم که با تمام زندگی و غیرت چند هزار ساله‌اش مخالف رابطه ما بود می‌ترسید. یکی دو تا رفیق ناباب داشت که هی کوشش می‌کردند رابطهٔ ما ره برهم بزنند و موفق هم شدند، اما به نظر مه هیچ کدام او گپ‌ها دلیل نمی‌شد که بروه، چون مه دوستش داشتم و تا آخر پای دوست داشتنش ایستاد بودم، اما او بی‌غیرت قدر دوست داشتن مره نفامید و میدان ره رها کرد. مره رها کرد و تیشه ره به ریشه خودش زد. به خدا اگر تمام کابل و دنیا ره بگرده و تا دانشگاه ره تمام کنه، هیچ‌کس مثل مه دوستش داشته نمی‌تانه. اینه ای او، ای تمام دخترای کابل. تو شاهد باش.»

شب به نیمه رسیده بود. در اتاق کوچکی در یکی از بلندمنزل‌های شهر کابل، یک آدم تنها، غمگین و بی‌پناه به ماجرای عشق و دلدادگی دختری گوش می‌داد که خودش او را دوست داشت و بارها برایش مرده بود.

ـ «آخرش چه شد؟ چرا جدا شدین؟»

ـ «هرگز نفامیدم که چطور جدا شدیم. یک روز قرار گذاشته بودیم که کافه رفته و غذا بخوریم. پیش داکتر رفته بود و از قراری که گذاشته بودیم یک ساعت دیرتر آمد. وقتی آمد مه همراهش گپ نزدم. مثل همیشه که قهر می‌کنم صورت مه دور دادم و اصلاً طرفش سیل نکردم. وقتی دیدم عکس‌العملی نشان نداد، مریم ره گفتم که

کیف مه بته که مه میرم. ای گپ ره که گفتم بازوی مره محکم فشار داد و طرف خودش کش کرد که چرا می‌رم و چرا همراهش گپ نمی‌زنم و چرا قهر استم و گپ چیست. مام که مثل همیشه عادت داشتم ناز مره بخره برش گفتم که ازش بدم میایه و قرار نیست دیگه رویم ره ببینه. می‌فامی چکار کرد؟»

- «چکار کرد؟»

- «ای بار یک کار دیگه کرد. به جای ای که همراه مه گپ بزنه، مشت شه محکم به میز کوبید و از جایش بلند شد و از کافه بیرون رفت. همو لحظه حس کردم که چیزی درون مه فرو ریخت. یک چیزی در درون مه شکست و به زمین افتاد. دنبالش دویده و بدون هیچ ترس و هراسی در آغوشش گرفته و دوباره با خودم داخل کافه آوردمش. خودم را لعنت کردم که چرا آن پسر بیچاره را هی اذیت می‌کنم در حالی که دیوانه‌وار دوستش داشتم. وضعیت ظاهراً به حالت عادی برمی‌گشت، اما مه دیگه آرام نبودم. اعصاب مه به کلی از دست داده بودم. دیدم بحث فایده نداشت. مه چی کردم تو چی کردی گفتن فایده نداره. بعد از چند دقیقه سکوت از جایم بلند شده و ازش خداحافظی کردم و خانه رفتم و می‌فامی همو آخرین دیدار ما بود. از فردا دیگه همراهش حرف نزدم و همه چیز بین ما تمام شد.»

همان‌طور که سارا پی هم می‌نوشت و در مورد ماجرای خودش حرف می‌زد یک چیزی هم در درون من در حال فرو ریختن بود. یک چیزی در درون من کوشش می‌کرد به هر خار و خاشاکی چنگ زده

و خودش زنده نگه دارد، اما نمی‌توانست.

سارا نوشت: «حالا فامیدی که همراه مه چکار کرد؟ مه چکار کردم و او چکار کرد. در ای‌طور یک شهر لجنی و کثیف مه یک دختر بودم، آن هم یک دختر پشتون با او همه قید و بند، برای دوست داشتن او از همه خط‌های سرخ زندگی‌ام عبور کرده و مقابل پدر، مادر، برادر و تمام قبیله‌ام ایستادم و حاضر بودم دست به هر کاری بزنم، اما او... بگذریم دیگه.»

– «کوششی برای برگشتن نکرد؟»

– «نه اصلاً کوشش نکرد و همی کارش مثل یک زخم روی زندگی و گذشته مه باقی مانده. مه فقط دوستش داشتم و اگر حالی هم یک‌بار بیایه و بگویه که می‌فامه او روز چکار کرده و معذرت بخایه مه می‌بخشمش. دگه کتیش عاشق و معشوق نمی‌شم، اما ای نفس‌تنگی از سر شش‌هایم اوسو می‌شه.»

سکوت کرده بودم. حتی دلم نمی‌رفت از آن دلداری‌های الکی برایش بنویسم. دوباره شروع کرد: «نمی‌فهمم چطور نفهمید که مه دوستش دارم.»

نوشتم: «تو اگر سارا نبودی و یک دختر معمولی هم بودی لیاقت ته نداشت.»

– «می‌فامی بسیار ساده است. باور کو گناهش نیست. لوده ره بازی خورده. هنوز فکر می‌کنم که گنس است و متوجه نیست و یک روز بالاخره متوجه می‌شه که مه به خاطرش دست به چه کار زدم و

حالا اگر همرایش گپ نمی‌زنم هم چقدر دوستش دارم. حالی فهمیدی شکستگی استخوان‌های قبرغه چه شکلی است یا بیش‌تر توضیح بدم؟»

به راستی دیگر چه چیزی باقی مانده بود که من نمی‌دانستم و او باید بیش‌تر توضیح می‌داد؟ همان لحظه که او با آب و تاب در مورد ماجرای عشق خودش حرف می‌زد من صدای شکستن و خرد و خمیر شدن تک‌تک استخوان‌هایم را شنیده و دردش را با تمام وجودم حس می‌کردم.

- «شکستگی یک چیزی شبیه به ای است. خوب به ای داستان از یک جهت دیگه هم دقت کرده نگاه کن. بعد از ای همه ماجراها، هنوز هم می‌بینمش دلم می‌خوایه بغلش کنم و نازش بتم و بگویم که ناراحت نباشه و دوستش دارم. می‌فامی یک زمان حتی می‌خواستم برم ازش معذرت بخایم. بگویم که اشتباه از مه بوده. ای رقم ناراحت و ساکت نباشه ده صنف. شوخی کنه، بخنده و شاد باشه، اما نرفتم. به جایش نشستم روی جانماز و از خدا خواستم برش آرامش بته. شب‌ها تا صبح روی همی تخت لعنتی اشک ریختاندم و دعا کردم یادم بره. دعا کردم آلزایمر بگیرم اما فایده نکرد. درد دارم. ای‌قدر درد دارم که نمی‌تانم تصمیم بگیرم چی از دردم کم می‌کنه. فقط می‌دانم که «از همان جا که رسد درد، همان جاست دوا».

یک لحظه چشمانم را بسته و قطره اشکی را که بیرون زده بود پاک کردم و بعد غمگین‌ترین سوال تاریخ را ازش پرسیدم: «اگر آمدنش

حـال تـه خـوب می‌کنه کـه بـروم دست و پایش ره بگیرم که برگردد؟»

– «تـو وارد ای چـرخـه کثیـف نشو دیوانه جان. ای درد از مه است. برگردد که چی؟ مه می‌ترسـم ازش. وحشـت دارم ازش. قلبم ضربانـش کند می‌شـه وقتی نزدیکم می‌آیه. برگرده چی بگـویم برش؟ تکه هـای قلبم ره ده دستم گرفته چی بگـویم برش؟ بگـویم کـه دفعـه اول صحیح فیـر نکردی بیا این تفنگ‌چه ای بـار درسـت نشـانه بگیـر. نی از مه و او خـلاص شـد، امـا نمی‌تـانی حـدس بـزنی چـه عـذابی ره تحمل می‌کنم هـر صبـح کـه در درون صنـف می‌شـم. از صنـف بیـرون می‌شـم کـه نفس کشیده بتوانم.»

از تک‌تک واژه‌هـای سـارا یـک جملـه فریـاد می‌کشیدند: «کاش برگـردد.»

بـا درمانـدگی نوشـتم: «امیـدوارم همـه چیـز خـوب شـوه سـارا. یک روز صبـح کـه از خـواب بیـداری شـوی ببیـنی همـه زخم‌هایت خـوب شـده‌اند.»

– «چقـدر گپ زدم امشـب. بیا خـواب شـویم کـه تـو هـم فـردا دفتـر رفتـنی اسـتی. دیوانگی‌هـای امشـب مـه بیخـش. خواسـتم زخم‌هـای مـه عریان نشـانت داده باشـم و ای‌کـه بـرت بگـویم به چنان شیوه‌ای تـرک شـدم و خواسـته نشـدم کـه اگـر تمام مردهای درجه اول دنیا شبیه تو مره بخواهنـد بـاز هـم جبـران نمی‌شـه.»

بـه عبـارت دیگـر می‌خواسـت بگـوید کـه «هـزار نفـر را بوسیـده‌ام تا بتـوانم یـک نفـر را فرامـوش کنـم» و مـن هـم یـک نفـر از آن هـزار نفـر بـودم.

همه چیزهایی را که باید می‌دانستم دانسته بودم. با چشمان خودم می‌دیدم که تکه‌های شکسته شده و خونین قلبم چطور یکی‌یکی به زمین می‌افتادند. وسوسه‌ای شدیدی در دلم پیدا شده بود که یک سوال دیگر هم ازش بپرسم اما دلم نمی‌خواست بپرسم. دانستن آن موضوع دیگر چه نفعی می‌توانست به حالم داشته باشد. نه باید می‌پرسیدم اما شاید می‌خواستم تیر خلاص را به قلب خودم خالی کنم. شاید می‌خواستم...

با کمی تردید نوشتم: «سارا یک سوال ازت بپرسم؟»

- «ها عزیزم بپرس.»

فوراً پشیمان شدم. چه نیازی وجود داشت که چاقویی که در قلبم فرو رفته بود را بیشتر فرو ببرم. ساکت مانده بودم. نوشت: «چی است عزیزم؟»

- «هیچ! منصرف شدم سارا.»

- «بپرس دیگه دیوانه لعنتی! باز اعصابم خراب می‌شه.»

نفس عمیق کشیده و پرسیدم: «او ره بوسیده بودی؟ تو ره بوسیده بود؟»

بی‌درنگ و بدون معطلی جواب داد: «تو چقدر ساده استی عزیزک مه. بارها و بارها بوسیده بودمش. هیچ حجابی بین ما وجود نداشت.»

آب دهانم را فرو برده و برایش نوشتم: «باید خواب شویم عزیزم. تو هم بخواب که فردا باید دانشگاه بروی. همه چیز خوب می‌شه.»

چند تا ایموجی قلب و گل و بوسه هم برایش فرستادم. او هم نوشت: «شب خوش عزیزم. به امید دیدار.»

هفدهم

نشسته‌ام و با شب قمار می‌کنم

شب بود. شبی که ظاهراً سحر نداشت. کنار پنجره نشسته بودم و با خیال راحت و بدون هیچ گونه ترسی آهسته‌آهسته اشک می‌ریختم. دو سال تمام با اشک و خون و گوشت و پوست و استخوان برای چیزی که اصلاً از من نبود جنگیده بودم. دو سال تمام و بدون اینکه روح القدوس باشم، کوشش کرده بودم جسد مرده‌ای را زنده بگردانم، اما حالا با وحشت و اندوه دریافته بودم که همه کوشش‌ها و جنگ‌هایم بی‌فایده بوده و باید آن جنازه را به حال خودش رها می‌کردم. کجای کار را غلط آمده بودم؟ گناه کی بود؟

جایی که سرنوشت همه چیز به دست ملا و پدر و مادر و مردم

و سنت و شریعت بود و آن‌ها تعیین می‌کردند که چه چیز کجا قرار بگیرد، عشق و دوست داشتن‌ها نمی‌توانستند سرنوشت بهتری از آن داشته باشند. همه شکست‌ها، ناکامی‌ها و کمبودهای‌مان در خانه، مکتب، دانشگاه و جامعه را می‌خواستیم با عشق و دوست داشتن جبران کنیم که اکثراً مرتکب اشتباه شده و آن عشق و دوست داشتن‌ها مثل یک دیوار بر سر ما فرو می‌ریختند. اگر سارا در زمان دیگر و سرزمین دیگری به دنیا می‌آمد، هرگز آن‌همه درد و ناکامی را که باعث شده بود، این‌قدر افسرده و انتقام‌جو و سرگردان شود، تجربه نمی‌کرد. اگر آزادی‌ها و احترامی را که حق هر آدم است از همان کودکی و در خانه به ما می‌دادند، در جوانی هرگز به آن عشق‌های افراطی و جنون‌آمیز پناه نمی‌بردیم و آن‌همه ظلم و ستم را در حق خو روا نمی‌داشتیم. ما تاوان زندگی و به دنیا آمدن در جغرافیایی به نام افغانستان را می‌پرداختیم و نمی‌شد مقصر خاصی را در آن ماجرا جست‌وجو کرد. اگر مقصری هم وجود داشت خدا شاهد بود که من نبودم. من خیلی ساده، یک روز بدون آنکه دست خودم باشد، دختری را دیده و عاشقش شده بودم. با وجود اینکه همه چیز گواهی بر آن می‌داد که جانب ترکستان روان بودم، دوستش داشتم و برایش می‌مردم، اما... اما دیگر وقتش رسیده بود که رهایش می‌کردم. اگر دوستش داشتم، اگر خوشی‌اش را می‌خواستم، اگر خوشی و سعادت او را مقدم بر خوشی‌های خودم می‌دانستم باید رهایش کرده و می‌گذاشتم که پی کار و زندگی‌اش برود.

اما چطور امکان داشت؟ چطور می‌توانستم رهایش کنم که با دوست داشتن او همه پل‌های پشت سر و پیش روی زندگی خودم را ویران کرده بودم؟ چطور می‌توانستم فراموشش کنم که همه دار و ندار زندگی‌ام را در قمار عشق او باخته بودم؟ چطور می‌توانستم رهایش کنم که داشته‌های احساسی همهٔ زندگی را به پای او ریخته بودم و بعد رفتنش هیچ پناهگاهی برای زندگی و حتی مردن نداشتم.

من فراموش‌ناشدنی‌ترین خنده‌های زندگی‌ام را با او خندیده بودم، دردناک‌ترین ضجه‌های زندگی‌ام را به خاطر او زده بودم، زیباترین عکس‌های زندگی‌ام را کنار او گرفته بودم، بهترین و روشن‌ترین روزهای زندگی‌ام کنار او رقم خورده بود، طولانی‌ترین و دردناک‌ترین شب‌های زندگی‌ام را با یاد او به صبح رسانده بودم و غمگین‌ترین قسمت ماجرا هم این بود که هنوز هم مثل سگ دوستش داشتم. با وجود همه وقایعی که اتفاق افتاده بود، با وجود همه بی‌مهری‌ها و جفاهایی که در حقم کرده بود و با وجود همه حرف‌های سهراب، هنوز اگر صدایم می‌زد، در چشم به‌هم‌زدنی همه خاک‌ها را از رویم کنار زده و تکه‌های پوسیده و از هم جدا افتادهٔ وجودم را دوباره به هم پیونده و زده و به سویش می‌دویدم. اگر می‌گفت منتظرم بمان ده یا بیست سال بعد شاید بتوانم دوستت داشته باشم، صد سال منتظر می‌ماندم و به دوست داشتنش ادامه می‌دادم، اما قرار نبود او مرا صدا بزند. دوستم نداشت و پنجاه سال دیگر هم برنامه‌ای برای دوست داشتنم نداشت.

اگر می‌ماندم چه می‌کردم اگر می‌رفتم کجا می‌رفتم؟

قوطی سیگار را کنار دستم گذاشته و پی هم سیگار می‌کشیدم و دودش را به بیرون پف می‌کردم و با خودم دست و گریبان بودم. باید برای دو سال گذشته‌ای زندگی‌ام و بعد دو صد سالی که درون آن دو سال نفس می‌کشیدند، برای همه قمارهایی که با زندگی خودم زده بودم، برای همه پل‌هایی که پشت سرم خراب کرده بودم، برای همه سرمایه‌گذاری‌هایی که کرده بودم، برای زخم‌هایی که داشتم و زخم‌هایی که قرار بود از فردای آن شب در زندگی‌ام دهان باز کنند و همه خاطراتی که قرار بود یک عمر روی شانه‌هایم حمل‌شان کنم، تصمیم می‌گرفتم. به یاد همه وعده‌هایی که به سارا کرده بودم افتادم. که تمام عمر دوستش خواهم داشت، که تمام عمر یک طرفه عاشقش بوده و منتظرش خواهم ماند، که آن‌قدر بهش فکر خواهم کرد که سال‌ها بعد روزنامه‌ها بنویسند از لب‌های جنازه‌ای دود بیرون می‌شود و او بخندند و بگوید که دیوانه هنوز به من فکر می‌کند، که در همه سختی‌ها و مشکلات کنارش خواهم بود... دوباره به گریه افتادم. چرا آن‌همه وعده کرده بودم و چرا الان در مورد اینکه زیر آن وعده‌ها بزنم تصمیم می‌گرفتم؟

شاید به این خاطر وعده کرده بودم که فکر می‌کردم روز و روزگاری او هم عاشق من شده و دوستم خواهم داشت. شاید به این خاطر وعده کرده بودم که فکر می‌کردم با بودن کنار او می‌توانم خوشحالش ساخته و خوشبختش بسازم، اما الان معلوم بود که بودن یا نبودن

من هیچ تفاوتی نمی‌کرد و او آن‌قدر درد و سرگردانی و دغدغه‌ای فکری داشت که بودن یا نبودن من هرگز برایش تفاوتی نمی‌کرد.

شاید به این خاطر می‌خواستم زیر همه قول‌ها و وعده‌هایم بزنم که درک کرده بودم من مجنون، فرهاد و یا هم یکی از آن عاشق‌های افسانوی نبودم. من یک آدم بسیار معمولی و عادی بودم که دوست داشتم در بدل دوست داشتن، خودم هم دوست داشته شوم و به این نتیجه رسیده بودم که آدم نمی‌تواند کسی را تمام عمر یک طرفه دوست داشته باشد.

هوا کم‌کم روشن می‌شد و تک و توک آدم‌ها و موترها در خیابان شروع به رفت و آمده کرده بودند. آخرین نخ سیگار را هم آتش زده و دودش را به طرف خیابان پف کردم. شب برای من هنوز به پایان نرسیده بود. آن شب هرگز سحر نداشت.

«نشسته‌ام و با شب قمار می‌کنم

و هرچه می‌برم

تاریک‌تر می‌شوم»

«گروس عبدالملکیان»

هجدهم

وقتی سهراب را دیدم همه چیز را برایش تعریف کرده و با گریه گفتم: «قصه مه و سارا تمام شد. می‌مانم که بروه پشت کار و زندگی خودش.» در آغوشم کشیده و سرم را روی سینه‌اش گذاشت و در حالی‌که موهایم را نوازش می‌کرد شروع کرد به دلداری دادنم: «صدقه سرت. جانت جور باشه. سارا رفت صد تا سارای دیگه پیدا می‌شه. گرچه مه خو از روز اول فامیده بودم که آخر و عاقبت ای دوست داشتن و عاشق لوده تو به همین جا می‌رسه خو تو هردو پای ته ده یک موزه کده بودی و خود ته به کری و کوری زده بودی. حالی دیگه آدم باش و دوباره به زندگی خودت کمی سر و سامان بته. باز اگر برت سختی

می‌کنه خیر است سر شه تو بتی سامان شه مه به دستت می‌تم.»

آن‌قدر وضعیتم خراب و پریشان بود که حتی شوخی‌های سهراب هم نمی‌توانست حالم را بهتر کند. سهراب مرا از آغوشش بیرون کشیده و گفت: «دیدی که همو گپ مه شد. دیدی که برت گفته بودم تو ده داستان سارا یک پشم هم نیستی. نی دفعه اول و نی ای دفعه. دخترک دیوث از تو به عنوان یک پناهگاه استفاده کرد و هر دفعه که سرش در او طرف دیگه به سنگ خورد طرف تو آمد و چه پناهگاه بهتری از تو. به هر حال خوب شد که خودت به ای نتیجه رسیدی که ای لودگی ته خلاص کنی. می‌فامی که در ای دو سال چقدر به خودت و زندگی‌ات گند زدی، چقدر از دوست‌ها و رفیق‌هایت دور شدی، چقدر کار و برنامه و زندگی از دستت رفت. باید همه‌اش ره دوباره ترمیم کنی. پناه سارا ره به خدا کو. بدون ازی گپ‌ها هم سارا و خیلی آدم‌های دیگه در ای شهر با دوست داشتن‌های ای قسمی هرگز کنار آمده نمی‌تانند.»

پرسیدم: «منظورت چی است؟»

ـ «منظورم ای است که یک تعداد بسیار بزرگ آدم‌ها با عشق که از پرده بیرون افتاده و آفتابی می‌شه و زن و مرد ازش خبردار می‌شوند، کنار آمده نمی‌تانند. مه به ای قسم عشق، عشق‌های بزرگ می‌گم چون که در ای قسم عشق‌ها، امکان دروغ گفتن و خیانت و ای که آدم زیر قولش بزنه خیلی کم است.

ـ «پس سارا و او آدم‌های دیگه با چه قسم عشق کنار آمده

می‌تانند؟»

بدون درنگ گفت: «عشق‌های کثیف. گپ مه تعبیر غلط نکنی. منظورم از عشق کثیف عشقی است که فقط بین دو نفر است. بنی بشر ازش خبر نمی‌شه. ده او عشق خیانت است، دروغ‌گویی است، دورویی است، جان زدن است و بالاخره شکست و جدایی هم صد در صد است. به همی خاطر مه می‌گم که حتی اگر سارا او آدم دیگه ره هم دوست نمی‌داشت، با ای قسم دوست داشتن تو کنار آمده نمی‌تانست و آخر ناخر فرار می‌کرد.»

آهی کشیده و گفتم: «تو هم که فقط منتظر همی استی که یک بهانه پیدا کده و سر او دختر بدبخت گپ بزنی.»

پوزخندی زده و گفت: «چرا گوه می‌خوری بچیم. مه سارا ره چی می‌شناختم و چه پدرکشتگی همراهش دارم؟ خو همو چیزی ره که به چشم خود می‌بینم همو ره می‌گم.»

گفتم: «سارا یک دختر است مثل هزاران دختر دیگه در ای شهر که از آزادی محروم استند، از عشق محروم استند، یک قدم ره بدون اجازه پدر و مادر و برادرشان برداشته نمی‌تانند، اختیار شاشیدن و دستشویی رفتن‌شان ره ندارند. بسیار طبیعی است که وقتی عاشق شوند دو دستی و با تمام زندگی‌شان به همو عشق می‌چسپند و همه چیزشان ره فدای همو عشق می‌کنند و معلوم است که وقتی شکست بخورند دیوانه و عصبی شده و تمام عمر زخمی می‌شوند. زخمی که شاید از بیرون بعد یک مدت کوتاه جور شوه اما از درون تا سال‌ها

عذاب‌شان می‌ته. به همی خاطر مه سارا ره هرگز ملامت نمی‌کنم. صدقه سرش که هرکاری کرد.»

- «با ای گپت تا جایی ره موافق استم اما از سارا تنها مسئله شکست نیست. حالا زخم بوده یا شکست یا نداشتن آزادی، ای دختر به شدت مریض و روانی است و باید تداوی شوه. اگر نی خودش و آدم‌های بی‌شماری ره زخم زده و قلب‌های بی‌شماری ره خاد شکستاند.»

- «نی او گپ نیست. مطمئن استم که او از ای مرحله سخت زندگی‌اش عبور می‌کنه. یک روزی بالاخره به عشق واقعی هم می‌رسه و یک زن بسیار بزرگ و مطرح ای مملکت می‌شه و هر آدمی ره که همراهش باشه خوشبخت خوشبخت می‌سازه. ای ماجرا فقط یک بازنده داشت که مه بودم و...»

دوباره بغض گلویم را گرفت و نتوانستم جمله‌ام را تکمیل کنم.

سهراب با مسخرگی گفت: «مه که می‌بینم ای سارا خایه‌ات هم نمی‌شه. تا که بیایه ای نقاب همیشه حق به جانب بودن ره از چهره‌اش پایین بکشه و بپذیره که او هم یک دختر است مثل هزار دختر دیگر و هیچ تفاوتی با بقیه دخترا نداره، پیر می‌شه و می‌ره پشت کارش. حالا ما چرا ای‌قدر در مورد سارا گپ بزنیم. رفت خلاص شد پشت کارش. پناهش به خدا.»

نالیدم: «کاش خلاص می‌شد سهراب. کاش همه چیز به همی سادگی بود. تو می‌فامی که یک عمر دختری مثل سارا ره جست‌وجو

کرده بودم. یک عمر برای یافتنش تپیده و خون جگر خورده بودم. بعد در ای دو سال چقدر کون خوده پاره کرده و چقدر روی ای دوست داشتن سرمایه گذاری کرده بودم. به نظر تو چند سال دیگه باید جست‌وجو کنم و چند سال دیگه ره به لودگی و بدبختی سپری کنم تا دوباره دختری مثل سارا ره پیدا کنم. اولش خو پیدا نمی‌شه و احیاناً اگر شوه هم مه کجا اوقدر انرژی و توان دارم که همه چیز ره از سر شروع کنم.»

کنارم آمد و در حالیکه دستش را روی شانه‌ام گذاشته بود گفت:

«قربان خدا شوم که تو چقدر ساده و بدبخت استی بچیم. سر و کونش از سه چهار دانه سرک پل سرخ و کارته چهار پیش‌تر نرفتی باز می‌گی که دیگه دختری مثل سارا پیدا نمی‌شه. دورترها ره که سر جایش بگذاریم همی کابل و بعدش هم همی پل سرخ و کارته چهار پر از ساراست. ای طور دخترها است که سارا به پشم سامان‌شان هم نمی‌رسه. یک بار همی شوک سارا از سرت بپره باز می‌بینی که دنیا و چهار دور و برت پر از دخترای خوب است که هر کدام‌شان پنج تا سارا ره ده جیب‌شان دارند. دور نی همی دوست‌های نزدیک خود ته ببین. از عطیه مهربان، داکتر سحر موفرفری، طاهره و عاطفه که بگذریم چون که دست ما به دامان اون چند تا ماه بلندقامت نمی‌رسه، همو زهرا چه دختر قندول، نازنین، باسواد و مهربانی است. جدا از یگان دیوانگی‌ها و اعصاب خرابی‌هایش به خدا که پنجاه تا سارا ره می‌ارزه. همی رویا همکارت چه دختر نازنین و مهربان و رفیق

است. صد زنده ره چپن است و صد مرده ره کفن و رفیق تمام روزهای خوب و بد زندگی. همو صدف چه دختر مهربان و نازنین و با درک است و چه روح حساس و نجیبی داره.»

– «کدام صدف؟»

– «همو که زیاد کتاب می‌خوانه و متن‌های خوب نوشته می‌کنه.»

نفسی تازه کرده و ادامه داد:

«دیگه او مروه قندولک و خنده‌روی یادت رفته؟ مه باشم به خاطر خنده‌ها و همو چال صورت و چشم‌هایش از هفت دریای آتش تیر می‌شم. یا همو آمنه آزرم خو به خدا یک خزانه پادشاهی ره دختر است. مهربان، باسواد، زیبا، معصوم و ساده. خلاصه کدام شه زودتر برت نام بگیرم. به نظر مه حتی همی مریم با وجودی که خوی و خواص سارا ره برداشته، خیلی آدم‌تر و دوست‌داشتنی‌تر از ساراست. این‌ها ره نام نگرفتم که احیاناً بروی و عاشق‌شان شوی. فقط خواستم برت بگویم که دختر خوب، دختری که بتوانی عاشقش شوی و تمام زندگی ته همراهش سپری کنی بسیار زیاد است. فقط کافی است که چشم ته باز کنی. تو همیشه همی یک گپ ده نوک زبانت است که سارا سختی و محرومیت دیده و فامیلش قیدگیر است و فلان و بسمدان. هانیه یا همو هانی‌گک قندول مگر یادت رفته؟ همو دختر خو خط آخر همه محرومیت‌ها و سختی‌های دنیا است. فامیل هانیه هم که ده هزار مرتبه نسبت به فامیل سارا قیدگیر است و زندگی ره برش قفس ساخته اما هانیه کجا و سارا کجا؟ هانیه با

وجود همه سختی‌ها و محرومیت‌ها و بدون ای‌که یک کلمه شکایت از دهانش بیرون شوه، امروز به جایی رسیده که قید و بند و زنجیرها به احترامش یکی‌یکی خودشان شکسته و پیش پایش سر خم می‌کنند اما سارا فقط ناله کردن و زخم زدن ره بلد است. می‌گی اوغان است و شیرین‌زبان است و خوب می‌نویسه، شبانه قندول و شیرین‌زبان مگر یادت رفته؟ هموطور ده‌ها دختر پشتون باسواد و مهربان و رفیق دیگه.» بعد سیگاری آتش زده و گفت: «به هر صورت مهم همی است که از سرطانی به نام سارا نجات پیدا کردی و او داستان مزخرف تمام شد. حالی بخیز برویم کافه و یک چیز بخوریم.»

گفتم: «اما داستان سارا هنوز تمام نشده.»

سرش را با تعجب تکان داده و پرسید: «دیگه چه مانده؟»

– «مه باید سارا ره کمک کنم بچیم. او آشفته‌ترین و غمگین‌ترین روزهای زندگی خودش ره سپری می‌کنه. نمی‌شه که همی‌طور راه خوده گرفته و به امان خدا رهایش کنم. در ای دو سال دو میلیون دفعه برش گفتم که دوستش دارم و هرگز و در هیچ حالتی رهایش نمی‌کنم، الان دیگه ناجوانی است که هموطور پشت کار خود بروم. حداقل باید برش یک کار کرده و بعد پشت کار خود بروم.»

– «چقدر رمانتیک به خدا. خوب چطور می‌خواهی کمکش کنی؟»

– «می‌خوایم همراه ازو بچه گپ بزنم.»

پرسید: «کدام بچه؟»

با خونسردی جواب دادم: «همو دوست پسر قدیمی سارا.»

از جایش بلند شده و در حالیکه چشمانش از حیرت زیاد گرد شده بود فریاد زد: «ریشخندی می‌کنی؟ همراه ازو چرا باید گپ بزنی؟»

- «باید گپ بزنم سهراب. ای قسمی حداقل کمی دردم دوا می‌شه و با خیال راحت می‌تانم پشت کار خود بروم. در غیر ازو تمام زندگی رنج خاد بردم.»

- «اوه به لیاظ خدا. هرقدر که تا به حال لودگی کدی، ای کار ره نکن لطفاً.»

- «باید بکنم سهراب. باید بکنم. سارا هنوز او آدم ره دیوانه‌وار دوست داره. مطمئن استم که او هم سارا ره دوست داره و فقط به خاطر یک سوءتفاهم کوچک ازش جدا شده. آخر امکان نداره که آدمی ره که سارا تا او حد دوست داشته باشه، بتانه سارا ره فراموش کرده و یا دوستش نداشته باشه. از مه مادرمرده بدبخت خو نشد، حداقل از همو دو نفر خو شوه. او که پس بیایه سارا هم دوباره حالش خوب می‌شه. همو سارای رؤیایی و دوست‌داشتنی می‌شه و ...»

حرفم را قطع کرده و گفت: «آهان پس می‌خواهی داستایوفکسی بازی دربیاوری. اما یک چیز برت بگویم که نی سارا «ناستنکا» است و نی تو او راوی خیال‌پرداز شب‌های روشن. سارا اگر «ناستنکا» هم است یک «ناستنکای» به شدت مریض و روانی است و تو هم یک

آدم به شدت ابله و دیوانه. باز تو از کجا می‌فامی که او آدم هنوز سارا ره دوست داره؟ ای تو بودی که دو سال گوی دختر روانی و مریضی مثل سارا ره خوردی. دیگرا خو یک ماه هم تحملش کده نمی‌تانند. اگر دوستش داشت و آمدنی بود در همی یک سال پس می‌آمد.»

آهی کشیده و گفتم: «ها مه او آدم خیال‌پرداز شب‌های روشن نیستم، اما سارا صد در صد «ناستنکا» است و باید یک نفر کمکش کنه. او آدم هم صد در صد هنوز دوستش داره. امکان نداره آدمی که یک بار سارا ره دوست داشته باشه باز دیگه دوستش نداشته باشه. مه ره خو بی‌ناموس دوست نداشت، نداره و در آینده هم نمی‌تانه داشته باشه. مه باید ای کار ره بکنم سهراب. هر چی نباشه زیباترین و روشن‌ترین روزهای زندگی مه کنار سارا اتفاق افتاده و صد در صد ای‌قدر حق سرم داره.»

- «فرض کنیم همو آدم ره دیدی. اگر سارا ره دوست نداشت و اصلاً نخواست او ره ببینه چی؟»

- «حالا دوست هم نداشته باشه، حداقل همی که سارا ره ببینه و همراهش گپ بزنه، او زخمی که با رفتنش در روح سارا ایجاد شده جور می‌شه. غرور شکسته شدیش احیا می‌شه.»

با نارضایتی آشکار گفت: «نمی‌فامم والا. هیچ حساب تو بچه ره پیدا کده نتانستم.»

لبخندی زده و گفتم: «خیر است دیگه. ای‌قدر تحمل کدی ده پانزده روز دیگه هم تحمل کو باز خلاص می‌شه.»

- «او بچه ره چی قسم پیدا می‌کنی؟»
- «آدرس انستاگرام شه دارم. برش پیام می‌تم.»
با درماندگی سرش را تکان داده و گفت: «صحیح است بابیم. هر
بدی که می‌کنی بکو. ما استیم کتیت.»

نوزدهم

بعد از آن روز، چند بار دیگر سارا را دیدم و با هم کافه رفتیم و غذا خوردیم و چت‌های ما هم که کماکان ادامه داشت. بعد امتحانات او شروع شده و فرصت دیدن و حرف‌زدن خیلی کم دست می‌داد. از فرصت استفاده کرده و بعد اینکه در انستاگرام فالو کردمش، برایش نوشتم: «سلام رفیق. امیدوارم خوب و سرحال باشی.»

خیلی زود جوابم را نوشت: «سلام و وقت بخیر. خیلی ممنون. امیدوارم شما هم خوب باشین.»

خودم را معرفی کردم و در ادامه نوشتم: «عکس‌های‌تان ره دیدم خواستم بگویم که فوق‌العاده استند.»

یکی از راه‌های نزدیک شدن به آدم‌ها همین است که کمال و

هنری را که اصلاً در آن‌ها نیست، به آن‌ها نسبت داده و توصیف و ستایش‌شان را بکنیم. او در صفحهٔ انستاگرامش چند تا عکس از خودش، شب و مهتاب و مناظر طبیعی گذاشته بود که عکس‌های متوسطی بودند. به گمانم ترفندم کار خودش را کرده بود چون مشغول تایپ کردن بود.

نوشت: «شما لطف دارین. عکاس چیزی نیستم اما گاهی هم‌وطور شوق عکاسی می‌کنم.»

معلوم بود که پسر مؤدبی است. می‌خواستم چیزی بنویسم که دوباره نوشت: «ضمن این‌که مه شما ره از قبل می‌شناختم.»

آه خدای من! همان‌طور که سارا گفته بود مرا می‌شناخت و این کمی کارم را ساده‌تر می‌ساخت. خودم را به بی‌خبری زده و پرسیدم: «جدی؟ از کجا می‌شناختین؟»

ـ «اویش دیگه مهم نیست که چطور می‌شناختم. حتی یک زمانی در فیسبوک هم فریندت بودم و نوشته‌های ته می‌خواندم که فوق‌العاده بودند. بعدش اما او فیسبوک مه دلیلت کدم و تا هنوز دیگه جور نکردم.»

بهتر از آن نمی‌شد. او مرا می‌شناخت، نوشته‌هایم را خوانده بود و ظاهراً خیلی مؤدب و خوش‌کلام بود. سر صحبت را همراهش باز کردم. در مورد تحصیلات، زندگی و کار و بار همدیگر حرف زدیم. بعد از یک هفته که دیگر رفیق شده بودیم برایش نوشتم: «می‌شه یک روز ببینیم؟»

- «با کمال میل. هر وقت که به خودتان مناسب بود می‌بینیم.»

- «خوب است. یک روز قرار می‌مانیم. البته در مورد یک موضوع بسیار مهم می‌خوایم همراهت گپ بزنم.»

چند لحظه ساکت ماند. به نظرم حرفم را در مغزش تجزیه و تحلیل می‌کرد. بعد در کمال احترام و بدون آنکه بپرسد در مورد کدام موضوع می‌خواهم همراهش حرف بزنم، نوشت: «بسیار خوب است. هر وقت که شما خواسته باشین.»

حس می‌کردم همه تصوراتی که از او در ذهنم ساخته بودم اشتباه بوده است. پسری به خوش‌اخلاقی و متانت او هرگز نمی‌توانست پسر بدی باشد.

بعد آن روز فرا رسید. روزی که قرار بود به گفته‌ای سهراب داستایوفسکی بازی در بیاورم. در یکی از کافه‌های پل سرخ قرار گذاشته بودیم. سهراب هم همراهم بود. از شدت اضطراب و اندوه تمام بدنم می‌لرزید. یکی دو بار تصمیم گرفتم که از نیمه راه برگشته و دست از آن کار بکشم اما وقتی به یاد سارا و ناراحتی‌هایش می‌افتادم، مصمم می‌شدم که آن کار را به پایان برسانم.

او زودتر از من به کافه رسیده بود. از آن‌چه در عکس‌هایش به نظر می‌رسید دو برابر جذاب‌تر و خوش‌قیافه‌تر بود. دختر فوق‌العاده زیبا و قدبلند و مو بلوند و شیک‌پوشی هم آن‌طرف میز روبه‌رویش نشسته بود. فوراً به ذهنم خطور کرد که اگر او دوست‌دخترش باشد، به طور قطع و یقین سارا را فراموش کرده است. با هم دست داده و

احوال‌پرسی کردیم.

دخترک را به عنوان هم‌صنفی دانشگاهش معرفی کرد و این به آن معنی بود که او هم‌صنفی سارا هم بود. من هم سهراب را به او معرفی کردم. نشستیم. گارسن را صدا زد که فرمایش بدهیم. به چاشت چیزی نمانده بود و نمی‌خواستم آن‌قدر طولش بدهم که چاشت شود. گارسن جلو آمد و منتظر بالای سر ما ایستاد. به سهراب نگاه کرده و بعد به پسرک گفتم: «می‌شه کمی قصه کنیم و بعد فرمایش بتیم؟»

سرش را تکان داده و گفت: «هر قسم که میل شماست.»

نمی‌دانستم چطور و از کجا آغاز کنم. خودم را در چوکی جا به جا کرده و پرسیدم: «می‌شه چند دقیقه تنها گپ بزنیم؟» قبل از اینکه او حرفی بزند فورا دخترک از جایش بلند شده و گفت: «مه ده او میز دیگه می‌شینم.» بعد دستش را روی شانهٔ پسرک گذاشت و رفت کمی دورتر در یک میز دیگر نشست. سهراب هم از جایش بلند شده و رفت کنار دختر نشست.

تنها شده بودیم. بدنم به لرزیدن شروع کرده و راه گلویم خشک شده بودم. نمی‌دانستم چکار می‌کردم و چرا فکر انجام دادن آن کار به ذهنم رسیده بود. سهراب راست می‌گفت که نه من آدم خیالباف شب‌های روشن داستایوفسکی بودم و نه هم سارا ناستنکای معصوم و عاجز و بی‌گناه.

و آن جوان؟ معلوم بود که او با زندگی خودش کنار آمده و راحت بود. آرامش و اطمینان عجیبی در چهره و حرکاتش موج می‌زد. در یک

دانشـگاه معتبـر درس می‌خوانـد و از سـر و وضعـش و نـوع لبـاسی کـه بر تن داشت، معلوم بود که وضعیت اقتصادی‌اش هم روبه‌راه است. خلاصـه او تمـام مشـخصات یک جـوان ایده‌ال و بـاب دل دختـران را داشت و بی‌دلیل نبود که دختری مثل سارا برایش می‌مرد و الان هم آن دختـر زیبـا کـه دو میز آن‌طرف نشسـته و مشـغول گفت‌وگو با سهراب بـود، حـالا بـه هـر عنـوانی، همراهش بـود.

نـگاهـم بـه دسـت‌هایش افتـاد و چـه دسـتان سـخن‌گو و عزیـزی داشـت: «ببیـن رفیق چیزهایی مثل عشـق و دوسـت داشـتن قسمت کوچکی ازی زندگی است. زندگی درس است، کار است، آینده است، تفریـح اسـت، داشـتن هـدف و ای کـه بـه کمـال و بزرگی برسی است و بعد از ایـن چیزها یک قسمتش هـم عشق است. البته عشـق کـه بـه آدم خوشی و آرامش ببخشه، آدم ره از شـر خـود آدم نجات بته و باعث شـوه کـه کمبودی‌هـا و ناکامی‌هـای شـه ده دیگه عرصه‌های زندگی فرامـوش کنه. در غیـر ازو عشـق اگـر باعث جگرخونی و غم‌درونی آدم شـوه و جـای همـه کارهای مهم زندگی ره بگیره به نظر مه بهتر است او ره مثل یک سنگ سنگین ماچش کرده و سر جایش بگذاریم.»

بعد دست‌هایش صـورت سهـراب را بـه خودشـان گرفتـه و ادامـه داد: «دوره او عشق‌های کتابی و فیلمی به سر آمده که به خاطـرش سـر خـوده بشـکنانی، دیوانـه شـوی و گریـه کنی و خـوده از آدم و عالـم دور بگیری. هر آدمی که نمی‌توانه خوشـحالت کنه و همـو انـدازه که تو دوسـتش داری دوستت نداره و به دوست داشـتنت احترام نمی‌گذاره ره

در جا رخصت کو که پشت کارش برود. ای که بگویی فلان آدم خاص است و دیگه اتفاق نمی‌افته بسیار یک گپ مسخره و لودگی است. در دنیا فقط یک آدم می‌تانه خاص باشه که دوستش داشته باشی و او هم تو ره دوست داشته باشه. بعضی اوقات از بس ذهن و فکر ما متمرکز به یک نفر می‌شه فراموش می‌کنیم که دنیا پر از آدم‌های خاص و دوست‌داشتنی است که ما تا هنوز آن‌ها را ندیده‌ایم.»

بعد صدایش را پایین‌تر آورد: «یک گپ دیگه هم ای که اگر آدم فکر کنه که با کتاب خواندن و خوب نوشتن و تنها حرف می‌شه دل دخترا ره به دست بیاره، سقوط کرده و سرش به سنگ می‌خوره.»

شاید سکوتم طولانی شده بود که پرسید: «شما حال‌تان خوب است؟»

چشمم را از دستانش گرفته و با وارخطایی گفتم: «بله البته. چطور مگر؟»

ـ «یک رقم گرفته و ناراحت به نظر می‌رسین.»

ـ «نی کاملاً خوبم.»

سرش را تکان داده و لبخند زد. دیگر جایز نبود که بیش از آن معطلش کنم. گلویم را صاف کرده و گفتم: «روزی اولی که با هم گپ زدیم و خودت وقتی گفتی مره می‌شناسی زیاد تعجب نکردم چون مه می‌فامیدم که مره چطور و از کجا می‌شناسی و راستش مه هم خود ته پیش از ای که برت پیام نوشته کنم می‌شناختم.»

گفت: «بله! بله! مه از بسیار وقت قبل شما ره می‌شناختم.»

بعد از یک سکوت کوتاه به آرامی گفتم: «مه امروز به ای خاطر می‌خواستم خودت ره ببینم که در مورد همو آدمی که باعث شده شما مره بشناسین و مه هم شما ره به واسطهٔ او می‌شناسم گپ بزنیم.»

حالت چهره‌اش کمی تغییر کرد و منتظر ماند که من ادامه بدهم. نفس عمیق کشیده و گفتم: «منظورم سارا است. هم‌صنفی و دوست‌دختر   سابق‌تان.»

– «آهان سارا. بله مه بار اول از طریق همو با شما آشنا شده بودم.»

پرسیدم: «در مورد سارا گپ بزنیم؟»

لبخند کمرنگ و بی‌مزه‌ای بر لبانش نشست و با تردید جواب داد: «چی قسم گپ بزنیم در مورد سارا؟»

مستقیم به چشمانش نگاه کرده و گفتم: «خودت یک زمان دوستش داشتی مگر نه؟»

بدون اینکه جوابم را بدهد با نارضایتی آشکار پرسید: «واقعاً ضرور است که در ای مورد گپ بزنیم؟»

گفتم: «لطفاً اشتباه فکر نکنین. مه از ماجرای‌تان خبر دارم و هدفم هم ای نیست که چیزی ره به یادتان بیاورم.»

نمی‌دانم چقدر لحن التماس آمیز بود که او لبخندی زده و گفت: «خواهش می‌کنم راحت باشین. بله ها! مه سارا ره دوست داشتم و ای قصه زیاد قدیمی هم نیست. همی سال قبل بود.»

– «چقدر دوستش داشتی؟»

خوب اگر من جای او بودم و یک نفر در مورد زندگی گذشته‌ام و چیزهایی که آن‌قدر خصوصی بود چنان سوال‌هایی می‌پرسید که به طور قطع و یقین با مشت به دهنش کوبیده و کافه را ترک می‌کردم، اما او آن کار را نکرد. شاید از ادب و متانت زیادش بود و شاید هم آن‌قدر وضعیتم خراب و رقت‌انگیز به نظر می‌رسید که دلش برایم سوخته بود.

به آرامی جواب داد: «بسیار دوستش داشتم. از همو دوست داشتن‌های افسانوی و کتابی. حاضر بودم به خاطرش به همه دروازه‌های بسته مشت بکوبم و با همه آدم‌ها و موانع سر راه بجنگم. خلاصه حاضر بودم به خاطرش بمیرم. البته از حق نگذریم که او هم به همو اندازه دوستم داشت.»

ـ «پس چی گپ شد؟ چه به سر او دوست داشتن‌تان آمد؟»

ـ «رابطهٔ ما به جایی رسیده بود که اگر ادامه می‌دادیم هردوی ما جگرخون و زخمی شده و فقط باعث رنج و عذاب همدیگر می‌شدیم. حالا بگذریم از ای که یکی دو عوامل خارجی هم وجود داشت که زیاد جدی نبودند. همو بود که او داستان به پایان خودش رسید و جدا شدیم.»

کمی مکث کرده و گفت: «شاید سارا برت گفته باشد که مه بیشتر اصرار به تمام شدن او داستان داشتم، اما الان بعد از یک سال می‌فهمم که تصمیم خوبی بوده برای هر دوی ما. مه همه چیز ره فراموش کردم و به کار و زندگی و درس خودم مشغول استم و معلوم

است که سارا هم کاملاً حالش خوب و زندگی‌اش رو به راه است.»

گفتم: «مه در مورد او تصمیمی که گرفتین حرفی ندارم و مطمئن استم که حتما لازم و مصلحت دیدین که همی‌طور یک تصمیم بگیرین، اما یک مشکل بسیار بزرگ هنوز حل نشده. یعنی می‌خوایم بگویم با همو تصمیمی که گرفتین مشکلی به وجود آمد که تا امروز ادامه داره.»

– «چه مشکلی؟»

انگار خنجر نوک‌تیزی را به قلب خودم فرو می‌بردم گفتم: «سارا شما ره فراموش نکرده است. آن تصمیمی که شما دو نفر و به هر دلیلی گرفتین یک زخم بزرگ و ناسور روی روح و قلب سارا به وجود آورده که تا هنوز خوب نشده و خون تازه ازش جاری است. اگر او زخم خوب نشوه او ره صد در صد از بین خاد برد. در حقیقت او تا هنوز به همو اندازه که یک سال پیش دوستت داشت، دوستت داره و غم ای دوری و جدایی او ره به سرحد دیوانگی کشانده است و...»

دیگر نتوانستم ادامه بدهم. دلم می‌خواست شروع کنم به گریه کردن اما خاموش ماندم.

با کمی تعجب و حیرت گفت: «چطور امکان داره؟ از همو روزی که جدا شدیم دیگه یک کلمه گپ با هم نزدیم. در همی یک سال مه خو هیچ چیزی ره حس نکردم و او هم کوچک‌ترین حرکتی که نشان بته او از جدایی ما رنج می‌بره نشان نداده است.»

آهی کشیده و گفتم: «سارا ره خو می‌شناسی دیگه. هموطور یک دختر است که ممکن از نداشتن یک چیزی بمیره اما هرگز غرورش

نمی‌شکنه و قدم پیش نمی‌مانه..»

با اندوه آشکار جواب داد: «ها او غرور و لجبازی لعنتی شه خوب می‌شناسم..»

لبخند غمگینی زده و سرم را تکان دادم.

پرسید: «حالی خودت از مه چی می‌خوایی؟ مه چکار کنم؟»

ـ «لطفاً یک بار او ره ببین و همراهش گپ بزن. هر سوءتفاهمی که بین شما بوده حل می‌شه. به خدا حیف است که ای‌طور یک دوست داشتن و عشق بزرگ به یک گپ ناق و بچگانه خراب شوه و از بین بره. بین شما خو هیچ حرفی رد و بدل نشده بود. لطفاً همراهش گپ بزن. به خدا دختر داره از دست می‌ره..»

لبخند زهرآگینی بر لبش نشسته و سرش را آهسته تکان داد: «ازو حساب مه مطمئن استم که همه چیز بین ما تمام شده و قرار نیست دوباره اتفاق بیافتد. هیچ فایده نداره که ای کار ره بکنم. جز ای که زخم سارا تازه‌تر شده و خودم هم جگرخون شوم..»

دستش را گرفته و با التماس گفتم: «لطفاً لطفاً همی کار ره به خاطر مه انجام بته. شاید دوباره دوست و عاشق همدیگر نشوین، اما اگر یک بار، فقط یک بار او ره ببینی و همراهش حرف بزنی همو زخمی که در روحش ایجاد شده خوب می‌شه. یک بار او ره ببین و همه چیز ره برش توضیح بده. همو عقده و زخم که بعد از جدا شدن‌تان به وجود آمده آب شده و خوب می‌شه. لطفاً جواب رد برم نته. فکر کو یک اعدامی در حال مرگ ازت یک خواهش و تقاضا کرده. لطفاً

لطفاً یک بار ببینیش.»

بعد سرم را میان دستانم گرفته و اشکی را که بی‌اختیار شروع به فرو ریختن کرده بود پاک کردم. بیچاره گیج شده بود و نمی‌دانست چه عکس‌العملی از خودش نشان بدهد. روبه‌رویش پسر جوانی که چند سالی ازش بزرگ‌تر بود نشسته و با گریه و التماس ازش خواهش می‌کرد به دیدن دختری که خودش دوستش داشت و معشوق سابقش بود رفته و همراهش حرف بزند و یک زخم و گره کور را دوباره بگشاید.

در افغانستان گریه مردها همیشه یک امر غیرمعمول است و به شدت باعث جلب توجه حضار می‌شود. زیرا که همیشه رسم بر این است که مرد نباید گریه کرده و مثل یک گرگ وحشی و نترس بوده و هرجا که رسید بزند همگی را لت و پاره کند.

نگاه‌های چند نفری که در کافه نشسته بودند به سمت میز ما دور خورده بود. سهراب از جایش بلند شد که طرف ما بیاید اما با دستم اشاره کردم که همه چیز خوب است و سرجایش بنشیند.

دستش را به علامت همدردی روی شانه‌ام گذاشت و گفت: «لطفاً آرام باش. مه به خاطر خودت می‌بینمش، همراهش گپ زده و همه چیز ره برش توضیح می‌تم. قول است.»

دستم را روی دستش گذاشته و گفتم: بسیار ازت معذرت می‌خوایم که تو ره در یک چنین وضعیت ناخوشایند قرار می‌تم. لطفاً ببخش مره.»

- «خواهـش می‌کنم اصلاً گپی نیسـت. در نهایتـش یک روز که صنف ما خـلاص شـد ازش وقت ملاقـات می‌گیـرم.»

- «بسیار تشکر. دستت درد نکنه.»

- «البته ای ره مطمئن استم که مه حداقل باید چهل تا پیام برش بنویسـم و بیسـت دفعه سر راهش ایستاد شوم تا که راضی به دیدن مـه شـوه. همـوقـدر مغرور و لعنتی و دیوانـه است دیگه. خـودت هـم حتمـاً ای موضـوع ره می‌فامی.»

بله خوب می‌دانسـتم که آن دختر لعنتی و دیوانه چه غرور بی‌جایی داشت و زمـانی که خـودش نمی‌خواسـت، دو کلمـه حـرف‌زدن همراهش گذشـتن از هفت خـوان رسـتم بود.

بـا کنجکاوی پرسـید: «موضـوع خـودت همـراه سـارا چطـور شـد؟ دوسـتش نداشـتی مگر؟»

- «داشتم!»

- «حالی دیگه دوستش نداری؟»

- «دارم.»

چنان بـا تعجب طرفم نگـاه کـرد که گـویی به دیوانـه‌ای که از تیمارستان فرار کرده باشد نگـاه می‌کند. منظورش ایـن بـود که اگر دوستش داشتم پس آن‌جا چه گوهی می‌خوردم و منظورم از آن تقاضا چی بود.

چشـمانم را بسـته و به آرامی گفتم: «امـا او دوسـتم نـداره و ازی به بعد هـم نمی‌تانـه دوسـتم داشـته باشـه.»

گفت: «بله می‌فامم که چه می‌گی و خیلی متأسف استم.»

- «لطفاً ای موضوع بین خود ما بماند. فقط و فقط بین ما دو نفر.»

گفت: «خاطرت کاملاً جمع باشد. هیچ در ای مورد فکر نکن.»

دیگر حرفی برای گفتن نمانده بودم. نمی‌خواستم بیش‌تر از آن مزاحم او و آن دختر هم‌صنفی‌اش که به شدت صحبت‌هایش با سهراب گل انداخته بود، شوم.

از جایم بلند شده و گفتم: «خوب بیش‌تر ازی دیگه مزاحمت نمی‌شم. بسیار زیاد تشکر و باز هم ازت معذرت می‌خوایم.»

- «خواهش می‌کنم هیچ گپی نیست اما چاشت شده دیگه. باشین یک چیزی بخوریم باز یک جای می‌ریم.»

دستم را جلو برده و گفتم: «سلامت باشی رفیق جان. زندگی بود حتما یک روز می‌شینیم و قصه می‌کنیم. حالی باید بروم که کار دارم کمی.»

پیش از آنکه حرکت کنم لبخندی زده و پرسیدم: «خاطرم جمع باشه دیگه؟»

سرش را تکان داده و گفت: «بیخی دیگه صد در صد. مردا ره قول است.»

ازش خداحافظی کردم. سهراب هم از جایش بلند شد. سر راه با اشاره سر از آن دخترک هم خداحافظی کردم و او بلافاصله رفت و دوباره به پسرک ملحق شد.

همان‌جا پیش خودم به این نتیجه رسیدم که اگر قرار می‌بود من و آن پسر هم‌زمان سارا را دوست می‌داشتیم، او از هر نظر نسبت به من مستحق‌تر بود. مجذوب متانت، ادب و اخلاق خوبش شده بودم.

از کافه که برآمدیم، سهراب گفت: «همی کار امروزت خو بیخی لودگی و بی‌عقلی محض بود بچیم. چه ضرور بود که او بچه معصوم و عاجز ره پیش او سارای روانی و مریض روان کنی. روان کنی که چه شوه؟ کلگی خو مثل تو بی‌عقل و لوده نیست که به خود دردسر بخره و خوده سردچار مرضی مثل سارا کنه.»

گفتم: «چرا به هر چیز به دیده بدبینی نگاه می‌کنی تو بی‌وجدان؟ یادت است دفعه اول که سارا رفت و مه دیوانه شده بودم به ای خاطر بود که او بدون هیچ توضیح و حرفی به یک‌بارگی ناپدید شد و او قسم رفتنش مره هزار بار کشت و زنده کرد. عین همو ماجرا سر سارای بیچاره هم اتفاق افتاده است. اولش خو مطمئن استم که وقتی همراه همدیگرشان گپ بزنند مشکل‌شان حل شده و دوباره عاشق همدیگر می‌شن. امکان نداره که سارا یک نفر ره دوست داشته باشه و بعد او نفر به دوستی‌اش پاسخ مثبت نته، مگر ای که او آدم احمق‌ترین آدم دنیا باشه. حالا اگر دوباره دوست هم نشدند حداقل او مسئله به سارا حل شده و روح و روان زخمی‌اش خوب می‌شه.»

نفس عمیقی کشیده و گفت: «اوه خدا مه! ای عشق لعنتی چقدر آدم ره مظلوم و ذلیل و خاک به سر می‌سازه. چقدر امروز دلم زیادتر

از هر وقت دیگه برت می‌سوزه بچه پدر. تو نمی‌فامی که با ای کارها با روح و روان لعنتی خودت چکار کرده و چقدر زخمش می‌زنی. او بچه پیش سارا بروه هیچ‌چیزی تغییر نمی‌کنه. سارا دچار ای‌طور یک توهم شده که هزار نفر ده زندگی‌اش بیایه و بروه او تغییر نمی‌کنه و هموطور مریض و از خود راضی و حق به جانب باقی می‌مانه. ای که فکر می‌کنی دوباره عاشق و معشوق شوند بیخی محال است بچیم. تو ای دختر ره امروز ندیدی؟»

ـ «او دختر فقط همصنفی‌اش بود.»

ـ «حالا هم‌صنفی‌اش بود یا هر چیز دیگه، هدفم ای است که تا وقتی که ای‌طور دخترهای قندول و نازنین و انسان وجود داشته باشه، آدم گوه بخوره که پشت دخترهای مریض و بدختی مثل سارا و او رفیق لوده‌اش بروه.»

ـ «بس کو دیگه دیوث. جیگرم خون است. دیگه چه راه به مه مانده بود و چکار می‌تانستم بکنم؟ هیچ‌چیز اوطور که مه می‌خواستم نشد. امیدوارم پایان ای داستان حداقل به سارا خوش باشد. مره بان که که گم و گور شوم و به زخم‌های خودم برسم.»

دستش را روی شانه‌ام گذاشته و گفت: «متأسف استم. می‌فامم که تمام ای مدت چه کشیدی و حالی هم ده چه وضعیت استی خو همی گپ‌های که می‌گم همه‌اش حقیقت است و حقیقت هم همیشه تلخ و آزار دهنده. فقط خوشحالم که ای ماجرا تمام شد. یک مدت درد می‌کشی و اذیت می‌شی اما همه چیز خوب می‌شه. برت قول می‌تم

که یک سال بعد وقتی به ای حرف‌ها و کارهایی که کردی فکر کنی، خنده‌ات بگیره و خود ته به خاطر ای همه لودگی و حماقتت دو بزنی. راستی همراه سارا چکار می‌کنی؟»

- «منظورت چی است؟»

- «منظورم ای است که حالی که ای پسر ره قانع کردی که همراهش برود و احیاناً دوباره عاشق سارا شود و زخم‌های شه خوب کنه خودت همراه سارا چی می‌کنی؟ چی می‌گی برش؟»

- «نمی‌فامم. یک رقمی برش می‌گم که داستان مه و او به پایان خودش رسیده و باید هر کدام ما به راه‌های خود ما برویم.

- «صحیح است بادار. مه در هر حالتش کنارت استم.»

واقعاً تصمیم گرفته و عزمم را جزم کرده بودم که در چند روز آینده به سارا بگویم که باید از هم خداحافظی کرده و همدیگر را به خدا بسپاریم. اما چطور؟ چطور می‌توانستم روی آن‌همه خاطرات، حرف‌ها، وعده‌ها و عشقی که به او داشتم پا نهاده و بهش بگویم که از همدیگر خداحافظی کنیم؟ چطور می‌توانستم با دستان خودم آن جام زهری را به لب برده و قلبم را با دستان خودم پاره کنم؟ چطور می‌توانستم به زندگی بدون سارا و دیوانگی‌ها و حرامزادگی‌هایش عادت کنم؟

نمی‌دانستم. واقعاً نمی‌دانستم و به همان دلیل طوفان دیگری در قلب و روحم شکل گرفته بود که هرلحظه مرا بیش‌تر و بیش‌تر در کام خودش فرو می‌برد. چند روز بعد سارا را در همان کافهٔ همیشگی

ملاقات کردم. چهره‌اش گل انداخته بود و از آن کبودی همیشگی دور چشمانش خبری نبود. می‌خندید و یک آهنگ ترکی را زیر لب زمزمه می‌کرد. بعد از صرف غذا هر دوی ما به حویلی کافه رفته و سیگار کشیدیم. همه چیز خوب و آرام بود. بعد از اینکه سیگارش تمام شد گفت: «خوب عزیزک مه باید بروم که ناوقت شده، اما همی هفته یک روز باید ببینیم.»

- «می‌بینیم عزیزم حتماً.»

- «منظورم ای است که یک جای دور و آرام و خلوت باشه و کسی ما ره نشناسه. جایی که بتانیم به آرامی و دور از ای همه چشم گشنه و کنجکاو کنار هم بشینیم و قصه کنیم.»

از آن حرفش تعجب کردم. نمی‌دانستم منظورش از اینکه همدیگر را در یک جای خلوت و آرام ببینیم چه بود، اما سرم را تکان داده و گفتم: «درست است عزیزم. یک جای دورتر می‌ریم. برت خبر می‌تم.»

برای اولین بار هنگام خداحافظی به عوض اینکه دستش را روی شانه‌ام بگذارد مشتش را پیش کرد و من هم در حالی‌که از تعجب زیاد در حال شاخ کشیدن بودم، به عنوان خداحافظی آهسته با مشتم به مشتش کوبیدم.

رفت و مرا تنها و پریشان بر جای خودش گذاشت. حقش این بود که باید شروع می‌کردم به زار زار گریه کردن اما آرام و لال سر جایم نشسته بودم. از همه حس‌های جهان خالی شده بودم. مثل یک آدم مرده و شاید هم مثل یک سنگ!

بیستم

روزهای روشن (۳)

قرار شد یکی از روزهای هفته را هر چهارتای‌مان (من، سارا، سهراب و مریم) در دانشگاه کابل همدیگر را دیده و آن‌طور که سارا می‌گفت روز را کنار هم سپری کنیم.

من و سهراب کمی زودتر رسیده و مقابل دانشکدهٔ انجنیری در یکی از آن چوکی‌های دو نفره منتظر نشستیم. بهش زنگ زدم و پرسیدم که کجا است؟ گفت که همراه با مریم حرکت کرده و چند دقیقه بعد می‌رسند. هر دوی ما سیگاری آتش زده و شروع کردیم به کشیدن و پک زدن.

سهراب پرسید: «امروز می‌گی برش؟»

سرم را تکان داده و گفتم: «نمی‌فامم. باش ببینم که وضعیت چی رقم است.»

«خلاص کو دیگه. کون دادن درویش چه پس چی پیش. بالاخره باید خلاص شود. چی بهتر که همی امروز.»

- «می‌ترسم.»

- «می‌ترسی؟»

- «ها.»

پک دیگری به سیگارش زده و باز هم پرسید: «از چی می‌ترسی؟»

- «نمی‌فامم. شاید ازی که همه چیز بین ما تمام شوه. شاید نمی‌خوایم که تمام شوه و به همو خاطر می‌ترسم.»

- «لودگی نکو دیگه. خلاصش کو و خوده بی‌غم بساز.»

- «باش ببینم چه می‌شه.»

در همان لحظه سارا زنگ زد و گفت که او و مریم پیش دروازه استند. من و سهراب پیش دروازه رفتیم و سهراب بعد از یک صحبت زیرگوشی با محافظین دروازه راضی‌شان کرد که آن دو نفر را اجازه بدهند بدون کارت داخل دانشگاه شوند.

داخل آمدند. مانتوی سیاهی که تا بند پایش می‌رسید به تن داشت و شال سیاهی را هم به دور سرش پیچیده بود. گیج و حیرت زده به چهار اطرافش نگاه می‌کرد. به نظر می‌رسید بار اولش بود که دانشگاه کابل را می‌دید و از بزرگی‌اش و تعداد شاگردانی که در حال عبور و مرور بودند دهانش باز مانده بود.

خدای من! جغرافیای زندگی او چقدر کوچک و محدود بود که دیدن دانشگاه کابل آن‌همه هیجان‌زده‌اش ساخته بود. در قفس را که به روی پرنده‌ای زندانی باز کنند، چند لحظه گیج می‌شود و نمی‌داند که چه کاری کند و معمولاً چند بار خودش را به دیوار قفس می‌کوبد تا در را پیدا کرده و بعد پرواز کند. او همان پرنده‌ای زندانی بود.

چند لحظه به طرف من و سهراب نگاه کرده و بعد کیفش را به دستم داد و گفت: «مریم بچیش بدو که بدویم.»

شروع کردند به دویدن. از آن دویدن‌های دیوانه‌وار. در آن حالت شال از سرش پایین آمده و موهای سیاه و کوتاهش به دست باد افتاده بود. در آن حالت سینه‌های درشتش حتی از عقب آن‌همه لباس و سینه‌بندش به شدت به جنبش درآمده و در جست‌وجوی راه فرار بودند، چند دختر و پسر که از آن‌جا عبور می‌کردند با تعجب به طرفش نگاه کردند، اما او توجهی نداشت.

سهراب آهسته زیر لبش گفت: «ای چه خیله خندی است بچیم.»

به دنبال‌شان به راه افتادیم. انگار به یک دنیای جدید و کشف ناشده داخل شده بود که می‌خواست به همه گوشه و کنار دانشگاه سرک کشیده و چیزی را نادیده نگذارد. من و سهراب هم با چند قدم فاصله به دنبال‌شان حرکت می‌کردیم. به شکل معمول و طبیعی‌اش تن صدای او بلند بود اما آن‌روز صدایش دو برابر بلندتر شده بود و وقتی می‌خندید فکر می‌کردم تمام دانشگاه صدای خنده‌های دیوانه‌وارش را می‌شنید.

مبهوت و گیج و اندوهگین نگاهش می‌کردم و هرلحظه از این که تصمیم گرفته بودم هر کدام از ما به راه‌های خودش برود، بیش‌تر اندوهگین و پشیمان می‌شدم. چرا آن تصمیم احمقانه را گرفته بودم؟ چطور می‌توانستم از آن‌همه زیبایی و دیوانگی دل کنده و پی کار خودم بروم؟ حتی کم‌کم به این فکر افتاده بودم که رفتنم نزد آن پسر و تقاضای اینکه او پیش سارا برگردد هم کاملاً احمقانه و لودگی محض بوده است.

هوا ابری بود و احتمال آمدن باران می‌رفت. بعد از اینکه چهار اطراف دانشگاه را سرک کشیدیم، بالاخره مقابل دانشکدهٔ ادبیات انگلیسی توقف کردیم. سارا پرسید: «ای طرف‌ها بولانی پیدا نمی‌شه؟ مه گشنه شدیم.»

گفتم: «می‌شه چرا نمی‌شه. اینجه که بولانی پیدا نشوه خی کجا شوه.»

به سهراب گفتم که برود و از بولانی‌فروشی‌های دم در دانشگاه بولانی بیاورد. مریم هم به دنبالش به راه افتاد. سارا گفت: «دوغ هم بیار و سیل کو از یک تایش که خوب چرک و چتل باشد از همو بیاری که مزه‌اش زیادتر می‌باشه.»

همه ما خندیدیم. باران آهسته‌آهسته شروع به باریدن کرده بود. بدون ترس از اینکه لباسش خیس یا کثیف شود روی زمین نشست و من هم کنارش نشستم. نمی‌دانستم به چه فکر می‌کرد. نمی‌دانستم چه طوفانی در فکر و روحش در جریان بود. نمی‌دانستم با زخم‌ها، غم‌ها

و نگرانی‌های خودش چه کار کرده بود. تنها چیزی را که می‌دانستم این بود که با تمام وجودم آرزو می‌کردم زمان به عقب برگردد، دوباره عاشقش شوم، دوباره همه راه‌های رفته را همراه با او قدم بزنم، دوباره برایش نامه بنویسم، دوباره از غمش گریه کنم، دوباره به خاطر او شب‌ها تا صبح بیدار بمانم، دوباره همراهش فیلم تماشا کنم، دوباره آن داستان تراژید و غمگین از سر آغاز شود.

گفت: «بیا پهلویم بشین که برت یک شعر بخوانم.»

خودم را بهش نزدیک‌تر کردم. آن‌قدر نزدیکش شده بودم که بوی عطر گیسوانش دماغم را نوازش می‌کرد.

تلفونش را کشیده و گفت: «یک شعر علی‌رضا آذر ره برت می‌خوانم.»

ـ «اجازه است ازت فیلم بگیرم؟»

ـ «ها چرا نی عزیزم. صد در صد بگیر. باید فیلم شعر خواندنم پیشت باشه.»

تمام بدنم لرزید. بعد او شروع کرد به خواندن شعر لیلی از علی‌رضا آذر و من هم فیلم می‌گرفتم.

لیلی بنشین خاطره‌ها را رو کن

لب وا کن و با واژه بزن جادو کن

لیلی تو بگو، حرف بزن، نوبت توست

بعد از من و جان کندن من نوبت توست

لیلی مگذار از دم خود دود شوم

لیلی مپسند این همه نابود شوم

مجنونم و خوناب...

دختران و پسرانی زیادی در دانشگاه کابل کنار هم قدم زده و
خنده و مزاق می‌کردند و احیاناً اگر گوشهٔ خلوتی گیرشان می‌آمد به
سر و صورت همدیگر دست می‌کشیدند اما او تنها دختری بود که با
آن لباس و سر و وضع عجیب و آن زیبایی خیره‌کننده‌اش درحالی‌که
زانویش به زانوی من چسپیده بود، بی‌خیال و راحت روی زمین پر از
خاک نشسته و با صدای بلند شعر می‌خواند و من هم بدون اینکه
پلک بزنم ازش فیلم می‌گرفتم. دختران و پسرانی که از آن‌جا می‌گذشتند
چند لحظه توقف کرده و با تعجب و حیرت به دیوانه‌ترین دختر روی
زمین نگاه کرده و به شعری که می‌خواند گوش می‌سپردند.

ای تُف به جهانِ تا ابد غم بودن

ای مرگ بر این ساعتِ بی هم بودن

یادش همه جا هست، خودش نوشِ شما

ای ننگ برو مرگ بر آغوش شما

شمشیر بر آن دست که بر گردنش است

لعنت به تنی که در کنار تنش است

دست از شب و روز گریه بردار گلم

با پای خودم می‌روم این بار گلم

حینی که داشت شعر می‌خواند چند بار تصمیم گرفتم که به جلو
پریده و هرچه باداباد لب‌هایش را ببوسم اما در نهایت جرأت کرده

نتوانستم و آرام سر جایم نشستم.

تلفونش را کنار گذاشت و با لبخندی گفت: «ای هم از شعر عزیزم. دیگه چکار کنم برت؟»

گفتم: «دست درد نکنه عزیزم. مه دیگه بیشتر ازی چه خواسته می‌تانم.»

– «خی بیار تو که ببینمش که چی قسم آمده.»

در حال تماشای ویدئوی شعر خواندنش بودیم که سهراب و مریم برگشتند. همان‌طور که سارا گفته بود از همان بولانی‌های چرک و سوخته‌ای لب سرک بود که من سال یک‌بار هم شوق خوردنش به سرم نمی‌زد اما سارا چنان با اشتها لقمه می‌زد و به دنبالش هم دوغ می‌نوشید که دهان مرا آب انداخته بود. غذا خوردن آن دختر دیوانه هم برای خودش تماشایی داشت وصف‌ناشدنی. معمولاً زیاد غذا نمی‌خورد اما هنگامی که می‌خورد مثل قحطی‌زده‌ها به غذا حمله می‌برد. اوه خدای من! چه چیزهایی را که در وجود آن دختر دیوانه دوست نداشتم و عاشقش نبودم.

باران کم‌کم سرعت می‌گرفت. غذا را که تمام کردیم، سارا نگاهی به آسمان انداخته و گفت: «دیوانه‌ها مگر ای فرصت دیگه چی وقت به دست ما می‌آیه که ده دانشگاه کابل‌واری جای هر چهار تای ما یک جای باشیم و باران هم بیاره و بعد ما با بی‌غیرتی ازش فرار کنیم. بیایین که بریم زیر باران.»

بعد از جایش بلند شده و بدون هیچ حرفی شروع کرد به قدم

زدن. معلوم بود که من به دنبالش به راه افتادم، بعد مریم و در نهایت سهراب هم با کمی نارضایتی دنبال ما آمدند. باران هر لحظه شدید و شدیدتر می‌شد و بعد از چند رعد و برق قوی ناگهان تگرگ شروع کرد به باریدن. همه ما دنبال پناهگاه می‌گشتیم اما...برجایم میخکوب شدم. چکار می‌کرد؟

هر دو دستش را گشوده و با چشمان بسته، درست وسط خیابان زیر بارش باران و تگرگ ایستاده بود. سهراب و مریم زیر یک درخت کنار خیابان پناه بردند اما من همان‌جا سر جایم ایستاده و به تماشا کردنش ادامه دادم. بارش تگرگ که سریع‌تر شد و دانه‌هایش بزرگ‌تر، سرش را میان دستانش گرفته و همان‌جا روی زمین نشست. آن‌قدر زیر باران نشست و من هم آن‌قدر تماشایش کردم که هر دوی ما کاملاً خیس شده بودیم.

باران اما به همان سرعت و شدت که آغاز شده بود، به همان سرعت بند آمد. سارا از جایش بلند شده و در حالی‌که چادرش را روی سرش جا به جا می‌کرد پرسید: «بچیم ده ای دانشگاه با ای همه کلانی‌اش یک جای نیست که آدم چند دقیقه با خیال راحت بشینه و عبور و مرور زیاد نباشه؟»

گفتم: «چرا خیلی هم زیاد است.»

– «خی برویم دیگه چند دقیقه بشینیم.»

رفتار و حرف‌هایش کمی عجیب و غریب بود چون او هیچ وقت با آن لحن همراهم صحبت نمی‌کرد.

مقابـل دانشـکدۀ انجنیـری، تپـۀ کوچکی قـرار داشـت کـه چهـار اطرافش با درختان ناجو احاطه شـده بـود و چند تا دراز چوکی هـم آنجـا گذشـته بودنـد کـه اکثر شـاگردان بـرای خلـوت کردن و گاهـی هـم درس خوانـدن به همان‌جـا می‌رفتند. محـل خلـوت و گوشـه‌ای بـود و عبـور و مـرور شـاگردان و استادان هم از آن‌جا خیلی به نـدرت اتفـاق می‌افتاد. من و سارا در یک چوکی کنار هـم نشستیم. سهراب و مریم هم مقابل ما در یک چوکی دیگر نشسـتند. ابرها آهسته‌آهسته ناپدید شـده و آفتاب از پشت ابر بزرگی کـه جلوش را گرفته بـود، گاه‌گاهی به سـوی مـا چشـمک می‌زد.

سـارا گفت: «در ای‌طور وقت‌هـا سـیگار خـوب می‌چسپه. ندارین کدام دانه بچا؟»

سهراب با بی‌خیالی گفت: «سیگار چی است بابا. ما حتی چرس داریم.»

چشمان سارا برق زد. از سهراب پرسیدم: «داریم؟»

گفت: «ها چند روز پیش از یک رفیقم یک دانه هموطور پُر شده گرفتم که کدام وقت مه و تو بزنیم اما ماند هموطور.»

خـوب من و سهراب هرچند گاهی و آن شب‌هایی کـه او اتاق من می‌خوابید، کنار پنجره نشسته و چند دود چرس با هم می‌کشیدیم اما چند ماهی شده بود که دیگر نکشیده بودم و شوقش را هم نداشتم.

گفتم: «خو که داریم بیشک، اما حالی خو سیگار می‌کشیم.»

سارا با دستش محکم به پشت دستم زده و گفت: «بیا یک ترای

کنیم.»

– «نی نمی‌کنیم ترای. به مه خو مشکل نیست، اما تو نی.»

– «مه چرا نی بی‌پدر؟ ای کار ره هم مردانه و زنانه جور کردین.»

گفتم: «نی عزیزم. مردانه و زنانه نداره. خو تو چون عادت نداری امکان داره وضعیت ته خراب کنه.»

با نارضایتی جواب داد: «تو چه خبر داری که مه عادت ندارم و وضع مره خراب می‌کنه. مه خو ای کار ره آخر ناخر کدنی استم خو می‌خواستم همراه تو ای کار ره بکنم.»

اوه خدای من! خیلی خوب می‌دانست که دستش را کجای قلبم بگذارد که در جوابش هرگز نه گفته نتوانم. سارا خدای دیوانگی‌ها و تصمیم‌های آنی بود. می‌مرد برای هیجان و امتحان کارهای خلاف و زندگی کردن در لحظه. بزرگ‌ترین مشکل او این بود که در افغانستان به دنیا آمده بود و کاش نمی‌آمد.

گفتم: «مه به خاطر خودت می‌گفتم عزیزم. حالی که خودت می‌خواهی و ای سعادت ره به مه می‌تی بسم‌الله.»

بعد سیگاری که داخلش چرس پر شده بود را از سهراب گرفته و با فندک روشننش کرده و دو سه پک اول را خودم زدم و بنا بر رسم و عادت سیگار را به سهراب دادم و او به سارا. سارا چند پک عمیق زده و بعد سیگار را به مریم تعارف کرد اما او سرش را تکان داده و گفت:

– «خدا به شما خوب کنه. مه سیگرت می‌زنم.»

سارا با خنده گفت: «برو تو بی‌غیرت ترسو همو سیگرت ته بزن.»

یک دوره دیگر هم دود ملکوتی و مقدس حشیش را به ریه‌هامان فرو بردیم. کمی بعد دیدم که سارا شروع کرد به خندیدن. چشمکی به سهراب زده و گفتم: «فکر کنم همی‌قدرش بس است دیگه.»

سهراب سرش را به علامت موافقت تکان داده و گفت: «ها بس است دیگه که باز خرابی می‌شه.» بعد سیگار را که تا هنوز نصفش باقی مانده بود، خاموش کرده و دور انداخت. سارا با اعتراض گفت: «چرا دور انداختین کثافت‌ها؟ سر مه خو تا هنوز هیچ تأثیر نکرده است.»

گفتم: «گفتم ازی کده زیادتر تأثیر نمی‌کنه. به نظرم چرسش هم زیاد خوبش نبود چون مه هم چندان چیزی ره حس نکردم.»

ـ «خو کثافت یک چیز صحیح می‌آوردین دیگه.»

گفتم: «خیر دفعه دیگه بخیر.»

لبخند غمگینی بر لب آورده و حرفی نزد.

بعد از چند لحظه سکوت، سارا رو به سهراب کرده و گفت: «از خیر سرت همی مریم ره خوب بالا و پایین ای دانشگاه ره نشان بتی که باز اگه دیگه نامدیم آرمان به دل نمانه. تا شما پس بیایین ما چند دقیقه قصه می‌کنیم.»

معلوم بود که می‌خواست تنها باشیم. به طرف سهراب نگاه کردم. سهراب فوراً از جایش بلند شده و گفت: «با کمال میل در خدمت بانو مریم قرار داریم.»

بعـد هـر دویشـان آهسته‌آهسـته شـروع کردنـد بـه قدم زدن و دور شـدن. ضربـان قلبم هرلحظه تند و تندتـر می‌شـد. سـارا تلفونـش را از داخـل کیفش بیرون کشیده و گفت: «باش که یادم رفت مریم ره یک چیزی می‌گفتم.»

بعـد تنـد تند پیامی بـرای مریم نوشـت و دوبـاره تلفونـش را داخـل کیفـش گذاشـت. بـه معنـی واقعـی کلمـه لال بـودم و هیـچ حرفـی بـرای گفتـن نداشـتم. خنده‌ای کـرد و گفت: «ای دانشگاه تان خـو امر بـه معـروف نـداره؟»

ـ «نی چرا؟»

ـ «باش که چپن خوده بکشم که هنوز تر است.»

بعد چپن خـودش را کشـید. زیـر آن فقط یک بلـوز تنگ یخن باز پوشـیده بود که چاک سـینه‌اش از آن کامـلاً هویدا بود اما هیچ کوششـی بـرای پنهـان کردنـش نکـرد. حتـی آن شـال سـیاه را هم کنار گذاشـته و موهـای کوتـاه و پسـرانه‌اش را بـه دست بـاد سـپرد. هیچ‌گاه، هیچ زمانی مثل همـان لحظه هوس اینکه در آغوشـش گرفته و آن لبان هوس‌انگیز و آن گردن سـپید و مرمرینش را غرق بوسـه کنم، وجـودم را نلرزانده بود.

خـودش را بـه مـن نزدیک‌تـر کـرده و بعـد دسـتم را کشـیده و دست خـودش را میـان دسـتم قـرار داد. همـان دسـتان کوچولـو و مهربـان و جـادویی کـه زودتـر از خـودش بـا مـن حرف زده و مرا به سـوی خودشـان فـرا خوانـده بـود. دسـتی کـه هنـوز کمـی سـرد بـود، امـا تمـام آتش‌هـا و گرمی‌هـای دنیا را آهسته‌آهسـته بـه وجـودم می‌ریخت.

خــودم را در ســکون و بی‌حرکتی کامـل قـرار داده بـودم. می‌ترسیدم کوچک‌ترین حرکتی بکنم و او دستش را از دستم بیرون بکشد. او اما قصـد چنـان کاری را نداشـت. دستش بـا آرامی تمـام میـان دستم قرار داشـت و بعـد در یک حرکت ترسناک دیگر سرش را روی شانه‌ام گذاشـت. حادثـه‌ای بـد و خونینـی در حال اتفـاق افتـادن بـود.

آهسته ازم پرسید: «از مه متنفر استی؟»

گفتم: «دیوانه شدی؟ چرا ازت متنفر باشم؟»

ـ «باید متنفر باشی ازم. چطور می‌تانی از آدمی که تمام ای مدت رنج و عذابت داده، توهین و تحقیرت کرده، بارها باعث شده که اشک بریـزی و بدتـر از همـه دوستت نداشته، متنفر نبـاشی؟ کاش ازم متنفـر می‌بودی. در او صورت ای‌قدر وجدانم مره آزار نمی‌داد.»

فکر کردم تحت تأثیر استفاده چرس آن حرف‌ها را به زبان می‌آورد، امـا وضعیتش کامـلاً عـادی بـود. انـدوه بزرگی در چشم‌ها و لحن صدایش موج می‌زد. پشـت دسـتش را آهسته مالیده و گفتم: «چرا ای‌طـور فکر می‌کنی عزیـزم؟ چرا ای گپ‌ها ره می‌گی سارا جان؟ تو هیچ کدام ازو کارها ره همـراه مه نکردی و ای‌که دوستم نداشتی مهم نبـود. مه به عوضـش دوستت داشتم و همـو کافی بـود برم.»

خنده‌ای محزونی کرده و گفت: «جمله‌هایت کلش ده زمان گذشته بـود. یعنی که دیگه دوستـم نداری؟»

ـ «دارم چرا ندارم. چطور می‌تانم که دوستت نداشته باشم.»

گفت: «اگر نداشته باشی هم کاملاً حق داری و ای که مه دوستت

نداشتم و هنوز ندارم بسیار گپ مهم است عزیزم. اگر دوستت نداشتم چرا و به چه حق ای‌قدر نزدیکت آمدم؟ چرا به تو اجازه دادم که ای‌قدر نزدیکم شوی؟ چرا اجازه دادم که ای‌قدر عاشقم شوی؟ چرا هر بار که فریاد زدی که دوستم داری کیف کردم و برت گفتم که مه هم دوستت دارم در حالی‌که نداشتم؟ چرا یک بار که رفتم و گور خوده گم کردم دوباره آمدم؟ چرا واقعاً چرا؟»

شروع کرد به گریه کردن. بغض گلویم را گرفته بود و دلم می‌خواست من هم شروع کنم به گریه کردن، اما نتوانستم. سرش را در آغوشم گرفته و آهسته به موهایش بوسه زدم و گفتم:

«گریه نکو دیوانه. تو به هیچ وجه در ای ماجرا مقصر نیستی. همه چیز ره خودم خواستم. همه‌اش انتخاب خودم بود. مه مثل همو شعر سیدرضا محمدی واری از هر چیزی که تا به امروز اتفاق افتاده راضی و خوشبخت استم. شاید گاهی اندوهگین شده باشم، شاید گاهی گریه کرده باشم، اما در عوضش خوش‌ترین و روشن‌ترین روزهای زندگی مه در همی دورانی اتفاق افتاده که همراه تو آشنا شدم و دوستت داشتم. مه که خوشحال استم تو چرا خوده اذیت می‌کنی عزیزم؟»

ـ «به ای خاطر اذیت می‌شم که خودم هم نمی‌فامم چه وقت ای‌قدر پست و زبون شدم و چی وقت ای همه زشتی و خودخواهی در مه جا گرفت. باور کو که مه دختر خوب و مهربانی بودم. یک مورچه اشتباهی زیر پایم می‌شد دو روز دیگه از جگرخونی خواب نمی‌رفتم.»

- «می‌فامم که تو مهربان استی. مهربان‌ترین روح و قلب عالم ره داری. هرگز دیگه به ای گپ‌ها فکر نکو.»

آهی کشیده و گفت: «اما خودم می‌فامم که چرا او کارها ره همراه تو کردم.»

خاموش ماندم تا خودش توضیح بدهد. سرش را بلند کرده و لحظه‌ای به چشمانم نگریست و بعد دوباره نگاهش را به پایین دوخت. دستش هنوز میان دستانم بود.

- «ترسو بودم و از تنها بودن همراه خودم می‌ترسیدم و به هر قیمتی بود می‌خواستم کسی کنارم باشد و تو ره انتخاب کردم. هنوز هم استم. خودخواه و سلطه‌جو بودم. می‌خواستم همیشه در مرکز توجه باشم و ازم تعریف کنند و هیچ‌وقت حرف نه ره نشنوم. می‌خواستم همه چیزهایی دست نیافتی که سرش دست می‌ماندم از خودم شوند. تو ره که دیدم با وجودی که دوستت نداشتم اما می‌خواستم به هر ترتیبی شده به دستت بیاورم و مال خودم باشی. هزارها زخم داشتم که از کودکی تا امروز روی هم انباشته شده و خوب نشده. فکر می‌کردم او زخم‌ها کنار تو خوب می‌شه یا حداقل از یادم می‌ره اما نه خوب شد و نه از یادم رفت. شاید هم بی‌پناه و گم شده بودم. تو ره به عنوان پناه‌گاه انتخاب کردم و تو هم که دستت درد نکنه بهترین پناهگاه بودی برم.»

دوباره شروع کرد به گریه کردن. واقعاً بی‌پناه و مظلوم بود و زخم داشت. آن‌قدر زخمی بود که می‌ترسیدم هر جای بدنش دست بزنم

خـون تـازه از آن جـاری شـود، امـا آن روز، آن‌جـا کـه نشسـته بـودیم او خـودش زخم‌هایش را باز کرده بود و خونی که از آن زخم‌ها جاری بود هـردوی مـا را غرق می‌کـرد. در حالی‌که کوشـش می‌کردم آرامـش کـنم، حـس کـردم نمی‌توانم جلـو گریـه کردن خـودم را هـم بگیـرم. نمی‌دانسـتم بـه چـه دلیـل گریـه می‌کردم. بـرای دختـری کـه دوسـتش داشـتم و نمی‌توانسـتم گریـه کردنش را تحمـل کنم؟ بـرای آن داسـتان غم‌انگیـز کـه بـه پایان خـودش رسـیده بود؟ بـرای غم‌ها و ناکامی‌های خـودم؟ بـرای هـمه آرزوهـا و خواب‌هـای از دسـت رفتـه‌ای دختـران و پسـرانی از نسـل خـودم کـه بـرای چـه آرزوهـای کوچـک و پیش پا افتـاده‌ای مجبور بودنـد چـه قیمت‌هـای گـزافی را بپردازنـد؟ بـرای اولیـن و آخریـن بـار او و آن‌هـمه سـخاوتمندانه خـودش را در اختیـارم قـرار داده بـود و همـه‌اش بایـد بـه دلـداری دادن و آرام کردنـش سـپری می‌شد.

شانس کیری و خراب من!

کمی بعد آرام شد. اشک‌هایش را پاک کرد و قد راست نشست. ضربان قلبم شدید و شدیدتر می‌شد. می‌دانستم آن‌همه حرف، اعتراف و گریه و زاری مقدمه‌ای بود برای یک حرف و تصمیم بزرگ‌تر.

آیا او بالاخره به این تصمیم رسیده بود که به من یک فرصت داده و دوسـتم بدارد؟ آیا از رفتاری که تمـام آن مدت با من کرده بود پشیمان شـده بود؟ ظاهراً که همان‌طور به نظر می‌رسید.

دستش را از دستم جدا ساخته و از جایش بلند شد. ابتدا چینش را بـر تنـش کـرد و شـالش را هـم بـر سـرش انداخت و دوبـاره کنارم

نشست. بعد از یک قرن سکوت بالاخره به حرف آمد: «فکر می‌کنم همی وقتش است که از هم جدا شویم. ای قسمی ادامه بتیم جز ای که بیشتر اذیتت کنم دیگه به هیچ جایی نمی‌رسیم. خودت می‌بینی که مه پر از زخم و بدبختی و کثافت استم و...»

وا رفتم. با وجود آنکه مدت‌ها بود خودم را برای آن لحظه آماده کرده و حتی می‌خواستم خودم موضوع جدایی را مطرح کنم، اما شنیدن آن حرف از دهان او مثل یک صاعقه بر سرم فرود آمد. بغضم را فرو برده و پرسیدم: «هیچ راه دیگه وجود نداره سارا؟ مه چطور می‌تانم بدون تو زندگی کنم؟»

- «یاد می‌گیری عزیزم. آدم‌ها خیلی زود و مثل آب خوردن فراموش کردن ره یاد می‌گیرن. نگران نباش عزیزم.»

کمی سکوت کرده و بعد ادامه داد: «کاش راه دیگه وجود داشت، اما نداره متأسفانه. مه خودم پر از زخم استم و به هر آدم دیگه که نزدیک شوم او ره هم زخمی می‌کنم. ای که فکر کرده بودم زخم‌هایم در نزدیکی با آدم‌ها خوب می‌شه غلط بوده. خوب نشد هیچ که اضافه هم شد. مه باید به حلقوم خود چنگ انداخته و قلب و جگر و روح خود مه بیرون بکشم و هر قدر زخمی که اون‌جا روی هم تلنبار شده‌اند ره تداوی کنم. کاش ای زخم‌های لعنتی مه مربوط همین الانم می‌شد. ای زخم‌ها از کودکی و بعد مکتب و بعدش هم دانشگاه مره همراهی کرده و تا هنوز همراهم استند. مه باید در زمان سفر کرده و به گذشته برگردم و همه حساب‌های تصفیه ناشده خوده با زندگی‌ام و

آدم‌ها حل کنم. همه ای کارها ره باید به تنهایی انجام بتم و به تنهایی یاد بگیرم که چطور زخم‌های مه مرهم بمانم.

نالیدم: «اما مه به همی وضعیت راضی و خوشبخت استم. پنجاه سال دیگه هم که دوستم نداشته باشی هیچ مشکلی ندارم.»

ـ «تو متوجه نیستی. هر روزی که ما به همی وضعیت کنار هم باشیم یک زخم تازه به زخم‌های تو هم اضافه می‌شه و بالاخره روزی می‌رسه که تو هم مثل مه شده و بر علاوه خودت آدم‌های چهار اطراف ته هم اذیت خاد کردی. لطفاً مره اجازه بتی که بروم. نمی‌خواستم مثل همیشه که بدون خبر و مقدمه غیبم می‌زنه ای بار هم همو کار ره تکرار کنم. به همو خاطر ای روز ره انتخاب کردم که بیایم، تمام روز ره کنارت باشم، ازت معذرت بخایم و تو خودت برم اجازه بتی که بروم. اگر عاشقم نبودی می‌تانستیم دوست باشیم خو ای عاشق پدرنالت هیچ وقت همراه دوستی جور نمی‌آیه.»

بغضم را فرو برده و فقط توانستم سرم را تکان بدهم.

دستم را میان دستش گرفت و گفت: «گریه نکو دیوانه. بان که یک چهره پر از خنده‌ات به یادم بمانه تا ای‌رقم گریه و جگرخونی. می‌فامی مه قبول دارم که دوستت نداشتم و اشتباهات و گناه‌های زیادی ره مرتکب شدم، اما تو باید ای ره قبول کنی که همی مدتی که با هم بودیم، تو برم از پدر و مادر و برادر و خواهر نزدیک‌تر بودی. دوستت نداشتم درست اما نصف بیش‌تر گریه‌های زندگی مه ده حضور تو کردیم، همه رازهای زندگی خوده یکایک همراه تو شریک

ساختم، آدم‌ها به اندازه زخم‌هایی که دارند قوی یا ضعیف استند و مه هیچ‌گاه از ای‌که همه زخم‌های زندگی خوده به تو نشان بتم احساس شرم و خجالت نکردم. هر زمانی که فکر می‌کردم همه راه‌ها به رویم بسته شده، به تو پناه می‌آوردم. به خاطری که تو بهترین و امن‌ترین پناهگاه مه بودی. باور می‌کنی ای‌قدر گپی که همراه تو ای مدت زده و ای همه وایسی که رد و بدل کردیم با هیچ یک از دوست پسرهای سابقم نزده و نکرده بودم؟ ای‌قدر عکس مه که همی حالی پیش تو است ده بسته آلبوم خانوادگی ما نیست. ای چیزها ره به ای خاطر برت می‌گم که تو واقعاً برم عزیز بودی و همیشه خواهی بود. مه از تو بسیار چیزها ره آموختم و تو باعث شدی که بتانم دنیا ره با چشم‌های بازتر ببینم. به همی خاطر همیشه به ای که دوستم داشتی و برم نامه نوشتی و عاشقم بودی افتخار خاد کردم. اگر آدم خوبی شدم و زخم‌هایم جور شد باید بفامی که یک قسمت بزرگ شه مدیون تو استم. متأسفم که تو ره او طور که تو می‌خواستی دوست نداشتم اما تو خوب‌ترین و بهترین اتفاق زندگی مه بودی و همیشه به همو عنوان باقی می‌مانی.»

و یک بار دیگر شروع کردن به گریه کردن. هر دوی ما گریه می‌کردیم. راست می‌گفت. دوام دادن آن رابطه جز اینکه اذیت‌مان کرده و بیش‌تر زخمی‌مان کند، دیگر هیچ ثمری نداشت. آن داستان غم‌انگیز به پایان خودش رسیده بود و طوری که معلوم بود هیچ کلاغی به خانه‌اش نمی‌رسید.

شکست خورده بودم؟

از منظر اینکه تمام زندگی‌ام را روی یک عشق یک طرفه گذاشته و دست آخر به هیچ جایی نرسیده بودم آری شکست خورده بودم، اما به آن ماجرا می‌شد از یک منظر دیگر هم نگاه کرد. اگر این که او دوستم نداشت را نادیده می‌گرفتم دیگر همه چیز در مورد آن دوستی و رابطه رؤیایی بود. اینکه چطور با او آشنا شده بودم، این که چطور در اولین نگاه عاشقش شده بودم، همه آن روزهای خوب و فراموش ناشدنی که کنارش سپری کرده بودم، همه‌ای آن اشک‌ها و لبخندها، همه رفت و آمدهایش، همه نامه‌ها و متن‌هایی که برایش نوشته بودم، همه درس‌هایی که از او و از آن رابطه آموخته بودم، همه چیزهایی که بعد از رفتنش به یادگار می‌ماند و... .

همه و همه رؤیایی بود. در آن صورت من هرگز شکست خورده نبودم. من زیباترین و رؤیایی‌ترین سفر زندگی‌ام را با او سپری کرده بودم و حالا که سفر به پایان خودش رسیده بود بهترین کار ممکن همان بود که دست همدیگر را فشرده و برای ادامهٔ سفرهای زندگی مان به همدیگر آرزوی موفقیت کنیم. اشک‌هایش را پاک کرده و یک بار دیگر در آغوشش گرفته و گفتم:

«نکو گریه عزیزم. همه ای حرف‌ها ره که گفتی می‌فامم و قبول دارم. تمام ناراحتی و درد و رنج ای رابطه و دوستی ما به همو روز اولی که تو ره دیدم و در جا عاشقت شدم، به روزهای خوب و روشنی که کنار هم بودیم و به ای همه خاطرات شیرین و دوست‌داشتنی

که از ای رابطه باقی می‌مانه می‌ارزه و مه همیشه ازی بابت خود مه خوشبخت و راضی احساس می‌کنم. مه از روز اول تا همین الان هرچه از تو دیدم زیبایی، خوشبختی و خوشی بود و الان که می‌روی مه باز هم خوشبخت استم به خاطری که یک روز دوست داشتن تو سعادت یک عمر است برم.»

بعد زیر لبم قسمت پایانی کتاب شب‌های روشن داستایوفسکی را زمزمه کردم و او همراهی‌ام کرد:

«آرزو می‌کنم که آسمان سعادتت همیشه نورانی باشد و لبخند شیرینت همیشه روشن و مصفا باشد و تو را برای آن دقیقهٔ شادی و سعادتی که به دلی تنها و قدرشناس بخشیدی دعا می‌کنم.»

سرش را از سوی سینه‌ام برداشت و به سویم لبخند زد. بعد تلفونش را از داخل کیفش بیرون کشیده و گفت: «باش که ای مریم و سهراب ره به نظرم خوب مزه کرده. زنگ بزنم که کجا استند.»

بعد شمارهٔ مریم را دایر کرده و گفت: «الو مریم کجا استی بچیم؟ خوب مزه دادیت به نظرم. بیا که ناوقت می‌شه و ننه‌ام مره از خانه بیرون می‌کنه.»

بعد تماس را قطع کرد و پرسید: «خوب استی؟»

لبخند تلخی زده و گفتم: «کاملاً خوبم سارا. نگران مه نباش. همه چیز خوب می‌شه.»

ـ «مره بخشیدی؟»

ـ «دیگه اصلاً به ای موضوع فکر نکو. دعای مه همیشه پشت

سرت است.»

بعد از کمی سکوت پرسید: «فکر می‌کنی که روز و روزگاری دوباره همدیگر ره ببینیم و از سر دوست و رفیق شویم؟»

سرم را تکان داده و گفتم: «ای دنیا به شکل وحشتناکی کوچک شده و زندگی هم که خیلی کوتاه است سارا. مه مطمئن استم که یک زمانی دوباره همدیگر ره خاد دیدیم. حالا نمی‌فامم در چه وضعیتی و تحت چه عنوانی، اما مطمئن استم که می‌بینیم.»

لبخندی زده و پرسیدم: «تو می‌فامی که یک عشق چهار مرحله داره؟»

- «نی نمی‌فامم. کدام چهار مرحله است؟»

- «آشنایی، عشق، جدایی و بالاخره برگشت.»

آهسته سرش را تکان داده و حرفی نزد.

بعد ناگهانی و بدون مقدمه پرسید: «نمی‌خواهی مره ببوسی؟»

آفتاب غروب کرده بود. چرا نمی‌خواستم ببوسمش؟ یک قرن در آروزی اینکه یک بار لبم را بر آن لبان گلابی و نازکش بگذارم سوخته بودم، اما در کمال حیرت سرم را تکان داده و گفتم:«نی نمی‌خوایم ببوسمت.»

- «خو دلت دیگه بچیم. مه امروز روی تمام خط‌های سرخ زندگی‌ام پای خوده ماندم که ای روز آخر دوستی ما فراموش ناشدنی باشد.»

لبخندی زده و بوسۀ کوچولویی از گونه‌اش گرفتم. در همان لحظه سهراب و مریم قدم‌زنان به سوی ما نزدیک شدند. سارا رو به مریم

کرده و گفت: «کجا بودی دیوانه؟ بریم که ناوقت شده. ننه‌ام مره خانه نمی‌مانه.»

مریم گفت: «ما وقت خلاص شده بودیم. منتظر زنگ تو بودم.»

از جای ما بلند شدیم. سارا دستانش را باز کرده و همدیگر را در آغوش گرفتیم.

– «خداحافظ عزیزک مه. مواظب خود باش.»

بعد در حالیکه گلویش را بغض گرفته بود رو به سهراب کرده و گفت: «لطفاً لطفاً مواظب رفیقت باش و تنهایش نمان. نمانیش که دیوانگی کرده و جگرخون باشه.»

سهراب گفت: «خاطرت جمع سارا. تنهایش نمی‌مانم.»

یک بار دیگر دست داده و بعد خداحافظی کرد و همراه مریم به راه افتاد.

پرسیدم: «تا پیش دروازه همراه‌تان بیاییم؟»

– «نی ما خود ما راه ره بلد استیم و می‌ریم.»

آن‌قدر با نگاهم تعقیب‌شان کردم تا در پیچ و خم جاده از نظرها ناپدید شدند. به همان سادگی.

سرجایم نشستم و سهراب هم کنارم نشست و پرسید: «خوب چه شد؟»

– «تمام شد.»

– «گفتی برش که دیگه نمی‌خواهی ببینیش؟»

– «مه نگفتم. او گفت که تمامش کنیم.»

نیش‌خندی زده و با بی‌خیالی گفت: «بی‌ناموس حتما کدام سیگنال از طرف ازو بچه دریافت کده که آمد و همراه تو خلاص کد.»

- «تو دیوانه استی سهراب. ای داستان خلاص شده و بهتر است که دیگه در موردش گپ نزنیم.»

از جایش بلند شده و گفت: «خوب شد که خلاص شد. بیخی بریم که ناوقت شده.»

گفتم: «بشین تو چند دقیقه دیگه هم. می‌ریم باز.»

نشست. پرسیدم: «به نظر تو قصه ای عشق و آمدن‌ها و رفتن‌ها چی است سهراب؟ چرا آدم‌ها ای‌قسم استند؟ منظورم سارا نیست. در کل پرسیدم.»

گفت: «بسیار یک چیز لوده و بدبخت و غمگین است همی قصه عشق و دوست داشتن آدم‌ها. بی‌ناموس‌ها دنیا ره کشف می‌کنند خو وقتی پای عشق ده بین بیایه باز دیگه منطق‌شان به کلی لنگ می‌شه. باز بدی عشق ای است که آدم‌ها عاشق تصویر خودساخته خودشان می‌شن و او تصویر ره اوقدر بال و پر می‌تن که تا بالاخره او تصویر جان گرفته و واقعی جلوه کند. مثل تصویری که تو از سارا ساخته بودی و برش بال و پر داده بودی. پای عشق که ده میان مایه آدم‌ها قشنگ‌ترین نقاب‌شان ره به چهره خودشان می‌زنند چون ده دنیا ای کسی وجود نداره که دوست داشته شدن ره خوش نداشته باشه. یک وقت می‌شه که آدم به خودش می‌گه که مه فلانی ره دوست دارم به خاطر که خاص است و دیوانه است و عجیب و

غریب است، اما یک وقت همو رفتارهای عجیب و غریب و دیوانگی پدر آدم عاشق ره در میاره. از یک طرف همه ما خودخواه و سلطه‌جو استیم و دوست داریم که همه چیزهای دست نیافتنی ره به دست آورده و به هر قیمتی شده نگاه‌شان کنیم و از طرف دیگه هیچ‌وقت رد شدن ره هضم کده نمی‌تانیم. هزار رقم رنج و بدبختی و شکسته شدن غرور ره قبول کرده و برای‌شان مقدمه می‌چینیم که خود ما ره راضی کنیم و همراه او رنج‌ها کنار بیاییم، اما نمی‌تانیم دست رد به سینه خوردن ما ره قبول کنیم. البته مشکل اصلی از جایی شروع می‌شه که معشوق، بازی گرگ و میش ره به راه می‌اندازه و می‌مانه که عاشق کسخل و بدبخت با یک دنیا ابهامات همراه خودش فکر کنه. نی اجازه میتیش که بروه و نی هم می‌مانه که کاملاً بمانه. چرا؟ به خاطری که دوست داشته شدن و مورد توجه بودن به انسان حس غرور و لذت می‌ته و آدم‌ها به آسانی ازی لذت، هر چند به قیمت رنج بردن و گاییده شدن یک آدم دیگه باشه دست نمی‌کشند.»

نفسی کشیده و سرش را تکان داد و گفت: «گپ آخر ای که آدم عاشق فقط خیال می‌بافه و هر رقم ظلم و بدرفتاری در حق خود شه عشق قلمداد کرده و به همو رفتارهای زشت دل خودش ره خوش نگاه می‌کنه. نفر چپ و راست توهین و تحقیرت می‌کنه، اما تو به او توهین و تحقیر نام عشق ره می‌تی. ای وضعیت تا زمانی ادامه پیدا می‌کنه که یک سیلی محکم به صورت و چند لگد به کونت بخوره و ازو خواب لعنتی بیدار شوی. البته تو از او بدبخت‌هایی بودی که

هـزار تـا سیلی خـوردی و مثل یک سگ کوچه‌ای ده‌هـا رقم توهـین و تحقیر شدی، امـا هیچ‌وقت بیدار نشدی و همیشه با قوت و شجاعت به تحقیر کردن خـودت ادامـه دادی. به همی خاطر مـه برت ده می‌تم آغـا جـان.»

جـوابی بـرای حرف‌هـا و کنایه‌هـای نداشـتم و مجبور بـودم خامـوش بمانم.

از جـایش بلند شده و گفت: «بـریم که ناوقت شده، امـا می‌فامی که چـرا دلم بـه سـارا، مـریم و همـه دختـرای ای شـهر می‌سوزه؟ نه بـه خاطر عشق و شکست و ای حرف‌های بچگانه بلکه به ای خاطر که طالب‌هـا تا یک هفته بعد کابل می‌رسند و ای‌قدر بدبختی و فلاکت و سیاهی و تاریکی زیاد شـوه و ای‌قدر بند و زنجیر به دست و پای زن‌هـا انداخته شـوه که ای روزهـا مثل خـواب و خیـال بـه یادشان بیایه و چیزی به نام عشـق، دوست داشتن، شکست و ای حرف‌ها ره کامـلاً فرامـوش کنند. می‌فامی در ای بیسـت سـال یک نسـل از دختـرای پشتون با خـون و اشـک و هـزار بدبخـتی کم‌کم دیوارهای خانه و زندان‌هـای چندین صد ساله‌شان ره شکسته و بیرون آمدند و درس خوانـدند و زحمت کشیدند، اما طالب بیایه دوباره همـه تلاش و زحمت‌هـای‌شـان ضـرب صفـر می‌شـه.»

- «تنها دختـرای پشتون؟»

- «نی همـه دختـرای ای مملکت و از همـه اقوام درس خواندند و زحمـت کشـیدند، امـا گپ ای است که وقتی طالب بیایه مـه مطمئن

استم دخترای هزاره، هزار راه برای ادامه درس‌ها و ترقی به خودشان پیدا می‌کنند و هموطور تاجیک و دیگه اقوام، اما دخترای پشتون نه. بازنده اصلی اون‌ها استند.»

- «لودگی است. هیچ امکان نداره که طالب بیایه.»

آهی کشیده و گفت: «خدا کنه که نیایند خو مگم مه که فکر می‌کنم آمریکا و اشرف غنی بی‌ناموس تصمیم گرفته‌اند که همه ما ره دست بسته تسلیم طالب بکنند.»

به راه افتادیم. هوا کم‌کم رو به تاریک شدن می‌رفت.

سهراب پرسید: «به چه فکر می‌کنی؟»

گفتم: «به سارا.»

- «چه فکر می‌کنی در موردش؟»

- «اینکه چطور خاد شد. همراه زندگی‌اش چکار خاد کرد. زخم‌هایش بالاخره یک روزی جور خاد شد یا نه و همی‌طور گپ‌ها.»

- «بان دیگه بچیم. سارا رفت پشت کارش و خلاص شد. پناه شه به خدا کو.»

آهی کشیده و زیر لب زمزمه کردم: «من زخم‌های بی‌نظیری بر تن دارم، اما او مهربان‌ترین‌شان بود و عمیق‌ترین‌شان.»

- «فکر می‌کنی روزی دوباره او ره ببینی؟»

گفتم: «ببینم یا نبینم او بهترین و زیباترین چیزی است که در زندگی مه اتفاق افتاده است. همه خاطرات خوش زندگی‌ام همراه نام ازو گره خورده و مه زیباترین و روشن‌ترین روزهای زندگی مه همراه او

سپری کردم و به همو خاطر شکرگزارش استم و همیشه بریش آرزوی خوبی و خوشی می‌کنم.»

هوا کاملاً تاریک شده بود. از دانشگاه بیرون شده و در امتداد سرک شروع کردیم به قدم زدن.

سهراب زیر لبش گفت: «گُه می‌خوری که برش آرزوی خوبی و خوشی می‌کنی. در عشق‌های لوده و مزخرفی مثل عشق تو روشن‌ترین روز همو روزی است که دو نفر از هم جدا شده و هرکس پشت کار خود می‌ره. در غیر ازو چیزی به نام روز روشن وجود نداره بچه پدر.»

خیلی دلم می‌خواست در وضعیت و موقعیتی قرار داشتیم که می‌توانستم خودم را در آغوش سهراب انداخته و شروع کنم به زار زار گریه کردن اما جایش نبود.

شب شده بود و هر دو نفر ما به آرامی شانه به شانهٔ هم در امتداد سرک قدم می‌زدیم. هیچ عجله و شتابی برای اینکه زودتر به خانه برسیم نداشتیم.

۲۴ سپتمبر ۲۰۲۲
استاکهلم - سویدن